A C

校企合作汽车专业精品教材

互联网+教育改革新理念教材

汽车营销技术

主编　蒋海萍　周　礼　文雪琴

内容提要

本书是根据汽车行业的发展规律和汽车市场对人才的需求，为培养具有良好职业道德、掌握汽车营销技术、适应汽车市场一线需求的高素质技能型人才而编写的。全书共分为十个项目，分别为汽车市场营销概述、汽车市场调查与预测、汽车市场细分与目标市场定位、汽车用户购买行为分析、汽车销售人员基本素质、汽车销售实务、汽车营销延伸服务、汽车产品质量保证、汽车销售策略和汽车电子商务。

本书可作为高等职业院校汽车技术服务与营销、汽车整形技术、汽车运用技术、汽车检测与维修专业的教材，也可供相关专业及从事汽车营销的人员参考使用。

图书在版编目（CIP）数据

汽车营销技术 / 蒋海萍，周礼，文雪琴主编. -- 上海 : 上海交通大学出版社，2017（2023 重印）
ISBN 978-7-313-14459-1

Ⅰ. ①汽… Ⅱ. ①蒋… ②周… ③文… Ⅲ. ①汽车－市场营销学－高等职业教育－教材 Ⅳ. ①F766

中国版本图书馆 CIP 数据核字(2017)第 019135 号

汽车营销技术

QICHE YINGXIAO JISHU

主　　编：蒋海萍　周　礼　文雪琴
出版发行：上海交通大学出版社　　地　　址：上海市番禺路 951 号
邮政编码：200030　　电　　话：021-64071208
印　　制：捷鹰印刷（天津）有限公司　　经　　销：全国新华书店
开　　本：880mm×1230mm　1/16　　印　　张：12.75
字　　数：386 千字
版　　次：2017 年 2 月第 1 版　　印　　次：2023 年 9 月第 9 次印刷
书　　号：ISBN 978-7-313-14459-1
定　　价：45.00 元

前 言

PREFACE

近年来，我国汽车市场的销量突飞猛进，已成为全球第一大汽车销售市场。然而，我国的现代汽车营销理念、营销体系及营销手段等都相对滞后，高素质的营销人才更是匮乏。

汽车营销技术是汽车营销及相关专业的核心课程，具有很强的实践性和应用性。通过本课程的学习，学生可以掌握汽车营销的基本原理和方法，具备汽车营销实际操作的能力。

本书是根据汽车行业的发展规律和汽车市场对人才的需求，为培养具有良好职业道德、掌握汽车营销技术、适应汽车市场一线需求的高素质技能型人才而编写的。具体来说，本书具有以下几个特点。

1．贴近岗位实际，适应一线需求。本书以汽车营销岗位所需的知识和技能为出发点，与岗位实际相结合，基于工作过程整合知识和技能，力求让学生能够学以致用。

2．结构合理，体例丰富。本书每个项目都分为若干个任务，每个任务都包含有“引导案例”和“任务实践”，不仅可以激发学生的学习兴趣，还能够使学生注重理论联系实际，避免学生“读死书、死读书”。另外，为了有利于教学，本书还设置了大量的“读一读”“思考”“练习”等模块。

3．具有前沿性。本课程所研究的内容不仅涉及市场营销技术，还与国家的方针政策有密切关系。因此，本书在编写时结合了新标准、新技术和新政策，以体现高素质技能型人才的培养要求。

4．数字资源，平台辅助。本书配备了丰富的数字资源（如微课视频等），为广大师生提供了一站式教学资源。读者可以登录文旌综合教育平台“文旌课堂”（www.wenjingketang.com）体验平台式教学及下载相关教学资源包。

此外，本书还提供了在线题库，支持“教学作业，一键发布”，教师只需通过微信或“文旌课堂”App扫描扉页二维码，即可迅速选题、一键发布、智能批改，并查看学生的作业分析报告，提高教学效率、提升教学体验。学生可在线完成作业，巩固所学知识，提高学习效率。

为学习贯彻党的二十大精神，提升课程铸魂育人效果，本书专门在扉页“教•学资源”二维码中设计了相应栏目，以引导学生践行社会主义核心价值观，涵养学生奋斗精神、敬业精神、奉献精神、创新精神、工匠精神、法制精神、绿色环保意识等。

本书由蒋海萍、周礼、文雪琴担任主编，郑蓓、宋丹、赵长山、郭思情、薛明芳担任副主编。

本书在编写过程中借鉴了大量相关的资料和教材，在此，对这些资料的作者和编者表示衷心的感谢。由于作者水平有限，书中的不足之处，恳请读者批评指正。

本书编委会

主　编　蒋海萍　周　礼　文雪琴

副主编　郑　蓓　宋　丹　赵长山

郭思情　薛明芳

目 录

CONTENTS

项目一　汽车市场营销概述

项目导入

汽车，至今已经经历了 100 多年的发展，成为人们社会生活不可缺少的工具。随着近几年汽车行业的飞速发展，我国已经成为世界各大汽车厂商关注的焦点，他们纷纷开始以各种各样的形式来我国投资建厂或设立销售网、维修站及配送中心。一场激烈的汽车营销竞赛已经围绕我国的汽车市场展开了。

汽车市场营销是一门新兴的学科，是建立在市场营销学的基本理论基础上，结合汽车的行业特点和发展规律，总结了大量的汽车营销实践而发展起来的学科。它是管理知识与汽车工程领域知识的有机结合。学好这门课程，对如何面对竞争日益激烈的汽车市场环境具有非常重要的指导意义。本项目我们将一起了解汽车市场、市场营销的概念及中国汽车市场发展状况。

最终目标

1. 了解世界汽车发展史及世界汽车格局。
2. 了解市场营销概念及各阶段特点。
3. 了解中国汽车发展史及发展状况。

促成目标

能运用所学知识，简单地从营销学的角度看待现在的汽车市场。

任务一　汽车发展概述

知识目标

1. 熟悉汽车的发展史。
2. 了解各国汽车的特点。

技能目标

1. 能够正确描述汽车的内涵。
2. 能够正确描述汽车的发展历程。
3. 能够正确描述各国汽车特点。

一、引导案例——贝尔塔·本茨与汽车的故事

1849 年，贝尔塔作为一个木匠的女儿出生于普福尔茨海姆。1871 年，她提前支取了自己的嫁妆，用这笔钱使他未婚夫卡尔·本茨的公司能够继续运转。1872 年 7 月 20 日两人正式在普福尔茨海姆结婚。

由于三轮的本茨实验汽车 3 号没有能够吸引付费的买主，贝尔塔从 1888 年 8 月初开始开始了一次长达 106 千米从曼海姆到普福尔茨海姆的汽车旅行，3 天后又从另一条路返回。这便是世界上第一次汽车旅行。她的这次长距离的旅行由她的两个 15 岁和 13 岁的儿子陪同，但是并没有她的丈夫的指导。这次旅行本质上消除了人们们对汽车的疑虑，从而极大地改善了本茨公司的经济状况。

贝尔塔·本茨也因为这次旅行成为了世界上第一名敢于突破短距离试验行程的司机。她的女婿卡尔·沃克后来写道："她勇敢的扬起了希望之帆。""她比我勇敢得多，她进行了一次使汽车得到全面推广的旅程。"

贝尔塔·本茨与汽车的故事只是汽车发展史的开端。那么，汽车是如何产生和发展的呢？时至今日，世界汽车格局是怎样的呢？又有哪些车系分类呢？接下来让我们一起来了解一下汽车发展的概况。

二、相关知识

（一）汽车的产生和发展

汽车是指由动力驱动，具有 4 个或 4 个以上车轮的非轨道承载的车辆。它主要用于载运人员、货物，牵引载运人员、货物的车辆，以及其他特殊用途。

1．汽车的产生

1886 年，德国工程师卡尔·本茨（Kar Benz）和戈特里布·戴姆勒（Geottlieb Daimler）相继发明了汽车。卡尔·本茨采用木料制造的三轮汽车是世界上公认的第一辆真正投入使用的汽车。他把自制的内燃机安置在一辆三轮马车前后轮之间的车体上，从而研制出第一辆商业的无马车辆——三轮汽车，它以 18 km/h 的速度走出了世界汽车史上的第一步，如图 1-1-1 所示。

图 1-1-1　卡尔·本茨与第一辆汽车

1886 年 1 月 29 日，卡尔·本茨取得了汽车专利证，这一日期被国际汽车界确定为汽车的诞生日。从此，汽车工业从无到有、迅猛发展，汽车技术日新月异，汽车产量大幅增加。

2．汽车的发展

1913 年，福特应用创新理念和反向思维逻辑提出在汽车组装中，汽车底盘在传送带上以一定速度从一端向另一端前行。在前行中，逐步装上发动机、操空系统、车厢、方向盘、仪表、车灯、车窗玻璃和车轮，一辆完整的车组装成了。第一条流水线使每辆 T 型汽车的组装时间由原来的 12 小时 28 分钟缩短至 10 秒钟，生产效率提高了 4 488 倍！自此，汽车正式走入了平常之家。

汽车发展史

读一读

流水线之前，汽车工业完全是手工作坊型的。每装配一辆汽车要 728 个人工小时，当时汽车的年产量大约 12 辆。这一速度远不能满足巨大的消费市场的需求。所以使得汽车成为富人的象征。

有一天，福特走在路上，路过一个屠宰场，看到牛送进来以后先用电电击，然后放血，再将牛吊起来用锯开膛剖腹，最后分割，这个过程是分别由不同的人来完成的。福特心想，我可以将这种既有连贯性，又有工作效率的流水作业的方式运用到我的汽车制造上。这样产品的因素、技术的因素、制造过程控制的因素都加起来以后，一辆汽车不就完成了吗？

在福特想法的支持和公司人才的帮助下，1913 年春，世界上第一条汽车流水装配线在福特的工厂里诞生了。大规模流水装配线带来的是生产方式上的革命，福特公司连创世界汽车工业时代的生产纪录：1920 年 2 月 7 日，一分钟生产一辆汽车；1925 年 10 月 30 日，10 秒钟生产一辆汽车。

这样的速度让同行为之震惊，让世界为之震惊。而这种以流水装配线的生产方法和管理方式为核心的福特制，为后来汽车工业的发展树立了楷模，掀起了世界范围内具有历史进步性的“大量生产”的产业革命。

到 1998 年世界汽车的保有量已超过 6 亿辆，主要汽车生产国有美国、日本、德国、法国、意大利、俄罗斯、加拿大、英国和韩国等。

一些发达国家的汽车保有量和需求量已逐渐趋向饱和，世界各大汽车公司为了在激烈的竞争中为求生存和发展，采取了将产品输出变成资本输出的对策，寻求多样化的国际合作，实现跨国经营，组建跨国集团。例如，1998 年德国宝马公司收购了英国罗尔斯·罗依斯公司；美国的克莱斯勒公司与德国的奔驰公司实现强强联合。这些必将影响世界汽车工业的发展。

（二）世界汽车格局

世界汽车工业发展呈现出 3 种趋势：一是汽车工业全球性联合改组的步伐越发加快，其特点是跨国界的重组和联合；二是世界汽车工业广泛采用平台战略，汽车产业链包括投资、生产、采购、销售及售后服务、研发等主要环节的日益全球化；三是新的汽车技术即将取得重大突破，技术创新能力成为竞争取胜的关键。

进入 20 世纪 90 年代以来，由于全球汽车生产能力过剩，普遍达到 30%乃至 40%，而且世界上还在不断地新建汽车企业，加之各国对安全、排放、节能法规日趋严格，产品开发成本、销售成本大幅度提高，许多企业不能适应汽车市场的激烈竞争或者竞争能力很弱，促使汽车工业全球性产业结构调整步伐明显加快，汽车跨国联盟已成为世界汽车工业发展的潮流。

许多发达国家的汽车公司通过扩张、合并、兼并等手段，扩大了自身规模，降低了汽车成本，增强了自身竞争力，并为公司的进一步扩张、合并、兼并创造了条件。

经过几年的演变，世界汽车工业已基本形成了“6+3”的竞争格局。“6”指的是通用、福特、戴姆勒-克莱斯勒、丰田、大众、雷诺-日产，这 6 家合计今产销量占世界总量的比例超过 80%；“3”指的是相对独立自主的本田、标致-雪铁龙（PSA）和宝马（BMW）。这 9 家公司的汽车年产销量占世界总量的比例约为 95%。

虽然，这种结构也将会被打破，但全球汽车（尤指轿车和轻型车）工业总的竞争态势是大企业、大集团（一般均是跨国公司）主宰和垄断市场，领导发展潮流，这是不容置疑的客观现象，并且将长期存在。全球汽车工业寡头垄断的格局已经形成，并有进一步强化的趋势。

（三）车系分类

在长期的发展过程中，各国的汽车也逐渐形成了自己的特点。

- **德国汽车**：沉静、深藏不露，很少以外观“哗众取宠”，其内在表现只有那些亲身感受过的人才能领略。
- **英国汽车**：稳重、内向、有涵养、用料充足、讲传统，没有夸张的外形，给人一种实在的感觉。
- **意大利汽车**：外形超前、功率强劲、追求速度、艺术色彩浓厚。
- **法国汽车**：我行我素，性格独特。
- **日本汽车**：小巧玲珑、轻便省油、用料精打细算，注重经济性能。
- **美国汽车**：豪放狂野、不拘小节，注重宽敞豪华，外观大方气派。

各车系对比

汽车，这个由上万个零件组成的机电产品，凝结了人类智慧的结晶，推动着人类历史的发展的同时，推动着社会经济的发展。下面将简单介绍一下目前的几大汽车系列、国际汽车市场格局。

汽车已经融入了人类生活，汽车的设计代表了不同地区的人们对汽车的喜好和倾向，同时也代表了当地汽车技术的发展水平，因此，不同地区的汽车均有不同的个性。

1．美系车辆

美国幅员辽阔，对汽车使用需求大，而且许多美国人爱自己动手维护修配，这也为汽车注入了一种蓬勃发展的活力。美国凭着 1908 年福特公司流水装配线的发明，开启大量生产而将汽车平民化的时代。虽经历了 20 世纪 30 年代的经济大萧条，但随着第二次世界大战的胜利，美国制车辆随着美国人转运至全世界，此时可以说是开启了美国的汽车时代。一直到 20 世纪 70 年代的世界石油危机，讲究实用的美国人为节省汽油才开始购买廉价省油的日本车。

美国车因宽大、悬吊柔软、大扭力、空调棒等的特性，成了安全舒适豪华的代表。但美国车因宽大而耗油，悬吊柔软而不适合高速行驶或拐弯，并且高速行驶时缺乏需要的大马力。如图 1-1-2 所示为美系车辆凯迪拉克 XTS。

目前美国车受到严厉的环保法规限制，正朝向零排气研发，这是符合世界潮流的，如在这方面有所突破，或许美国车再领风骚的日子将来临。

图 1-1-2　凯迪拉克 XTS

凯迪拉克 XTS

2．日韩系车辆

日系车辆在世界造车史上是后起之秀，其汽车成品在初期更多以模仿英、美产品而成。日本人独有的专注和团队精神使得日本车从廉价车的代表发展到目前与欧洲高级车平起平坐。

日本车为摆脱人们的廉价车印象，几乎每一日系车厂都在研发世界性高级车种，并以新品牌问世，如 LUXUS（TOYOTA），ACURA（HONDA）等。至于中级价位的日本车，则以外形中规中矩，发动机平顺、省油，博得了许多中产阶级人士的欢心。

日本车的优点是平顺、省油、好开、涂装优异、仪装细致、品质优秀；缺点是缺乏欧洲车独有的品牌传统、引擎个性和外观美学设计，以及美国车宽大、悬吊柔软、大扭力（大扭力表示其起步及加速能力强）的特性。如图 1-1-3 所示为日系车辆丰田卡罗拉。

第二次世界大战后，韩国汽车工业异军突起。利用学习、消化国外生产技术和实现主要技术的国产化，韩国汽车工业飞速发展。韩国从 1980 年至 1997 年，用了 17 年的时间成为廉价车的强国，一跃成为世界汽车生产大国。韩国车的风格接近日本车系。

3. 欧系车辆

欧洲是汽车的发祥地，自 1886 年德国人戴姆勒和奔驰开始制造汽车以来，汽车这项现代工艺的霸主仍是欧洲。尤其是欧洲车各厂家的优秀文化传统、高超的设计能力、典雅的外观、明显的操纵个性，更是称雄于世。

欧洲车以高速著称，除悬吊系统较硬外，刹车系统较佳，外形设计典雅，产品性能可靠，折旧较低，具有优良品牌传统。如图 1-1-4 所示为欧系车辆奔驰 SLS。

图 1-1-3　丰田卡罗拉

图 1-1-4　奔驰 SLS

三、任务实践——最爱车型分享

班上同学在教师的指导下分为 A，B，C 三组，三组同学分别在美系、日系、欧系车中选择最喜爱的一款车型，并制作 PPT 进行展示。

实施要求如下。

① 分工明确，全员参与。

② 车型符合要求。

③ 体现车型亮点并具有代表性。

④ PPT 制作精美。

任务二　市场营销概述

知识目标

1. 掌握市场的内涵及学习市场营销的重要性。
2. 掌握市场营销各阶段的特点，并能运用所学知识分析不同的实际市场营销案例。

技能目标

1. 能够正确描述市场营销的含义。
2. 能够正确描述市场营销的内容及作用。
3. 能够正确描述市场营销的发展历程及各阶段特点。

一、引导案例——湖北十堰市时新商场扭亏为盈

湖北十堰市时新商场是一个以经营纺织品为主的商场。由于受纺织品销售不景气的大气候的影响，生意比较平淡。尤其是大批的鞋类积压，使商场举步维艰。其中仅旅游鞋就占用了40万元资金。

为了摆脱被动局面，1993年11月份商场用半个月的时间对折销售旅游鞋。该店在十堰市最具影响的《车城文化报》上宣称：此举措是以加速资金周转，盘活资金为目的，商场将亏损10万元。

当这个消息传播出去以后，该店鞋柜每天顾客熙熙攘攘，鞋柜前里三层外三层，这种情况持续了15天，该店销售的旅游鞋不仅有仿皮鞋（40元）、普通鞋（60元），也有名牌鞋（70元），如狼牌、火炬牌。这些鞋全部销售一空。结果，该店不仅没有亏损，反而赚了5万元。

从时新商场扭亏为盈的营销方法可知，营销的成功与否与企业的生存利益息息相关。那么，什么是市场营销？其作用是什么？它又是如何起源和发展的呢？接下来就让我们一起来学习市场营销的基本知识。

二、相关知识

（一）市场营销的定义

根据杰罗姆·麦卡锡《基础营销学》的定义：市场是指一群具有相同需求的潜在顾客，愿意以某种有

价值的东西来换取卖主所提供的商品或服务，这样的商品或服务是满足需求的方式。所以，市场的构成要素可以用一个等式来描述，即

市场 = 人口 + 购买力 + 购买欲望

1．人口

消费者人口的多少，决定着市场的规模和容量的大小，且人口的构成及其变化则影响着市场需求的构成和变化。因此，人口是市场 3 要素中最基本的要素。

2．购买力

购买力是指消费者支付货币以购买商品或服务的能力。它是构成现实市场的物质基础。一定时期内，消费者的可支配收入水平决定了购买力水平。购买力是市场 3 要素中最物质的要素。

3．购买欲望

购买欲望是指消费者购买商品或服务的动机、愿望和要求，是由消费者心理需求和生理需求引发的。产生购买欲望是消费者将潜在购买力转化为现实购买力的必要条件。

市场的这 3 个要素是相互制约、缺一不可的，它们共同构成企业的微观市场，而市场营销研究的正是这种微观市场的消费需求。

因此，市场营销就是在变化的市场环境中，个人和集体通过创造产品和价值，并同别人自由交换产品和价值，来获得其所需所欲之物的一种社会和管理过程。市场营销旨在满足消费需要、实现企业目标，包括市场调研、选择目标市场、产品开发、产品促销等一系列与市场有关的企业业务经营活动。

（二）市场营销的内容

企业的营销活动要从顾客的需要出发，因此企业首先要研究顾客，以便了解顾客的需要。而顾客都生活在一定的社会环境里，顾客的购买行为受各种环境因素、自身特征因素和竞争对手的产品的影响。因此，企业要分析宏观环境、顾客购买行为和竞争对手，以确定企业的营销机会之所在。这个过程称为分析营销机会。发现了市场机会以后，企业就需要制定有效的营销战略来利用这个市场机会。

然而，营销战略还只是方向性的框架，企业要想把市场机会转变成实实在在的利润，还需要把营销战略具体化，即把营销战略具体为营销策略。这个过程称为制定营销策略。企业制定并实施营销策略后，要达到预期的目标还需要对营销活动进行有效地管理，包括营销活动的计划、组织、评价和控制等。

因此，市场营销的基本内容包括以下 5 个部分。

① 认识市场营销，主要内容包括市场营销的主要概念、市场营销观念及其历史演进。

② 分析营销机会，主要内容包括宏观环境分析、顾客行为分析、行业分析和竞争分析。

③ 制定营销战略，主要内容包括企业战略规划、市场细分、选择目标市场、差别化和产品定位。

④ 制定营销策略，主要内容包括产品策略、定价策略、渠道策略、促销策略的设计。

⑤ 营销活动的组织和控制，主要内容包括营销活动的计划、组织、评价和控制。

（三）市场营销作用

第一，解决生产与消费的矛盾，满足生活消费和生产消费的需要。在商品经济条件下，社会的生产和消费之间存在着空间和时间上的分离、产品、价格、双方信息不对称等多方面的矛盾。市场营销的任务就是使生产和消费的不同的需要和欲望相适应，实现生产与消费的统一。

第二，实现商品的价值和增值。市场营销通过产品创新、分销、促销、定价、服务方便和加速相互满意的交换关系，使商品中的价值和附加值得到社会的承认。

第三，避免社会资源和企业资源的浪费。市场营销从顾客需求的角度出发，根据需求条件安排生产，最大限度地减少产品无法销售情况的出现，避免了社会资源和企业资源的浪费。

第四，满足顾客需求，提高人民的生活水平和生活质量。市场营销活动的目标是通过各种手段最大限度地满足顾客需求，最终提高人民的生活水平和生活质量。

（四）市场营销起源与发展

就世界部分发达国家的企业而言，其营销观念的变化大体经历了生产导向、销售导向和市场导向 3 个时期，先后出现了生产观念、产品观念、推销观念、市场营销观念和社会市场营销观念。

1. 生产观念

生产导向时期始于 19 世纪末，延续约 50 年的时间。这个时期产品供不应求，市场属于卖方市场，企业通过增加产量、降低成本来获取巨额利润。这个时期先后形成了生产观念和产品观念。生产观念认为，企业应该以生产为中心，生产什么卖什么，生产多少卖多少，只求产量高，根本无须考虑产品的花色、式样、品种及其他质量因素。

读一读

为了加快公司的发展，福特公司创办人亨利·福特对市场进行了深入的研究。根据研究结果，福特公司推出了举世闻名的 T 型车。第一年，T 型车的产量达到 10 660 辆，创下了汽车行业的纪录。到了 1921 年，T 型车的产量已占世界汽车总产量的 56.6%。

然而，面对市场的变化，福特仍然顽固地坚持生产中心的观念。他不相信还有比单一品种、大批量、精密分工、流水线生产更加经济、更加有效率的生产方式。他甚至都不愿意生产黑色以外颜色的汽车。他宣称：“无论你需要什么颜色的汽车，我福特只有黑色的。”

最终，亨利·福特也不得不承认失败。1927 年，T 型车停止了生产。

2. 产品观念

当生产逐步发展，产品日渐丰富，消费者在相同价格下选择质量好的商品，迫使企业的营销观念发生了变化，出现了产品观念。产品观念认为，企业应当以产品为中心，在增加产量、降低成本的同时，还必须不断提高产品质量，而且企业管理的重点应放在提高产品质量上。

读一读

美国爱尔琴钟表公司自 1869 年创立到 20 世纪 50 年代，一直被公认为是美国最好的钟表制造商之一。该公司在市场营销管理中强调生产优质产品，并通过著名珠宝商店和大百货公司等构成的市场营销网络分销产品。1958 年之前，公司销售额始终呈上升趋势。但此后其销售额和市场占有率开始下降。

造成这种状况的主要原因是市场形势发生了变化：这一时期的许多消费者对名贵手表已经不感兴趣，而趋于购买那些经济、方便、新颖的手表；而且，许多制造商迎合消费者需要，已经开始生产低档产品，并通过廉价商店、超级市场等大众分销渠道积极推销，从而夺得了爱尔琴钟表公司的大部分市场份额。

爱尔琴钟表公司竟没有注意到市场形势的变化，依然迷恋于生产精美的传统样式手表，仍旧借助传统渠道销售，认为自己的产品质量好，顾客必然会找上门。结果，致使企业经营遭受重大挫折。

3．推销观念

20 世纪 30 年代起，随着生产力的发展，进入了销售导向时期，企业形成了推销观念。推销观念认为，只有大力开展宣传推销活动，才能把产品销售出去，实现企业的赢利目标。这时期企业是“我卖什么，顾客就买什么”，不管消费者需要，不择手段地把自己的产品推销给顾客。这种观念与前两种并无本质区别，只是强调了推销。

4．市场营销观念

20 世纪 50 年代以后，由于科技进步推动了生产力的飞速发展，产品普遍供过于求，市场由卖方市场完全过渡到买方市场，营销观念也由销售导向进入了市场导向时期，企业形成了市场营销观念。这种观念认为，企业必须以顾客为中心，以满足顾客需求和欲望为出发点，通过开展整体营销活动，在满足顾客需求的过程中获利。

这种满足顾客需求的活动贯穿于市场调研、产品开发、渠道选择、定价。促销和提供全方位服务的过程中，不断收集顾客反馈信息，改进企业经营策略。这是经营指导思想的一次大转折，使营销理念发生了质的变化。

读一读

美国的迪士尼乐园，欢乐如同空气一般无所不在。它使得每一位来自世界各地的儿童美梦得以实现，使各种肤色的成年人产生忘年之爱。迪士尼之所以能取得这样的成果，是因为它在成立之时便明确了目标：迪士尼的产品不是米老鼠、唐老鸭，而是快乐。人们来到这里是享受欢乐的，公园提供的全是欢乐。公司的每一个人都要成为欢乐的灵魂。游人无论向谁提出问题，谁都必须用“迪士尼礼节”回答，决不能说“不知道”。因此游人们一次又一次地重返这里，享受欢乐，并愿付出代价。

5．社会营销导向观念

到了 20 世纪 70 年代后期，企业在大搞市场营销的同时，出现了浪费资源、污染环境，甚至损害消费者的健康和长远利益的情况，市场营销观念受到了挑战，社会市场营销观念逐步形成。

这种观念认为，企业为顾客提供产品和服务，不仅要以顾客为中心，以满足顾客的需求和欲望为出发点，而且要兼顾顾客、社会和企业自身 3 方面利益，在满足顾客需求、增加社会福利中获利。这就要求企业承担社会责任，协调企业与社会的关系，求得企业的健康发展。

读一读

贝因美发现许多中国家长在育儿方面缺乏科学的知识，并不能正确地判断自己的孩子需要什么样的食品，从而影响孩子的成长。于是，贝因美就认识到实现社会利益和企业效益双赢才是真正可行的发展道路。因为有了这样的认识，贝因美从诞生开始就确定了走社会营销的道路，通过运用丰富的社会手段来发现、引导消费者的需求并予以满足。

贝因美提出了“育婴工程”的概念，竭力完善这个概念的内涵和外延，并运用这个概念进行了有效的市场推广。从而在一个制高点上实现了社会利益和企业利益的统一，巧妙地避开了国外品牌需以巨大资金为后盾进行强大的广告攻势，并在十几年的企业发展中不断在市场取得胜利。

三、任务实践——宝洁公司案例分析

1956 年，宝洁公司开发部主任维克・米尔斯在照看其出生不久的孙子时，深切感受到一篮篮脏尿布给家庭主妇带来的烦恼。洗尿布的责任给了他灵感。于是，米尔斯就让手下几个最有才华的人研究开发一次性尿布。

一次性尿布的想法并不新鲜。事实上，当时美国市场上已经有好几种牌子了。但市场调研显示：多年来这种尿布只占美国市场的 1%。原因首先是价格太高；其次是父母们认为这种尿布不好用，只适合在旅行或不便于正常换尿布时使用。

美国和世界许多国家正处于战后婴儿出生高峰期。将婴儿数量乘以每日平均需换尿布次数，可以得出一个大得惊人的潜在销量。调研结果是一次性尿布的市场潜力巨大。

宝洁公司产品开发人员用了一年的时间，最初样品是在塑料裤衩里装上一块打了褶的吸水垫子。但在 1958 年夏天现场试验时，除了父母们的否定意见和婴儿身上的痱子以外，一无所获。1959 年 3 月，宝洁公司重新设计了它的一次性尿布，并在实验室生产了 37 000 个样子，拿到纽约州去做现场试验。这一次，有三分之二的试用者认为该产品胜过布尿布。降低成本和提高新产品质量，比产品本身的开发难度更大。

到 1961 年 12 月，这个项目进入了能通过验收的生产工序和产品试销阶段。公司选择地处美国最中部的城市皮奥里亚试销这个后来被定名为“娇娃”（Pampers）的产品。结果发现皮奥里亚的妈妈们喜欢用“娇娃”，但不喜欢 10 美分一片尿布的价格。在 6 个地方进行的试销进一步表明，定价为 6 美分一片，就能使这类新产品畅销。宝洁公司把生产能力提高到使公司能以该价格在全国销售娇娃尿布的水平。娇娃尿布终于成功推出，直至今天仍然是宝洁公司的拳头产品之一。

问题：

1. 宝洁公司开发一次性尿布的决策是在什么基础上进行的？
2. 宝洁公司是否把握了现代市场营销的基本精神？

任务三　中国汽车市场概述

知识目标

1. 掌握中国汽车发展过程中的各个里程碑。
2. 了解中国汽车的发展状况，理性地看待中国汽车行业。

技能目标

1. 能够正确描述中国汽车发展历程。
2. 能够正确描述中国汽车发展现状及在世界格局中的地位。

一、引导案例——毛主席出访苏联，奠定汽车梦

毛主席酷爱运动，喜欢走动，他在北京总是呆不住，去过很多城市，如武汉、杭州、长沙、庐山、上海等。然而，他却不喜欢出国。

建国以来，朝鲜的金日成、柬埔寨的西哈努克、印尼的苏加诺，以及非洲、欧美等国家的许多政要曾不只一次地邀请毛主席到国外访问，都被他婉言谢绝了。他的一生只出过两次国，都是去苏联。第一次是在 1949 年 12 月至 1950 年 2 月 27 日，第二次是在 1957 年 11 月。

1949 年，56 岁的毛主席乘坐专列一直开行了 10 天才抵达莫斯科。而这第一次的出国，就促成了一件对于长春人来说，是个永远不会忘记的历史大事件。

毛主席此行的目的，既是为了中苏结盟，也是为我国的经济建设争取外援。面对几近崩溃的民族工业，毛主席曾感慨长叹："我们会造什么？除了桌子椅子，连一辆汽车都造不出来。"这是一个有着四亿五千万人口的国家呀，它的领袖能不为此痛心？

12 月 21 日，刚刚到达莫斯科不久的毛主席就去参观了斯大林汽车厂，当看到一辆接一辆的汽车驶下装配线时，他把手指往地上一指，对随行的人员一字一句地说："我们也要有这样的大工厂。"中国汽车工业的蓝图已经在他的心中酿就。

从最初的无法想象，到现在的汽车摘掉奢侈品的帽子，走进千家万户，我们经历了一段漫长曲折的历程。那么，我国汽车是如何产生和发展的呢？时至今日，我国汽车市场的地位又是怎样的呢？接下来让我们共同回顾一下我国汽车的发展历程，并了解一下我国汽车市场的地位。

二、相关知识

（一）中国汽车产生与发展

1. 中国汽车业创建阶段（1949—1965 年）

中华人民共和国成立之初，国内只有汽车使用和维修业，直到 1953 年，第一汽车制造厂在长春动工兴建。1956 年，国产第一辆解放牌载货汽车驶下总装配生产线，结束了中国不能自己制造汽车的历史，如图 1-3-1 所示。

图 1-3-1 解放牌载货汽车下线

1966 年以前，汽车工业共投资 11 亿元，形成了一大四小 5 个汽车制造厂，年生产能力近 6 万辆、9 个车型品种。到 1965 年底，全国民用汽车保有量近 29 万辆，其中国产汽车 17 万辆。如图 1-3-2 所示为长春一汽的现代化办公大楼。

图 1-3-2 长春一汽

2. 中国汽车业成长阶段（1966—1980 年）

在这个历史阶段，主要是贯彻中央的精神建设三线汽车厂，以中型、重型载货汽车和越野汽车为主，同时发展矿用自卸车。在此期间，一汽、南汽、上汽和济汽，5 个老厂投入技术改造扩大生产能力，并承担包建和支援三线汽车厂（二汽、川汽、陕汽和陕齿）的任务；同时，地方发展汽车工业，几乎全部仿制国产车型。改装车生产向多品种、专业化生产，生产厂点近 200 家。

1966—1980 年，我国生产各类汽车累计 163.9 万辆。1980 年，我国生产汽车 22.2 万辆，全国民用汽车保有量 169 万辆，其中载货汽车 148 万辆。

3. 改革开放后全面发展阶段

进入 21 世纪，两股巨大潮流托举中国汽车业发生了质的飞跃。

一是入世迎来的全球化冲击。2001 年底中国加入 WTO，全球汽车市场成熟的观念、规则、流程、资本，疾风暴雨般冲刷着中国汽车业深厚计划经济烙印。可喜的是，涅槃中的中国汽车业逐步适应并融入全球化市场，开始成为这一平台上最活跃的角逐者。

二是中国百姓获得享受汽车文明的权力。历时近 50 年的官车一统天下的格局被打破，被压抑多年的需求急剧释放，表现出一种势如破竹的市场原动力。

轿车进入中国百姓家庭十多年来历经三代：第一代，20 世纪 90 年代到 2002 年，当时的特点是官车为主，桑塔纳、捷达、富康作为“先导”进入富裕家庭，私车比例达到 20%到 30%；第二代，2003 年到 2007 年，私车已经和官车比例平分秋色，伊兰特、凯越、福美来成为新三样；从 2007 年至今，中国轿车市场私人购买的比例已经达到 83.2%，占绝对主导地位。

由于这两大托举力的共同作用，曾让诸多专家关于“入世”后中国汽车“全军覆没”的预言成为泡影。国产轿车产销连续 6 年实现两位数的“井喷”式增长，从 2001 年的 82 万辆，增加到 2007 年的 532 万辆。增幅最高的年份超过 50%。2015 年，中国汽车产销分别完成 2 450.33 万辆和 2 459.76 万辆，创历史新高，比上年分别增长 3.3%和 4.7%，创全球历史新高，连续七年蝉联全球第一。

图 1-3-3　中国路面汽车状况

（二）中国汽车市场的地位

目前，世界第一大汽车市场是中国，其 2015 年的汽车销量同比增长 4.7%（2014 年的销量为 2 459 万辆）；第二大汽车市场是美国，美国市场强劲复苏，2015 年的汽车销量同比增长 5.7%（2014 年的销量为 1 747 万辆）；第三大汽车市场是日本，但其 2015 年的汽车销售量同比下降了 9%。

英国、法国、意大利、西班牙、印度的市场销量也在增长，下降的市场销量主要是巴西、俄罗斯、日本。从全球来看，2015 年的整个市场表现还是非常好的。

三、任务实践——国产汽车品牌知识分享

① 将学生分为 6 人一组，并由每组推选一名组长。

② 每组同学在组长的带领下，选定一个国产汽车品牌，收集资料，完成分享展示。其中，展示主要内容为品牌发展史，展示形式为演讲或 PPT。

学习效果综合测评

一、选择题

1．（　　）采用木料制造的三轮汽车是世界上公认的第一辆真正投入使用的汽车。

A．戈特里布·戴姆勒　　B．卡尔·本茨

C．尼古拉·奥托　　D．尼古拉·居纽

2．（　　）是市场三要素中最基本的要素。

A．人口　　B．购买力

C．购买欲望　　D．以上都是

3．1956 年，国产第一辆（　　）载货汽车驶下总装配生产线，结束了中国不能自己制造汽车的历史。

A．凤凰牌　　B．东风牌

C．解放牌　　D．红旗牌

二、简答题

1．美系车、日系车、欧系车各有什么特点？

2．市场营销发展过程中主要经历了哪几个阶段？

三、案例分析题

美国一个制鞋公司要寻找国外市场，公司派了一个业务员去非洲的一个岛国，让他了解一个能否将本公司的鞋销售给他们。这个业务员到非洲后呆了一天，发回一封电报："这里的人不穿鞋，没有市场。我即刻返回。"

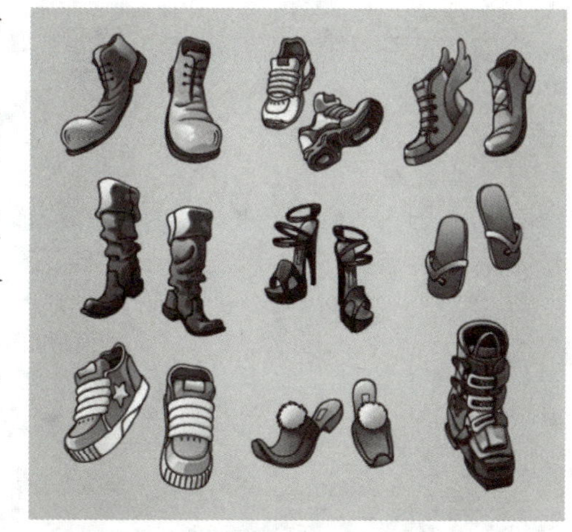

公司又派出了另一名业务员，第二个人在非洲呆了一个星期，发回一封电报："这里的人不穿鞋，鞋的市场很大，我准备把本公司生产的鞋卖给他们。"

公司总裁得到两种不同的结果后，为了解更真实的情况，于是又派去了第 3 个人。他到非洲后呆了 3 个星期，发回一封电报："这里的人不穿鞋，原因是他们脚上长有脚疾，他们也想穿鞋，过去不需要我们公司生产的鞋，因为我们的鞋太窄。我们必须生产宽鞋，才能适合他们对鞋的需求。这里的部落首领不让我们做买卖，除非我们借助于政府的力量和公关

活动搞大市场营销。我们打开这个市场需要投入大约 1.5 万美元。这样我们每年能卖大约 2 万双鞋，在这里卖鞋可以赚钱，投资收益率约 15%。”

问题：

1．本案例中的 3 个人奉行的是何种营销观念？

2．如果你是这家公司的市场营销经理，你打算怎样来开辟这个市场？

项目二　汽车市场调查与预测

项目导入

市场调查与预测实质上就是市场研究。市场研究的目的就是为经营决策提供依据。这些依据既包括对现实条件的分析，也包括未来可能发生的变化，而这就是市场调查与预测的内容。

为了避免决策失误，把握成功的机会，必须把市场调查与预测有机地结合在一起。本项目我们将一起来学习汽车市场调查与预测。

最终目标

1. 掌握汽车市场调查的步骤和方法。
2. 掌握汽车市场预测的步骤和方法。

促成目标

能运用所学知识，进行汽车市场调查和预测。

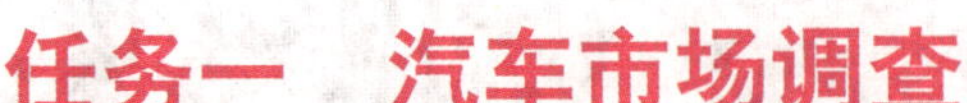

任务一　汽车市场调查

知识目标

1. 了解汽车市场调查的意义。
2. 掌握汽车市场调查的主要内容、调查的步骤及其方法。

技能目标

能够运用汽车市场营销调查的方法进行调查实践。

一、引导案例——福特“野马”的成功

1964 年，美国福特汽车公司推出的新产品——“野马”轿车，取得了轰动一时的成功，两年内为福特公司创造了 11 亿美元的纯利润。“野马”的成功是与前期成功的市场调查分不开的。

福特汽车公司首先注意到年轻人市场正在美国方兴未艾，肯尼迪总统带来的青春浪潮已席卷到美国的方方面面。许多中老年人也受到年轻人的兴趣及偏好的影响，他们积极地参加到年轻人的活动中去，如打高尔夫球和网球等。福特汽车公司的市场调查发现，越来越多的人开始购买洋溢着青春朝气的跑车。

汽车推销员出身的营销经理艾柯卡立即建议福特汽车公司迅速迎合年轻人市场，开发具有运动型跑车外观的新车型。

由于年轻人市场中的许多消费者刚刚参加工作，收入有限，因此新型车必须便宜。艾柯卡提出的标准是新车的价格不仅中等收入的人可以轻易负担，而且低收入的年轻人也可以承受。此外，这种新车还必须有后座和后备厢，从而满足小家庭的需要。如果有可能的话，这种新车还要力争成为准备购买第二辆汽车的家庭的首选车型。

新车的名字是一件必须谨慎考虑的事。艾柯卡说：“车名是汽车最难达到完美的一部分，为新车取个好名字比设计车门和顶盖还要难。”福特汽车公司从上千个征名中选出小野马、美洲豹、美洲狮、滩驹、野马、猎豹等 6 个名字。最后，“野马”成为新型车的车名。

福特公司前期准确的市场调查，再加上一系列的精心策划，使得“野马”轿车获得了汽车销售史上的巨大成功，订货单源源而来。到 1965 年 4 月 16 日，即“野马”诞生一周年的时候，已售出 418 812 辆，创下了福特公司的销售记录。

那么，市场调查包括哪些内容？又该如何去调查？接下来让我们一起来学习下汽车市场调查的相关知识。

二、相关知识

汽车市场调查是运用科学的方法，有计划、有目的、系统地收集、整理和分析有关汽车市场营销方面的信息，得出调查的有关结论，并形成调查报告。

（一）汽车市场调查的意义

企业应该牢牢的把握好市场调查，认真地、科学地开展好市场调查工作。特别是在经济全球化、汽车市场竞争激烈、汽车市场变化迅速的今天，汽车市场调查更是汽车销售企业取得良好经济效益的保证。具体来说，汽车市场调查的意义如下。

① 可以帮助汽车企业了解到汽车市场营销环境状况以及未来的发展趋势，以便为汽车企业的营销决策提供科学的参考依据。

② 可以发现新的需求和机会，及时的拓展出新的服务去满足这些需求。

③ 可以掌握竞争者的态势，使汽车销售企业在竞争中知己知彼，更好地进行自我定位，以在市场上立于不败之地。

④ 可以了解到宏观上的国家政策法律法规的变化对汽车销售企业发展的影响，预测未来的经济走向，抓住发展机会。

（二）汽车市场调查的内容

汽车市场调查的内容一般包括汽车市场环境调查、汽车市场需求情况调查和汽车企业自身的营销策略调查。

1．汽车市场环境的调查

汽车市场环境的调查包括对经济环境、科学技术环境、社会文化环境、政策法律环境和市场竞争情况的调查。

- 经济环境：主要是调查所在地区的整体经济发展水平及经济结构、人口及就业状况，以及消费者的收入水平、消费水平和消费结构等。
- 科学技术环境：主要是与本企业生产的产品有关的科技现状和发展趋势，如新技术、新工艺、新材料的国内外先进水平、发展趋势和发展速度等。
- 社会文化环境：主要调查社会文化的风气、爱好、习俗等方面。通过这些方面的调查，可以比较具体地了解消费者对汽车产品需求所带有的文化色彩，并根据不同的文化特点和文化层次，采用不同的市场营销策略。
- 政策法律环境：主要调查政府有关汽车方面的方针、政策、各种法令和条例，如汽车税收政策、汽车价格政策、产业发展政策和环境保护政策等。
- 市场竞争情况：首先应明确哪些是主要竞争者，哪些是潜在竞争者；然后主要调查竞争者的战略目标、实力、优劣势及营销策略等方面。

2．汽车市场需求情况的调查

汽车市场需求情况调查包括市场需求量的调查和消费者情况的调查。

- **市场需求量的调查：**市场需求量是指在一定时期内可以达到的销量，也称为市场需求总量。它决定了市场的结构和规模，是市场调查和预测的主要内容。
- **消费者情况的调查：**一切的市场营销活动都是以满足消费者的需求为出发点的，只有得到消费者的认可，该产品才会有良好的市场。消费者情况的调查主要包括消费的类型、消费的购买动机及消费的购买倾向等方面。

3．汽车企业自身的营销策略的调查

汽车企业自身的营销策略的调查主要包括产品、价格、销售渠道和促销等方面的调查。

- **产品方面：**主要调查消费者对新产品用途、性能、包装的认可程度，消费者对品牌的忠实程度，产品的经济寿命周期及老产品新用途的研究等。
- **价格方面：**主要是调查消费者对产品价值的认知及其对价格变化的理解和反应。此外，企业无论采用何种定价策略，在决策之前都应该了解顾客的态度，并将顾客的预期价格作为决策的重要参考。
- **销售渠道方面：**主要调查分析中间商（如代理商、批发商、零售商等）和直接用户的需求量、资金、信誉等信息。然后，通过详细地调查和评估，对营销费用的分析和对各地区市场零售网点的分析，决定商品的销售渠道。
- **促销方面：**主要调查研究销售人员的选择和配备、销售人员的业务水平、实绩评价和报酬制度，企业广告策划和营业推广策划的实际效果，企业在社会公众中的形象，以及提高企业的知名度和美誉度的方法等。

（三）汽车市场调查的步骤

汽车市场的调查一般可分为 3 个阶段，如图 2-1-1 所示。

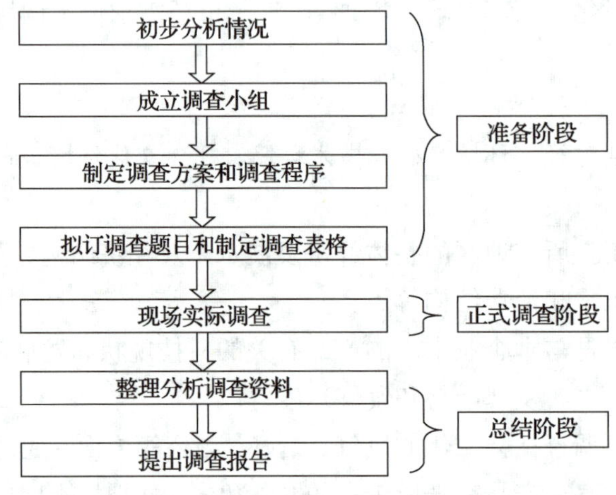

图 2-1-1　汽车市场调查的步骤

1．准备阶段

1）初步分析

营销调查首先是分析初步情况，明确调查目标，确定指导思想，限定调查的问题范围。调查活动应始终围绕调查的总体目标和指导思想进行。

2）成立调查小组

为了使调查工作有计划、有组织地进行，需成立调查小组。调查小组的成员包括市场营销、市场规划、

技术研究、经营管理、财务或投资等多方面的人员。

3）制定调查方案和调查程序

调查小组应根据调查的总体目标进行目标分解，做好系统设计，制定调查方案，确立调查方法与形式，并制定实施计划和阶段目标。

整个汽车市场调查过程中最复杂的阶段是制定实施计划，它主要包括调查项目、调查方法、调查人员、调查费用、调查工作进度日程安排及监督检查、调查人员的工作考核等方面的内容。

4）拟订调查题目和制定调查表格

调查题目选得好与坏，直接关系到调查目标能否达成。拟订问题的水平反映了调查小组的工作水平及调查结果的水平。因此，调查者在拟订题目和编制调查表格时应注意以下几点。

① 问题应具体、简单明了、用语准确，尽量减少调查者负担。

② 调查题目不应有诱导性，避免被调查者受工作人员态度倾向的影响。

③ 问题必须是被调查者有能力回答和愿意回答的问题。

④ 问题要与被调查者身份与知识水平相适应。

⑤ 交代问题的填写说明及其他事项，如调查活动的背景、目的等，以让被调查者理解和支持调查活动。

2. 正式调查阶段

正式调查阶段是按计划通过各种方式到调查现场获取第一手资料。为了保证调查工作按计划顺利进行，并获得比较可靠的信息，必须重视现场调查人员的选拔与培训工作，充分估计调查过程中可能出现的问题，并要建立报告制度，以便及时解决问题。

3. 总结阶段

1）整理分析资料

调查小组应对调查得到的资料和被调查者的回函进行分类整理，以便过滤掉不真实或错误的资料，从而保证资料的真实与准确性。然后，把整理好的资料进行统计分析，有系统地制成各种计算表、统计表、统计图等，以方便参考。

2）提出调查报告

营销调查的最终结果是提出调查报告。调查报告通常是评价整个调查过程工作好坏的唯一标准，决策者就是根据调查报告的结果来指导企业的经营决策的。因此，在编写调查报告时，要紧扣调查主题，力求客观、扼要并突出重点，使企业决策者一目了然；同时，要求报告的文字简练，避免或少用专门的技术性名词，必要时可用图表说明。

编写调查报告的程序一般为确立主题、取舍材料、拟订提纲和报告的形式。

（四）汽车市场的调查方法

汽车市场调查的方法可以分为间接调查法和直接调查法。在实际的调查过程，应该根据调查的目标、调查的内容等因素来选择最适合的调查方法。

1. 间接调查法

间接调查法指的是从各种文献档案中获取资料的方法。其资料来源主要是企业内部资料和外部资料。内部资料主要来源于企业的会计数据、各管理部门提供的相关资料（如销售报告、库存动态记录等）及其他各类记录；外部资料主要来源于政府机构、行业协会、信息咨询机构、图书文献等的一些统计资料。间接调查法的主要优缺点如下。

- **优点：**间接调查不受时间和空间的限制，获取信息所需的时间和费用较少；间接调查收集的资料不受调查人员和被调查者的主观因素干扰，反映的信息比较客观、真实。
- **缺点：**间接调查所获取的信息时效性差；间接调查的信息很难与调查活动要求一致，需要进一步的加工处理，且处理的难度相对较大。

由于间接调查法的这些缺点，导致在企业的实际调查过程中，间接调查法只是作为一种辅助的调查方法。

2. 直接调查法

直接调查法是指通过实地调查收集资料、获取信息的方法，主要包括访谈法、观察法和实验法。直接调查法所获取的都是一手资料，时效性非常强，更能反映真实的市场情况，因而，直接调查法是汽车市场调查最常用的一种方法。

1）访谈法

访谈法是通过直接或间接问答方式来收集信息的方法。它具有较强的针对性，是汽车市场调查最常用的方法。访谈法的调查人员可以灵活地设计各种问题，通过被调查人员对问题的回答来收集信息。访谈法又可进一步分为问卷调查法、面谈调查法和电话访谈调查法等。其中，以问卷调查法的应用最为广泛。

问卷调查法是根据调查目的设计好调查问卷，然后采取抽样的方式确定调查样本，通过调查员对样本的访问，完成事先设计的调查项目，最后由统计分析得出调查结果的一种方法。问卷调查的成功与否关键取决于问卷的设计是否合理。

面谈调查法是调查人员与被调查人员进行面对面的谈话，从而获得信息的一种方法。它具有较强的灵活性，且调查的信息真实、全面。面谈调查可以是个人访谈，也可以是集体座谈。

电话访谈调查法是调查人员通过电话交谈来了解顾客意见的一种方法。例如，打电话定期询问顾客对企业产品的使用情况、服务态度的好坏，以及对企业的建议和意见等。

2）观察法

观察法是调查者在现场对被调查者的情况直接观察并记录，以取得市场信息资料的一种调查方法。它常用于汽车展厅的现场观察。在观察时，调查人员既可以耳闻目睹现场情况，也可以利用照相机、录音机、摄像机等设备对现场情况作间接的观察，以获取真实信息。

观察法的调查人员与被调查者不发生直接接触，被调查者处于自然的活动状态，行为真实，因而得到的资料也更加真实。但观察法观察不到被调查者的内心世界，只能通过被调查者表现出来的行为来推断其需求与动机等心理活动。

3）实验法

实验法是从影响调查对象的若干因素中先选出一个或几个因素作为实验因素，在其他因素处于不变的条件下，了解实验因素变化对调查对象的影响。实验完成后，还需用调查法分析这种实验性的推销方法或产品是否值得大规模的推行。例如，在改变汽车的品质、设计、价格、广告、陈列方式等因素时，可先用实验法作小规模的改变，以调查顾客反应，从而判断改变方法的可行性。

实验法的优点是比较客观、科学，缺点是实验的时间长、成本高。

（五）汽车市场调查报告的撰写

一般来说，一篇完整的汽车市场调查报告应包括标题、目录、概述、正文、结论和建议等方面的内容。

1．标题

标题一般把被调查单位、调查内容明确且具体地表示出来，如《关于北京家用轿车的市场调查报告》。调查报告也可采用正、副标题的形式。

2．目录

通常情况下，调查报告的篇幅较长，为方便读者查阅特定内容，应编写调查报告目录。目录应包含报告所分的章节及其相应的起始页码。

如果报告中含有图表，则需要在目录中包含一个图表目录，以帮助读者很快找到对一些信息的形象解释。由于图和表是独立的数字编号，因此，在图表目录中应列出全部图表的名称，并按在报告中出现的次序排列。

3．概述

概述主要是阐述调查课题的基本情况，主要包括以下 3 方面的内容。

① 简要说明调查目的，即简要地说明进行调查的原因、目的和调查涉及的中心问题。

② 简要介绍调查对象和调查内容，包括调查时间、地点、对象、范围、调查要点及调查的具体内容等。

③ 简要介绍调查研究的方法，即对所用方法要进行简短的叙述，并说明选用此方法的原因。

4．正文

正文是汽车市场调查分析报告的主体部分，主要包括引言、调查方法、结论、局限性及建议等内容。

1）引言

引言对开展此项调查的起因、目的和中心问题作出解释说明。调查的每个问题在正文的某一部分都应提供相应的结论。

2）调查方法

调查方法部分要阐明以下 5 个方面的内容。

- **调查设计：**说明所开展的项目是属于探索性调查、描述性调查还是因果性调查，以及为什么适用于这一特定类型调查。
- **资料的采集方法：**说明采集的是第一手资料还是二手资料，结果是通过调查、观察，还是实验取得的。所用调查问卷或观察记录表都应编入附录。
- **抽样方法：**说明总体目标是什么，抽样如何确定，是什么样的样本单位，它们如何被选取出来。对以上问题的回答根据及相应的运算都须在附录中列明。
- **实地工作：**说明起用了多少名、什么样的实地调查人员；对他们如何进行培训、监督管理；实地工作如何检查。这些方面会对最终结果的准确程度带来十分重要的影响。
- **分析方法：**说明所使用的方法是定量分析方法还是定性分析方法。

3）结论和局限性

结论在正文中占有较大的篇幅。这部分内容应按一定的逻辑顺序提出紧扣调查目的的一系列结论。在结论中，还可以配合一些总括性的表格和图像加以说明。同时，也必须指出调查报告的局限性，如调查过程中无法回避的误差和抽样顺序的问题等。

在报告中，将成果加以绝对化，不承认它的局限性和应用前提，不是科学的态度。当然，也没有必要过分强调它的局限性。

4）建议

建议主要是调查小组根据调查结果给汽车销售企业提出的一些发展意见和思路，应写得详细、具体、通俗。建议应该建立在调查结果的基础上，符合企业的实际情况，具有可操作性。

5. 附件

附件是指调查报告正文包含不了或没有提及，但与正文有关必须加以说明的部分。它是对正文报告的补充或更详细的说明。

附件通常包括图表目录、调查提纲、调查问卷和观察记录表、被访问人（机构单位）名单、较为复杂的抽样调查技术的说明、一些次要关键数据的计算、较为复杂的统计表和参考文献等。

三、任务实践——汽车市场大调查

结合学校及班级课程设置的实际情况，选择下列其中一个任务进行实施。

任务一：

在老师的安排下，同学们两人一组，编制一份汽车产品市场调查问卷，如中档轿车市场调查问卷、××品牌汽车调查问卷等。

任务二：

在老师的安排下，同学们3～5人一组，撰写一篇××品牌汽车的市场调查报告。

任务二　汽车市场预测

知识目标

1. 理解汽车市场预测对提高汽车市场营销水平的重要现实意义。
2. 了解汽车市场预测的步骤与方法。

技能目标

能够运用汽车市场预测的步骤和方法进行汽车市场预测。

一、引导案例——2017年汽车市场预测

目前中国的千人汽车保有量约为120辆，而美国的这一数字为800辆，日本为600辆，欧洲为550辆，世界千人平均保有量160辆。根据世界各主要国家汽车保有量的发展规律看，未来15年中

国汽车的千人保有量将超过300辆，届时汽车将年产4 200万辆，由此可见中国的汽车产业仍有较大的发展空间。

此外，目前中国车市的现状是一二线城市升级换购的需求仍较大，三四线城市的市场潜力也在逐步释放，这些都为中国乘用车市场的发展提供了有效支撑。

但是，从宏观经济形势看，在国内经济继续下行、消费和投资增速延续平稳态势，发达国家经济增速下滑、新兴经济体政治和政策存在较大不确定性等因素的影响下，2017 年中国汽车市场的发展环境十分不乐观。此外，2016 年房地产市场的火爆，对于消费有严重的挤出效应，市场消费被挤压和透支也将会对 2017 年的中国汽车市场造成不利影响。值得一提的是，近年来成都、重庆、青岛、武汉等城市的限购呼声不断，而这些也为 2017 年的车市增添了些许不确定性。

购置税减半政策的取消对 2017 年的车市来说可谓是最致命的打击。在购置税减半政策的刺激下，2016 年车市增速节节攀升，1～8 月同比增速高达17.4%，但高增速背后是被政策提前透支的中小排量市场。回顾历史，2010 年年底购置税减半政策取消后，2011 年汽车市场增速极低。根据过去的经验，如果没有其他替代政策 2017 年中国汽车市场将会重现 2011 年的车市。

基于以上对市场的认识，普遍认为 2017 年中国汽车市场的销量仍会延续增长的态势，但增速下滑已经是不争的事实，预计 2017 年中国汽车市场的增速为 6.23%，实现全年销量 2 904.9 万台。

那么，市场预测有哪些意义？预测的步骤是什么？又有哪些预测方法呢？接下来让我们一起来学习汽车市场预测的相关知识。

二、相关知识

汽车市场预测是在汽车市场调查的基础上，利用科学的方法和手段，对未来一定时期内汽车消费市场需求、供给趋势及汽车市场营销影响的变化做出判断，为汽车及相关市场营销决策、个人消费等提供科学依据。

谁将是中国市场的下一个宠儿？

汽车市场预测的内容主要包括对未来汽车需求的预测、汽车供给预测、汽车产品价格预测、汽车技术发展趋势预测、汽车企业的竞争形势预测、汽车企业本身经营能力的预测等方面。对汽车销售企业而言，最重要的就是汽车市场需求的预测。

（一）汽车市场预测的意义

目前，汽车市场竞争激烈。汽车企业有必要在市场调查的基础上，科学地作好市场预测工作，准确地把握未来汽车市场发展的形势，建立科学的企业发展决策，以使企业能在复杂的汽车环境中生存和发展。具体来说，汽车市场预测的意义主要有以下 4 个方面。

① 有利于适应和满足消费者需要。

② 有利于汽车销售企业提高经营管理和决策水平。

③ 有利于汽车销售企业准确、理性的把握未来的汽车发展趋势。

④ 有利于汽车销售企业提高经济效益。

（二）汽车市场预测的步骤

汽车市场预测的基本步骤如图 2-2-1 所示。

图 2-2-1　汽车市场预测的基本步骤

1. 确定预测目标

进行预测首先要明确预测什么，通过预测要解决什么问题，进而明确预测目标。此外，还应规定预测的范围、期限和进程等。

2. 收集分析资料

收集分析资料是指围绕预测目标，收集相关数据资料，然后对资料进行有效的分析整理。预测所需资料包括与预测对象有关的各种因素的历史统计数据资料和反映市场动态的现实资料。其中，市场调查资料是一个重要的信息来源。收集、分析和整理数据资料是预测工作重要的一环，因为只有正确地、充分地“总结过去”，才能正确地“推测未来”。数据资料收集要注意广泛性、适用性和可靠性。

3. 选择预测方法

市场预测应根据预测目标和占有的资料，选择适当的预测方法。预测的方法与模型很多，各有其相应的预测对象、范围和条件，应根据预测的问题的性质、占有资料的多少、预测成本的大小，选择一种或几种方法。

4. 写出预测结果报告

运用选定的预测方法进行预测，得出预测结果，并要及时将预测结果写成预测结果报告。报告中，表述预测结果应简单、明确，对结果应做解释性说明和充分论证，包括对预测目标、预测方法、资料来源、预测过程的说明，以及预测检验过程和计算过程。

5. 分析误差

预测是对未来事件的预计推测，很难与实际情况完全吻合，因而要对预测结果进行判断、评价，要进行误差分析，找出误差原因及判断误差大小。若误差较大，应修改调整预测模型得出的预测数量结果，或考虑其他更适合的预测方法，以得到较准确的预测值。一般误差最好控制在 ±15% 之间。

（三）汽车市场预测的方法

随着市场预测应用的日益广泛以及预测研究的发展，近年来发展了许多种不同的预测方法，每一种方法都有一定的范围和局限性。即使对同一预测问题，若选用不同的预测方法，不同的取材和不同的分析思路，得到的预测结论也不一样，预测精度也不相同。仔细了解各种预测方法的基本原理，假设条件和适用范围，根据预测的具体要求和实际条件，因时因地制宜，选择合适的预测方法，往往可以收到良好的效果。

预测方法一般可分为定性预测法和定量预测法。前者容易把握事物的发展方向，对数字要求不高，能节省时间，费用小，便于推广，但往往带有主观片面性，数量不明确；后者则相反。

在实际预测活动中，人们通常将两种方法结合起来使用，即定量预测的结论必须接受定性分析的指导。只有这样，才能更好地把握汽车市场的变动趋势。

1. 定性预测法

定性预测方法是由预测者根据个人经验、知识和综合分析能力，以及所拥有的历史资料和现实资料，对未来的市场发展趋势作出估计和测算。定性预测方法比较适合用来对预测对象未来的性质、发展趋势和发展转折点进行预测，适合于数据缺乏的预测场合。

定性预测法易学易用，便于普及推广，但它依赖于预测人员本身的经验、知识和技能素质。因此，经常会出现不同的预测人员对同一问题预测结论有较大差别的情况。

最常用的定性预测法有德尔菲法和集合意见法等。

1）德尔菲法

德尔菲法是由调查者拟定调查表，按照既定程序，以函件的方式分别向专家组成员征询意见，专家组成员以匿名的方式提交意见后，调查者将意见汇总并反馈给各个专家。经过反复几次的征询和反馈，专家组成员的意见逐步趋于集中，最后获得具有很高准确率的集体判断结果。

由于德尔菲法能使参与预测的专家充分发表自己的看法，而不受权威人士的影响，因而保证了预测活动的民主性和科学性。在采用德尔菲法进行预测过程中，选择专家与设计意见征询表是两个最重要环节，它们是德尔菲法成败的关键。

2）集合意见法

集合意见法是集合企业内部经营人员、业务人员等的意见，凭他们的经验和判断共同讨论市场趋势而进行市场预算的方法。由于经营管理人员、业务人员等对市场的需求和变化较为熟悉，因此他们的判断往往能反映市场的真实趋势。

集合意见法首先由预测者根据企业经营管理的要求，向研究问题的有关人员提出预测项目和预测期限的要求，并尽可能提供有关资料；然后，有关人员根据预测的要求及所掌握的资料，凭个人经验和分析判断能力，提出各自的预测方案；最后，预测的组织者计算有关人员预测方案的方案预测值，并将参与预测的有关人员进行分类，计算各类综合期望值，并确定最终的预测值。

读一读

除了德尔菲法和集合意见法外，常用的定性预测方法还有以下几种。

- **社会/用户调查法：**面向社会公众或用户展开调查的方法。
- **小组讨论法：**以会议座谈形式进行讨论的方法。
- **单独预测集中法：**由预测专家独立提出预测看法，再由预测人员予以综合的方法。
- **领先指标法：**利用与预测对象关系甚密的某个指标变化对预测对象进行预测的方法。例如，通过对投资规模的监控来预测汽车需求量及需求结构。
- **主观概率法：**预测人员对预测对象未来变化的各种情况作出主观概率估计的方法。

2. 定量预测法

定量预测法是依据必要的统计资料，借助数学方法，特别是数理统计方法，通过建立数学模型，对预测对象未来在数量上的表现进行预测等方法的总称。汽车市场定量预测方法一般可分为时间序列预测法和因果分析预测法。

1）时间序列预测法

时间序列是指某种社会经济统计指标同一变量的一组观察数值，按时间先后顺序排列而成的数列。根据时间序列分析社会经济现象发展变化过程的规律性，测定其发展变化的趋势和程度，运用一定的数学方法构建预测模型，并据此确定市场预测值的方法，称为时间序列预测法。

2）因果分析预测法

因果分析预测法是从事物变化的因果关系出发，寻找市场发展变化的原因，分析原因与结果之间的联系结构，建立数学模型，据以预测市场未来的发展变化趋势和可能水平。

三、任务实践——汽车的市场预测

根据老师安排，同学们两人一组，自选汽车品牌，搜集相关资料，预测该汽车品牌2017年的销量。

学习效果综合测评

一、选择题

1．下列不属于汽车市场环境调查的是（　　）。

A．科学技术　　B．政策法规　　C．社会文化　　D．产品促销

2．下列属于间接调查法的是（　　）。

A．查资料　　B．观察法　　C．实验法　　D．访谈法

3．下列属于定性预测法的是（　　）。

A．时间序列预测法　　B．德尔菲法　　C．因果分析预测法　　D．集合意见法

二、简答题

1．汽车市场一般调查哪些内容？

2．汽车市场有哪些调查方法？其优缺点是什么？

3．汽车市场有哪些预测方法？

三、案例分析题

2004年年末，媒体评出了中国十大失败车型，上海大众的高尔不幸名列第一。这款在国外风光无限的小车，却在中国遭到了前所未有的失败，这是上海大众始料示及的。其首当其冲的原因就是款式不符合国人的消费习惯。而且，高尔的价格一点也不便宜，这与原先消费者心理的估计都相差甚远。

另外，高尔的市场人群是“丁克家庭”和“快乐的单身汉”。而在实际销售中，厂商发现真正有实力购买高尔汽车的丁克家庭和单身汉的数量远不如想象中的多。

虽然高尔滞销的原因很多也很复杂，但主要原因是其没有做好市场调查和预测工作，从而导致了它在中国市场上的失利。

问题：

1．结合此案例分析汽车市场调查的意义？

2．汽车市场应如何展开调查和预测？

项目三　汽车市场细分与目标市场定位

项目导入

现代市场营销非常重视市场细分（Segmentation）、目标市场选择（Targeting）和市场定位（Positioning），即STP营销。

由于消费者的需求千差万别，企业无法为所有用户提供服务，因此，企业应该对市场进行细分。在市场细分的基础上确定目标市场，选择那些与企业任务、目标、资源条件等一致，比竞争者有较大优势，能产生最大利益的细分市场作为企业的目标市场，并做出合理的市场定位，是STP营销的主要任务。本项目我们将一起来学习市场细分、目标市场选择和市场定位。

最终目标

1. 掌握汽车市场细分的步骤。
2. 掌握目标市场的策略和模式。
3. 掌握市场定位的步骤和策略。

促成目标

1. 能够运用所学知识，简单地进行市场细分和目标市场选择，进而确定目标市场。
2. 能够根据目标市场进行市场定位。

任务一 市场细分

知识目标

1. 理解汽车市场细分的作用。
2. 掌握汽车市场细分的步骤。

技能目标

能够根据汽车目标市场细分的步骤进行市场细分。

一、引导案例——上海大众的市场细分

截至2013年11月，上海大众汽车累计产量突破1 000万辆，成为国内首家产量突破1 000万辆的轿车生产企业，再度创下国内乘用车行业新记录。在成立30周年喜庆之际，上海大众产销层面持续取得新突破，用时228天产销量突破百万辆，迎来累计产销量突破1 100万辆，已经成长为中国最成功的合资汽车公司之一。

30多年来，上海大众从普通型桑塔纳的技术引进，到桑塔纳2000型的联合开发；从帕萨特B5的引进生产和大胆改进，到第四代Polo轿车的全球同步上市；从张扬个性追求与独特品位的GOL，到兼具舒适性与操控性的多功能MPV途安推出；从追求驾驶操控乐趣的SUV车型途观到Lavida家族的闪亮登场。目前，大众产品已经覆盖了A0级、A级、B级、SUV和MPV等各个细分市场，其市场细分及其代表车型如下。

A0级（小型）轿车：全新Polo、Polo新进取、Cross Polo、晶锐Fabia等。

A级（紧凑型）轿车：斯柯达Octavia明锐、Lavida朗逸等。

B级（中型）轿车：New Passat全新帕萨特、斯柯达Superb昊锐、帕萨特领驭、Santana Vista桑塔纳志俊、桑塔纳等。

SUV：Tiguan途观等。

MPV：Touran途安等。

那么，市场细分的作用有哪些？汽车市场细分的标准和步骤是什么？接下来让我们一起来学习汽车市场细分的相关知识。

二、相关知识

市场细分是指根据整体市场上顾客需求的差异性，以影响顾客需求和欲望的某些因素为依据，将一个整体市场划分为两个或两个以上的顾客群体，每一个需求特点相类似的顾客群就构成一个细分市场（或子市场）。在各个不同的细分市场，顾客需求有较明显的差异，而在同一细分市场上，消费者具有相同或相近的需求特点。

被细分的子市场的差异必须十分明确、清楚，有一定的购买群体。同时，细分市场必须是有效的，可以被衡量和被测定，即通过调查和测算可以定性和定量地被描述出来。

（一）市场细分的作用

市场细分对企业市场营销的影响和作用很大，它表现在以下几个方面。

① **有利于企业开发新的市场机会。**企业经过市场调查和市场细分后，会对各细分市场的需求特征、需求的满足程度和竞争情况了如指掌，并能从中发现那些需求尚未得到满足或需求尚未充分满足的细分市场，这些市场为企业提供了一个新的、极好的市场开拓机会。

② **有利于小企业开拓市场。**顾客的需求是多变的、各不相同的。即使是大企业，其资源也是有限的，不可能满足整个市场的所有需求，更何况小企业。为求得生存，小企业应善于运用市场细分原理对整体市场进行细分，拾遗补缺，从中找到尚未满足需求的细分市场，采取与目标市场相应的产品、价格、销售渠道、销售促进的市场营销组合策略，从而获得良好的发展机会，取得较大的经济效益。

③ **有利于企业确定目标市场。**通过市场细分，有助于企业深入了解顾客需要，结合企业的优势和市场竞争情况，进行分析比较，从细分市场中选择确定企业的目标市场。企业的经营服务对象已定，就能有的放矢，有针对性地制定有效的市场营销组合策略，提高企业经营管理水平，增强市场竞争力。

④ **有利于企业提高经济效益。**通过市场细分，企业可以将有限的人力、物力、财力集中用于能产生最大效益的细分市场上，也增强了企业在目标市场上的竞争力。

⑤ **有利于企业调整营销策略。**就整体市场而言，信息的反馈普遍比较迟钝，对市场的变化并不敏感。而在细分市场中，企业为不同的细分市场提供不同的产品，制定相应的市场营销策略，企业能轻松得到市场信息，察觉顾客的反应。这有利于企业挖掘顾客的潜在需求，及时调整营销策略。

（二）汽车市场细分的步骤

汽车市场细分的步骤一般为确定产品市场范围、列举潜在客户的基本需求、分析潜在客户的不同需求及评价细分市场。

1．确定产品市场范围

企业应明确自己在某行业中的产品市场范围，并以此作为制定市场开拓战略的依据。市场范围是根据市场需求确定的。常用的汽车市场分类如下。

① 根据《汽车和挂车类型的术语和定义》（GBT 3730.1—2001），汽车市场可分为乘用车市场和商用车市场。

② 按传统的汽车分类划分标准，汽车市场可分为载货汽车市场、越野汽车市场、自卸汽车市场、专用汽车市场、特种汽车市场、客车市场和轿车市场。

③ 按汽车产品的性能特点不同，载货汽车市场可分为重型汽车市场、中型汽车市场、轻型汽车市场、微型汽车市场；轿车市场可分为豪华轿车市场、高档轿车市场、中档轿车市场、普及型轿车市场、微型轿车市场。

④ 按汽车产品的完整性不同，可分为整车市场、部件市场（含二、三、四类底盘）、汽车配件市场。

⑤ 按汽车使用燃料的不同，可分为汽油车市场和柴油车市场。

⑥ 按汽车销售时的新旧程度，汽车市场可分为新车市场、旧车市场、拆车市场等。

2. 列举潜在客户的基本需求

企业可从地理、人口、消费者心理等方面列出影响产品市场需求和顾客购买行为的各项变数。

3. 分析潜在客户的不同需求

企业应对不同的潜在顾客进行抽样调查，并对所列出的需求变数进行评价，了解顾客的共同需求，进而筛选出最能发挥企业优势的细分市场。

4. 评价细分市场

评价细分市场的目的是判断细分市场是否有效，是否能成为企业的备选目标市场。也就是说，不是所有的子市场对企业都是有益的，只有具备了以下 5 个条件的子市场才能成为企业的备选目标市场。

- 可测量性：即各子市场的购买力能够被测量。市场范围、市场大小、市场容量和市场潜力应能量化，并足够大，有一定发展潜力。
- 可进入性：即企业利用自身的资源、技术专长和产品开发能力能够进入所选定的子市场。
- 可赢利性：即企业进行市场细分后所选定的子市场的规模和市场中的行业利润足以使企业有利可图。
- 可区分性：即细分市场对企业市场营销组合中的任何一项因素的变动，都能做出差异性的反映。也就是说，细分市场是独立的，能够用特定的营销组合作用于细分市场。
- 可行动性：即企业能制定有效的营销方案吸引和服务细分市场。

三、任务实践——丰田汽车公司的市场细分

请同学们判断丰田汽车公司有哪些细分市场？并列举出各个细分市场的主要车型。

任务二　目标市场选择

知识目标

1. 掌握细分市场的评价内容。
2. 掌握目标市场的模式和策略。

3. 掌握选择目标市场时考虑的因素。

技能目标

1. 能够正确评价细分市场。
2. 能够正确选择目标市场。

一、引导案例——奇瑞 QQ

微型客车曾在 20 世纪 90 年代初持续高速增长，但是自 90 年代中期开始，各大城市纷纷取消“面的”，限制微型客车。同时，由于各大城市在安全环保方面的要求不断提高，成本的抬升使微型客车的价格优势越来越小，因此主要微型客车厂家已经把主要精力转向轿车生产，微型客车产量的增幅迅速下降。

在这种情况下，奇瑞汽车公司经过认真的市场调查，精心选择微型轿车打入市场。奇瑞汽车的新产品不同于一般的微型客车，是微型客车的尺寸，却是轿车的配置。

奇瑞 QQ 选择的目标市场是收入并不高但有知识有品位的年轻人群，同时也兼顾有一定事业基础，心态年轻，追求时尚的中年人群。一般大学毕业两三年的白领都是奇瑞 QQ 潜在的客户。

这类群体对新生事物感兴趣，并富于想像力、崇尚个性、思维活跃、追求时尚。他们由于资金的原因，对品牌的忠诚度较低，但对汽车的性价比、外观和配置等实际内容十分关注，是容易互相影响的消费群体。

确定这一目标市场后，奇瑞把 QQ 定位于“年轻人的第一辆车”，从使用性能和价格上满足了他们通过驾驶 QQ 所实现的工作、娱乐、休闲、社交的需求。奇瑞 QQ 在 2003 年 5 月推出，6 月就获得良好的市场反应。到 2003 年 12 月，奇瑞 QQ 已经售出 28 000 多辆，并获得了多个奖项。

由此可见，汽车市场营销的成功与目标市场的选择密不可分。那么，在市场细分后，如何评价细分市场的好坏？目标市场有哪些模式与策略？选择目标市场时又该考虑哪些因素？接下来让我们一起来学习目标市场选择的相关知识。

二、相关知识

企业在完成市场细分后，就必须评价各种细分市场，决定为多少个细分市场服务，并根据客观条件选择好目标市场，目的在于不断拓展市场。

目标市场是指企业营销活动所要满足的有相似需要的消费者群，也就是企业为当前的和潜在的需求，开拓决定要进入的市场。企业的一切营销活动都是围绕目标市场进行的，选择和确定目标市场，明确企业的具体服务对象，是企业制定营销策略的基本出发点。

目标市场选择是指估计每个细分市场的活动程度，并选择进入一个或多个细分市场。企业选择的目标市场应是那些企业能在其中创造最大价值并能保持一段时间的细分市场。绝大多数企业在进入一个新市场时只服务于一个细分市场，在取得成功之后，才进入其他细分市场，大企业最终会完全覆盖市场。

（一）评价细分市场

评价细分市场主要从细分市场的潜量、细分市场结构的吸引力、企业自身的目标和资源条件等方面进行。

1. 细分市场的潜量

细分市场的潜量是指一定时期内，各细分市场中的消费者对某种产品的最大需求量。理想的细分市场应满足以下两个条件。

首先，细分市场应该有足够大的市场需求潜量。如果某一细分市场的潜量太小，则意味着该市场狭小，没有足够的发掘潜力。

其次，细分市场的需求潜量规模应恰当。市场需求潜量越大需要投入的也越大，对企业不一定有利，惟有对企业发展有利的潜量规模才是具有吸引力的细分市场。

2. 细分市场结构的吸引力

评估这里所指的吸引力主要是指企业目标市场上长期获利能力的大小，主要取决于 5 个群体（因素），即同行业竞争者、潜在的新参加的竞争者、替代产品、顾客、供应商。

如果某个市场已有为数众多或实力强大的竞争者，或有可能招致更多的竞争者，或替代产品竞争能力很强，或顾客谈判能力很强且各种苛求又太多，或企业的供应商能够在很大程度上控制企业对该市场产品的供应，那么这个细分市场的吸引力就会下降。企业是否将这样的细分市场作为目标市场就应审慎决策。反之，细分市场的吸引力就会增强。

3. 企业自身的目标和资源条件

评估汽车企业必须考虑对市场的投资和资源是否相一致，如某个市场具有一定规模和发展特征，其组织结构也具有吸引力，但若不符合企业的长远目标，就得放弃；即使该市场符合企业的目标，还要考虑企业是否具备获胜能力以及是否具备获胜所需的技术和资源条件。

（二）目标市场模式

汽车企业对目标市场进行科学评估后，就必须选择进入哪些市场并提供相应的服务。企业可以进入的目标市场模式有 5 种，分别是产品与市场集中化模式、产品专业化模式、市场专业化模式、选择性专业化模式和全面进入模式。

1. 产品与市场集中化模式

产品与市场集中化模式是指企业的目标市场（顾客）是从产品角度，都是集中于一个细分市场，因而企业只生产一种产品，只供应某一顾客群，如图 3-2-1 所示。小企业通常采用这种策略。

这种策略最适于实力一般的中小型汽车企业。一些汽车出口企业在最初进入国外市场时也常采用这种策略，开始时以一个不被竞争者重视的细分市场为目标，集中力量在这个目标市场上努力经营，提供高质量的产品和服务，赢得声誉后再根据自己的条件逐渐扩展到其他市场上去。

2. 产品专业化模式

产品专业化模式是指企业专注于某一类产品的生产，并将其产品推销给各类顾客，如图 3-2-2 所示。企业通过这种策略，可以在某个产品方面得到很高的声誉。

一般来讲，这种策略适合中、小企业使用，在早期的汽车企业中有所运用。例如，美国福特汽车公司早年生产的黑色 T 型车，连续十几年，始终生产一种车型，一种颜色。在汽车工业发展的初期，T 型车开创了批量、流水化生产的先河。福特的 T 型车代表了一个时代。但是，随着汽车工业的进步，汽车产品多样化开始出现，以不同的车型满足不同的消费需求成为上世纪 20 年代以来汽车产品的主流。

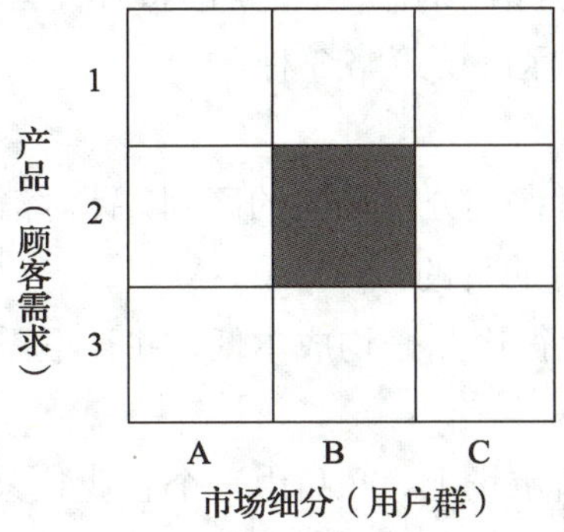

图 3-2-1　产品与市场集中化模式

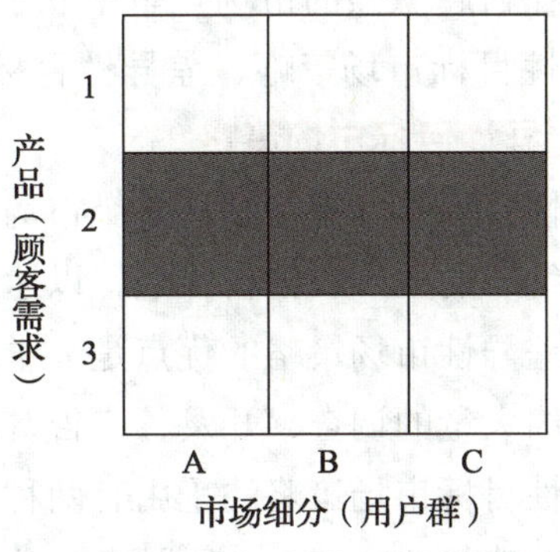

图 3-2-2　产品专业化模式

3. 市场专业化模式

市场专业化模式是指企业向某一个专业市场（某专业顾客群）提供所需要的各种产品，如图 3-2-3 所示。这种模式可以分散风险，降低交易成本，并在这一类顾客中树立良好的信誉。

4. 选择性专业化模式

选择性专业化模式是指企业有选择地进入几个不同的细分市场，其中每个细分市场都具有吸引力，且符合企业的目标和资源水平，如图 3-2-4 所示。例如，在 2004 年以前，上海通用汽车公司有选择地占领几个市场：别克、君威轿车进入中高档轿车市场，凯越系列进入中档轿车市场，而赛欧系列进入经济型轿车市场。

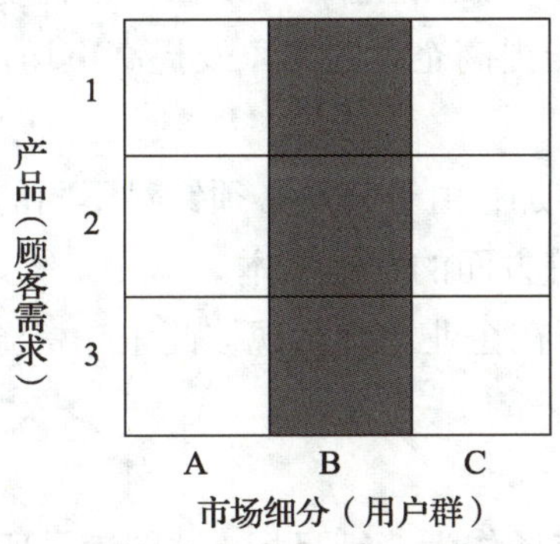

图 3-2-3　市场专业化模式

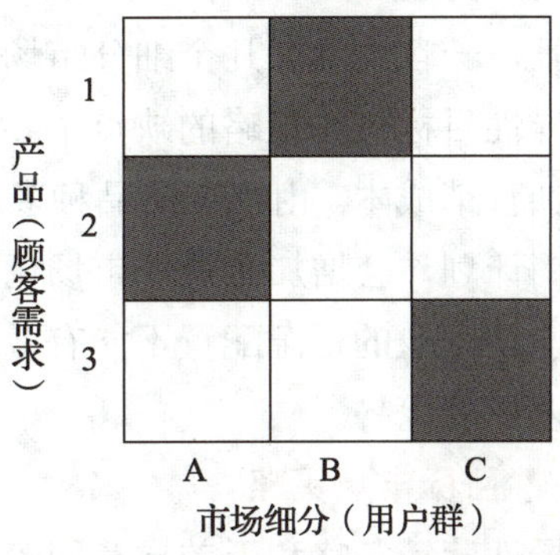

图 3-2-4　选择性专业化模式

5. 全面进入模式

全面进入模式是指企业面对整个市场，为满足各个细分市场上不同的需要，分别设计不同的产品，采取不同的市场营销方案，即分别向各个细分市场提供各种不同品种的产品，并以所有的细分市场为目标，如图 3-2-5 所示。

这种策略比较适合于大型汽车企业集团，企业实力显著，有足够技术和资源生产各种产品满足各种消费者的需要。

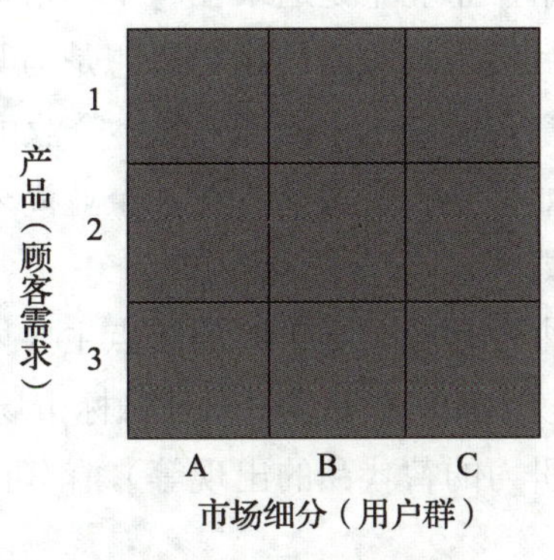

图 3-2-5　全面进入模式

（三）目标市场策略

企业想在日趋激烈的市场竞争中立于不败之地，必须对其营销策略做出科学的抉择。营销策略一般分为无差异性目标市场策略、差异性目标市场策略和集中性目标市场策略 3 种。

1. 无差异性目标市场策略

无差异性目标市场策略是把整个市场作为一个大目标，不考虑细分市场间的区别，针对消费者的共同需要，制定统一的生产和销售计划，以达到开拓市场、扩大销售的目的。

采取无差异性市场策略的优点是大量的生产、储运、销售使得产品平均成本低，并且不需要进行市场细分，可节约大量的调查、开发、广告费用。

无差异性目标市场策略的采用有两种情况：一是在完全垄断市场上，产品由一个企业独家垄断，消费者对产品没有选择的余地；二是消费者对产品或服务的需求同质，没有差异或差异不明显，如电力和燃气市场。由于几乎不存在完全垄断的汽车市场，且汽车是具有明显差别的商品，所以汽车市场并不适用这一策略。

2. 差异性目标市场策略

差异性目标市场策略是通常是把整体市场化分为若干细分市场作为其目标市场。针对不同目标市场的特点，分别制定出不同的分销计划，按计划生产营销目标市场所需要的商品，满足不同消费者的需要。

汽车市场是具有明显差异性的异质性市场。因此，差异性目标市场策略是当今汽车企业共同的选择，而且差异性的划分越来越细致，市场越分越小。

采用差异性目标市场策略的优点是批量小、品种多、生产机动灵活，且针对性强，能更好地满足消费者的需求，从而促进产品的销售。另外，由于企业是在多个细分市场上经营，可以在一定程度上减少经营的风险。并且，一旦企业在几个细分市场上获得成功，就有助于提高企业的形象及提高市场占有率。

采用差异性目标市场策略的缺点主要体现在以下两个方面。

一是增加营销成本。由于产品品种多，管理和存货成本将增加；由于公司必须针对不同的细分市场发展独立的营销计划，会增加企业在市场调研、促销和渠道管理等方面的营销成本。

二是可能使企业的资源配置不能有效集中，顾此失彼，甚至在企业内部出现彼此争夺资源的现象，使拳头产品难以形成优势。

3. 集中性目标市场策略

实行差异性营销策略和无差异营销策略，企业均是以整体市场作为营销目标，试图满足所有消费者在某一方面的需要。集中性营销策略则是集中力量进入一个或少数几个细分市场，实行专业化生产和销售。实行这一策略，企业不是追求在一个大市场角逐，而是力求在一个或几个子市场占有较大的份额。

集中性目标市场策略的指导思想是与其四处出击收效甚微，不如突破一点取得成功。这一策略特别适合于资源力量有限的中小企业。中小企业由于受财力、技术等方面因素制约，在整体市场可能无力与大企业抗衡，但如果集中资源优势在大企业尚未顾及或尚未建立绝对优势的某个或某几个细分市场进行竞争，成功可能性更大。

采用集中性目标市场策略的缺点主要体现在两个方面：一是市场区域相对较小，企业发展受到限制；二是潜伏着较大的经营风险，一旦目标市场突然发生变化（如消费者趣味发生转移，强大竞争对手的进入，新的更有吸引力的替代品的出现等），都可能使企业因没有回旋余地而陷入困境。

（四）选择目标市场时考虑的因素

企业往往将经营目标分散于几种策略之中，根据具体情况加以选择实施。一般来说，在选择目标市场策略时应考虑 5 个方面的因素。

① 企业实力。当企业生产能力、技术能力和销售能力很强时，就可采用无差异性策略或差异性策略。反之，最好采用集中性目标市场策略。

② 产品特性。对于一些类似性很强的产品以及不同工厂或地区生产的在品种、质量方面相差较小的产品，宜采用无差异性营销。而对消费者的要求差别很大的产品，宜采用差异性市场营销或集中性目标市场策略。大多数轿车都属于消费者要求差别大的产品，适合使用差异性策略。

③ 市场特性。如果不同市场消费者对同一产品的需求和爱好相近，宜采用无差异性策略。

④ 产品处于生命周期的不同阶段。通常在产品处于投入期和成长期时，可采用无差异性策略，以探测市场和潜在顾客的需求。当产品进入成熟期或衰退期时，则采用差异性策略，以开拓新的市场，或采取集中性目标市场策略，以维持和延长产品生命周期。

⑤ 竞争者所采用的市场策略。分析竞争者的策略和势力，可以采取正面竞争的进攻策略，也可采取避让型的侧翼策略，或防守策略。

三、任务实践——畅销车型目标市场的选择

很多车型有着惊人的销售量，这往往是由于它们的公司选择对了目标市场。请同学们查找资料，列举出 1～2 家汽车公司在研发某款畅销车型前是如何选择目标市场的。

任务三 市场定位

知识目标

1. 了解市场定位的依据。
2. 掌握市场定位的步骤和策略。

技能目标

能够根据市场定位的依据和步骤，灵活运用市场定位策略，进行市场定位。

一、引导案例——小巧可爱的“甲壳虫”

1935 年，由波尔舍主持大众甲壳虫汽车及汽车厂的设计，总共历时 8 年。1938 年，第一辆坚实而具有与众不同外型的甲壳虫在德国的沃尔夫斯堡正式下线，从那时起，“甲壳虫”轿车开始征服全世界。

“没有任何一辆车能象甲壳虫这样，它与德国的历史紧密相关，是德国经济奇迹的象征”——甲

壳虫就是四个轮子上的德国历史，它曾经被波尔舍设计，然后被德国的各个阶层所驾驶。甲壳虫在40年的时间里，达到了2 000万的惊人产量，成为历史上最富有传奇色彩的车型。

“甲壳虫”轿车的定位就非常明确，在所有汽车品牌都追求小车设计向更长、更低、更好看时，“甲壳虫”却追求更小。

为了打响品牌知名度，“甲壳虫”在宣传中一改以往汽车的宣传要素，以“想想还是小的好（Think Small）”来定位，在广告表现上也一改传统手法，将“甲壳虫”在广告中处理的小小的，似一个小甲壳虫一般，让人一想到小型车，首先就会联想到小巧可爱的“甲壳虫”，使得该品牌在小车型中成为“领导者”。

那么，市场定位有哪些依据？市场定位可分为哪些步骤？又有哪些定位的策略？接下来让我们一起来学习市场定位的相关知识。

二、相关知识

市场定位是指明确企业的产品在目标市场中所处的位置，即根据所选定目标市场上的竞争者现有产品所处的位置和企业自身的条件，从各方面为企业和产品创造一定的特色，塑造并树立一定的市场形象，以求在目标顾客心目中形成一种特殊的偏好。市场定位是在完成市场细分的基础上进行的。

五菱宏光是如何成为一代“神车”的？

市场定位不仅要反映汽车产品的内在特征，而且要反映由促销战略、定价决策和分销渠道选择而共同造就的产品形象。在多品牌公司中，有选择地使用品牌也有助于形成理想的形象。

（一）市场定位的依据

各个企业经营的产品特点不同，面对的顾客也不同，所处的竞争环境也不同，因而市场定位的依据也不同。总的来讲，市场定位的依据主要有属性、利益、用途、产品用户、产品类型、竞争对手、价格和质量等。

（二）市场定位的步骤

1．分析目标市场的现状，确认潜在的竞争优势

这一步骤的中心任务是要回答以下3个问题：一是竞争对手产品定位如何？二是目标市场上顾客欲望满足程度如何以及确实还需要什么？三是针对竞争者的市场定位和潜在顾客的真正需要的利益要求企业应该及能够做什么？

要回答这3个问题，企业市场营销人员必须通过一切调研手段，系统地设计、搜索、分析并报告有关上述问题的资料和研究结果。通过回答上述3个问题，企业就可以从中把握和确定自己的潜在竞争优势在哪里。

2．准确选择竞争优势，对目标市场初步定位

竞争优势表明企业能够胜过竞争对手的能力。这种能力既可以是现有的，也可以是潜在的。选择竞争优势实际上就是一个企业与竞争者各方面相比较的过程。比较的指标应是一个完整的体系，只有这样，才能准确地选择相对竞争优势。

通常的方法是分析、比较企业与竞争者在经营管理、技术开发、采购、生产、市场营销、财务和产品等 7 个方面究竟哪些是强项，哪些是弱项。借此选出最适合本企业的优势项目，以初步确定企业在目标市场上所处的位置。

3．显示独特的竞争优势和重新定位

这一步骤的主要任务是企业要通过一系列的宣传促销活动，将其独特的竞争优势准确传播给潜在顾客，并在顾客心目中留下深刻印象。

为此，企业首先应使目标顾客了解、知道、熟悉、认同、喜欢和偏爱本企业的市场定位，在顾客心目中建立与该定位相一致的形象；其次，企业通过各种努力强化目标顾客形象，保持目标顾客的了解，稳定目标顾客的态度和加深目标顾客的感情来巩固与市场相一致的形象；最后，企业应注意目标顾客对其市场定位理解出现的偏差或由于企业市场定位宣传上的失误而造成的目标顾客模糊、混乱和误会，及时纠正与市场定位不一致的形象。

企业的产品在市场上定位即使很恰当，但在下列情况下，还应考虑重新定位。

① 竞争者推出的新产品定位于本企业产品附近，侵占了本企业产品的部分市场，使本企业产品的市场占有率下降。

② 消费者的需求或偏好发生了变化，使本企业产品销售量骤减。

（三）市场定位的策略

- **比附定位策略：**是指攀附名牌，比照名牌来给自己的产品定位，以借名牌之光而使自己的品牌生辉。
- **属性定位策略：**是指根据特定的产品属性来定位。例如，本田在广告中宣传它的低价，宝马在促销中宣传它良好的驾驶性能等。
- **利益定位策略：**是指根据产品所能满足的需求或所提供的利益、解决问题的程度来定位。
- **针对竞争对手竞争策略：**是指对某些知名而又属司空见惯类型的产品做出明显的区分、给自己的产品定一个相反的位置。
- **市场空当定位：**企业寻找市场尚无人重视或未被竞争对手控制的位置，使自己推出的产品能适应这一潜在目标市场的需要的定位策略。
- **性价比定位策略：**是指结合对照质量和价格来定位，如物有所值、高质高价或物美价廉等定位。

三、任务实践——福特汽车公司的市场定位

福特汽车公司是世界最大的汽车企业之一，其汽车产品多种多样。请同学们通过网络、期刊等途径查找福特汽车公司的主要车型，并表明该车型的市场定位。

学习效果综合测评

一、选择题

1．企业的备选目标市场必须具备（　　）。

A．可测量性　　B．可赢利性　　C．可进入性　　D．可区分性

2．企业只推出单一产品，运用单一的市场营销组合，力求在一定程度上适合尽可能多顾客的要求，这种策略是（　　）。

A．无差异性目标市场策略　　B．差异性目标市场策略

C．密集性目标市场策略　　D．集中性目标市场策略

3．某款汽车是按照名牌车来定位的，通过名牌车来提升自己的知名度，这属于（　　）。

A．属性定位策略　　B．利益定位策略

C．比附定位策略　　D．性价比定位策略

二、简答题

1．汽车市场细分的作用主要有哪些？

2．汽车目标市场有哪些策略？各有什么优缺点？

三、案例分析题

2011 年 8 月 25 日，哈弗 H6 在长城汽车天津新工厂隆重上市。它提供三菱 2.0 L 汽油动力车型和绿静 2.0 T 柴油车型，分为都市型、精英型和尊贵型 3 个版本。

哈弗 H6 提供超长保修 5 年或 10 万公里，树立了服务行业新标杆。而且，哈弗 H6 还融入了更多时尚、智能、豪华的城市化元素设计，并凭借时尚大气外观、温馨内饰，以及遍及全车智能装备，满足了城市 SUV 族的情感和功能的双重需求，具备智尊豪华、智享空间、智领科技、智尚安全 4 大亮点。

哈弗 H6 整车拥有卓越的驾乘操控、舒适性，以及全方位的安全防护。而其汽油车售价仅为 9.58～11.58 万元，柴油车价格仅为 12.18～14.18 万元。

问题：

长城哈弗 H6 采用的是哪种市场定位策略？

项目四　汽车用户购买行为分析

项目导入

营销实战中处处充满了攻心战，汽车营销人员要想取得胜利，就得懂得把握用户的购买心理和购买行为规律。只有掌握用户购买行为的特点，了解市场需求与用户的需求，才能发现市场的发展规律和消费者购买的特点，从而推动汽车企业的发展。本项目我们将一起来分析汽车私人消费用户和集团组织用户的购买行为。

最终目标

1. 了解汽车产品的特点，汽车用户的类型及购买行为的相关因素。
2. 了解汽车私人消费用户购买行为特点、类型、影响因素。
3. 了解汽车集团组织用户购买行为特点、类型、影响因素。

促成目标

1. 掌握汽车用户购买行为的相关因素，并能够根据所学知识，对不同类型顾客的购买行为进行分析。
2. 在做到不同顾客不同对待的同时，寻找顾客的共性，将理论与实践有效结合。

任务一　汽车用户购买行为概述

知识目标

1. 了解汽车用户购买行为的内涵。
2. 掌握汽车用户的不同类型。
3. 掌握汽车用户购买行为的相关因素。

技能目标

1. 能够正确描述汽车用户的购买汽车类型及相关因素。
2. 能够将实际的汽车购买行为与营销学相结合。

一、引导案例——女律师简妮·布洛菲尔特小姐的买车经历

女律师简妮·布洛菲尔特小姐终于攒够了购买小车的钱，兴冲冲地来到一家经营汽车的大公司，她看中了这儿出售的海蓝色“西尔斯”牌小轿车。尽管价格贵一点，但她喜欢这种车的颜色和外观，而且她也喜欢“西尔斯”这个牌子和名称。

简妮小姐正准备办理手续，公司的午饭时间到了，销售员要对她说，如果简妮小姐愿意等待30分钟的话，他一定及时赶回来为她服务。

简妮小姐同意等一会儿，她心想总不能不让人吃饭呀，就是再加上30加上分钟也没关系，要紧的是她特意挑选今天这个日子来买车，无论如何都必须把车开回去。

她走出这家大公司，看见街对面也是一家销售汽车的公司，便信步走了过去。售货员是个活泼的年轻人，他一见简妮进来，立即彬彬有礼地问：“我能为您效劳吗？”简妮微微一笑，告诉他自己只是来看看，消磨一下时间。年轻的售货员很乐意地陪她在销售大厅参观，并自我介绍说他叫汤姆。

汤姆陪着简妮聊天，很快两人便变得很投机。简妮告诉他，自己来买车，可惜这没有她想要的车，只好等那家公司的销售员回来了。汤姆很奇怪简妮为什么一定要今天买到车。简妮说：“今天是我的生日，我特意挑选今天这个日子来买车。”汤姆笑着向简妮祝贺，并和身旁一个同伴低声耳语了几句。不一会，这个同伴捧着几只鲜艳的红玫瑰进来，汤姆接过来送给简妮：“祝你生日快乐！”

简妮的眼睛亮了，她非常感谢汤姆的好意。他们越谈越高兴，什么海蓝色“西尔斯”，什么30分钟，简妮都想不起来了。

突然，简妮看见大厅一侧有一辆银灰色的轿车，色泽是那样的柔和诱人，他问汤姆那是辆什么牌子的轿车。汤姆热心地告诉了她，并仔细地介绍了这辆车的特点，尤其是价钱比较便宜。简妮觉得自

己就是想要买这种车。结果，简妮·布洛菲尔特小姐驾驶了一辆自己根本没有想到的车回家了。车上插着几支鲜艳的红玫瑰。简妮的生日充满了欢乐。

从简妮·布洛菲尔特小姐的购车经历我们不难看出，消费者的购买行为是复杂的，也是多变的。那么，汽车用户的购买行为有哪些含义？有哪些汽车用户类型？和购买行为相关的要素又有哪些？接下来我们一起来学习汽车用户购买行为的相关知识。

二、相关知识

（一）汽车用户购买行为的含义

消费者购买行为是指人们为了满足个人、家庭的生活需要或者企业为了满足生产的需要，购买爱好的产品或服务时所表现出来的各种行为，而发生的购买商品的决策过程。而汽车用户购买行为则是指汽车消费者在一定的购买欲望支配下，为了满足对汽车的需要而购买汽车的过程。

消费者的购买行为是复杂的，受到内在因素和外在因素的相互促进交互影响的。企业营销应通过对消费者购买的研究，来掌握其购买行为的规律，从而制定有效的市场营销策略，实现企业营销目标。

（二）汽车用户类型

汽车本身是一种有形商品，但其使用特点又明显不同于一般生产资料和消费资料等有形商品。鉴于这种特点，决定了汽车用户的广泛性，值得汽车营销者进行分类研究。通常，将汽车用户分为个人消费者、集团组织用户、运输营运者、其他直接或间接用户。

1．个人消费者

个人消费者指将汽车作为个人或家庭消费使用，解决私人交通的用户。他们构成汽车的个人消费市场，该市场的消费群体构成近几年发生了明显变化，具体包括女性车主比例增加、车主年龄呈年轻化趋势、车主家庭收入有所增长等。

目前，个人消费市场是我国汽车市场增长最快的一个细分市场，其重要性已经越来越引起各汽车厂商的关注。

2．集团组织用户

集团组织用户是指将汽车作为集团消费性物品使用，维持集团事业运转的集团用户，通常称为机关团体、企事业单位等，他们构成了汽车的集团消费市场。这一市场是我国汽车市场比较重要的一个细分市场，其重要性不仅表现在具有一定的需求规模，还常常对全社会的汽车消费起着示范性作用。

集团组织用户主要包括各类企业单位、事业单位、政府机构、司法机关、各种社团组织以及军队等。其中公款购车在公车制度的框架下形成了以下特有的消费特征。

① 购车标准待遇化。公款购车很大一部分是领导用车，它与领导的行政级别挂钩，配备公车成为一种行政待遇。而待遇的标准是以轿车排量来划分的，只要符合国家对排量的规定即可。

② 公款购车是政策市场。以公车为主的轿车市场受国家宏观经济的影响极大，其市场波动与宏观经济周期完全吻合，没有形成自身发展的规律，所以是一个不成熟的市场。

③ 公车是生产资料不是消费商品。控购政策至今仍影响着轿车市场的需求。

④ 购车费用与使用费用分离。在现行的管理方式下，公车的购买与使用两项费用分列，公车的购车费用是作为生产资料打入固定资产，以后的使用费用则是以管理费用摊入管理成本。

3. 运输营运者

运输营运者是指将汽车作为生产资料使用，满足生产、经营需要的组织和个人，他们构成汽车的生产营运者市场。这类用户主要包括具有自备运输机构的各类企业单位、将汽车作为必要设施装备的各种建设型单位、各种专业的汽车运输单位和个人等。目前，这一市场在我国汽车市场上也占有重要位置，是这些车型的主要市场。

4. 其他直接或间接用户

其他直接或间接用户是指以上用户以外的各种汽车用户及其代表，主要包括以进一步生产为目的的各种再生产型购买者，以进一步转卖为目的的各种汽车中间商。由这类购买者构成的市场，对于汽车零部件企业或以中间性产品为主的企业而言，是非常重要的。

（三）汽车消费者购买行为的相关要素

汽车消费者购买行为的相关要素主要有购买动机和购买决策等。

1. 购买动机

购买动机是直接驱使消费者实行某种购买活动的一种内部动力，反映了消费者在心理、精神和感情上的需求，实质上是消费者为达到需求采取购买行为的推动者。

1）购买动机的特点

① 迫切性。购买动机的迫切性是由消费者的高强度需求引起的。例如，有人对骑自行车本身不感兴趣，但搬到新家后，上班远了，乘车又不方便，看到邻居骑车上下班很方便，就会产生迫切需要一辆自行车的想法。

② 内隐性。内隐性是指消费者出于某种原因而不愿让别人知道自己真正的购买动机的心理特点。

③ 可变性。在消费者的诸多消费需求中，往往只有一种需求占主导地位（亦即优势消费需求），同时还具有许多辅助的需求。占主导地位的消费需求将会产生主导性的动机，辅助性的需求将会引起辅助性动机。主导性的动机能引起优先购买行为。一旦消费者的优先购买行为实现，优势消费需求得到满足，或者消费者在购买决策过程或购买过程中出现新的刺激，原来的辅助性购买动机便可能转化为主导性的购买动机。

④ 模糊性。有关的研究表明，引起消费者购买活动的动机有几百种，其中最普遍的是多种动机的组合作用，有些是消费者意识到的动机，有些则是处于潜意识状态的动机。模糊性表现为一些消费者自己也不清楚自己购买某种商品到底是为了什么。这主要是由于人们动机的复杂性、多层次和多变性等造成的。

⑤ 矛盾性。当个体同时存在两种以上消费需求，且两种需求互相抵触，不可兼得时，内心就会出现矛盾。人们常常采用“两利相权取其重，两害相权取其轻”的原则来解决矛盾。只有当消费者面临两个同时具有吸引力或排斥力的需求目标而又必须选择其一时，才会产生遗憾的感觉。

2）购买动机的类型

购买动机的类型主要有感情动机、理智动机和惠顾动机等，如表 4-1-1 所示。

表 4-1-1　购买动机的类型

类型	含义	特点	表现
感情动机	动机购买需求是否得到满足，直接影响到消费者对商品或营销者的态度，并伴随有消费者的情绪体验，这些不同的情绪体验，在不同的顾客身上会表现出不同的购买动机	稳定性	求新好胜 求名求美
理智动机	消费者经过对各种需要，不同商品满足需要的效果和价格进行认真思考以后产生的动机	客观性、周密性、控制性	求实求廉
惠顾动机	感情和理智的经验会对特定的商店、厂牌或商品产生特殊的信任和偏好，使消费者重复、习惯地购买的一种行为动机	经常性、习惯性	偏爱求信

① 感情动机的类型。

感情动机的类型主要有求新动机、好胜动机、求名动机和求美动机等，如表 4-1-2 所示。

表 4-1-2　感情动机的类型

类型	目的	表现	核心
求新动机	时尚、新颖	不大注重商品的价格	时髦
好胜动机	争强好胜	不注重使用价值	争赢摆阔
求名动机	显示自己的地位和威望	追求名片产品，注重产品的牌号、产地及声誉、舍得花时间、精力选购	显名炫耀
求美动机	追求商品的欣赏价值或艺术价值	注重商品造型、色彩、包装装潢等外在美，讲究对人体的美化作用和对环境的装饰作用	美的感受

② 理智动机的类型。

理智动机可分为求实动机和求廉动机，如表 4-1-3 所示。

表 4-1-3　理智动机的类型

类型	目的	表现	核心
求实动机	追求商品的使用价值	注重商品的内在质量和效用，讲究实惠实用和使用方便，不过分强调外观、花色、款式等	实用有效
求廉动机	追求物美价廉	追求廉价，喜欢选购折价、优惠价、处理价商品，不大计较产品的外观质量，如花色款式及包装等	求实求惠

③ 惠顾动机的类型。

惠顾动机可分为偏爱动机和求信动机，如表 4-1-4 所示。

表 4-1-4　惠顾动机

类型	目的	表现
偏爱动机	满足个人特殊偏好	对某一类型的特殊商品经常地和持续地进行购买
求信动机	追求某一商店或某种商品的信誉	购买行为由潜意识支配

2．购买决策

随着人们生活水平的提高，汽车已经走入千家万户，虽然购买汽车是近些年来的消费热点，但人们在进行购买决策时还是格外谨慎，产生的购买行为也非常复杂。

汽车消费者购买过程是消费者购买动机转化为购买活动的过程。不同消费者的购买过程有特殊性，也有一般性。对这种一般性加以研究，有利于汽车销售企业针对消费者在购买决策过程各个阶段的思想和行为，采取适当措施，影响他们的购买决策，使他们的购买决策和购买行为有利于实现本企业的营销目标。

消费者购买决策过程是消费者为了达到某一预定目标，在两种以上的备选方案中选择最优方案的过程。消费者作为决策的主体，为满足这一目标，在购买过程中进行评价、选择、判断、决定等一系列活动。它是消费者购买活动中的核心环节，起支配和决定其他要素的关键作用。对消费者购买决策的研究和企业市场进行的营销活动是密不可分的，它们共同构成了营销决策的基础。它对于提高营销决策水平，增强营销策略的有效性方面有着很重要的意义。购买决策可以为品牌形象以及品牌管理、产品定位、市场细分、新产品开发、产品定价、分销渠道的选择、广告和促销策略的决定等 7 个方面的研究提供支持。

为能够清晰地了解消费者的心理，应站在市场调查的角度思考，先描绘出消费者购买行为的轮廓，再据此选择重点比较深入地进行研究，并在此基础上考虑相关的策略方案。汽车消费者购买决策的内容主要包括以下几点。

1）“谁买”Who

谁买实际上回答两个主要问题：谁是购买者或者用户是谁？谁参与了购买决策？人们在购买决策过程中，可能扮演不同的角色。有时，汽车的购买者、使用者和决策者是分离的。

了解消费者是营销的首要任务，只有明确知道谁是主要消费者，并且深入了解他们的特性，才能有针对性地营销。这要运用到人口、心理、地理及行为变数等来进行描绘，以便知所进退。

购买决策是一项复杂的行为，金额越大，复杂度就越高；参与意见的人就越多，决策时间也越长。汽车作为高档的消费用品在购买的决策过程中时间一般比较长、复杂程度上也比较高，一般要从以下 5 种角色进行分析。

- 发起者：首先提议或想到购买特定产品的人。
- 影响者：看法或建议对最后购买决策具有某种影响力的人。
- 决策者：对购买决策做出全部或部分的最终具有决定权的人。
- 购买者：实际从事购买行为的人。
- 使用者：所购商品的使用或消费者。

2）“为什么买”Why

要了解消费者为什么购买，实质上是要求汽车销售企业明确用户购买动机或影响因素。

消费者为什么买他选择的产品？这是营销必须解开的谜题。从营销的角度来看，这被称为购买动机。在其中，需要了解的是，消费者所追求的产品利益点究竟是什么？购买的动机往往复杂多变，必须搞清楚，才能在营销上重点出击，事半功倍。

汽车与人们的生活方式很密切。谁购买汽车？用作什么功用？例如，有些消费者选择汽车判断标准很明确，他会根据使用汽车的实际需要以及生活水平购买汽车。无论是实力雄厚的进口品牌，宝马、奔驰，还是不断崛起的自主品牌奇瑞、吉利，如果要继续扩张市场，就必须了解现有消费者为什么购买，把握消费者的购买动机，从而继续稳定现有消费群，并且以此为基点，开发更有效的卖点，吸纳更广泛的消费群体。

3）“买什么”What

买什么，指的是要了解消费用户想买什么，即购买对象。这是消费决策的核心和首要问题。消费者想买什么样的汽车？汽车的品牌、厂家、款式、价格分别是什么？在从事购买行为时，汽车消费者一般是从众多的品牌中选择出最适合自己的。

在选择过程中，一定会涉及价值判断与比较，这些消费者用以判断品牌优劣的评估标准（一般称为购买考虑因素）也是营销过程中不能放过的信息。在评估标准上，有些产品的属性非常重要（重要因素），但在购买决策上却发挥不了影响力（非决定性因素）。

4）“在哪里买”Where

购买地点由多种因素决定，并且和消费者的心理动机有关。汽车销售商要了解目标用户在哪里买车？在何处使用？何处是可能的与最好的销售渠道？如何扩大汽车产品的使用空间？使用的强度、地理环境、气候条件、道路状况不同，对汽车的要求也不同。

就接触品牌及产品信息而言，应该要了解消费者获知途径——电视广告、报纸广告、朋友告知、终端商品直接接触等。从购买地点而言，应该了解消费者在什么地方购买，是汽车4S店、汽车超市、汽车工业园还是网络销售等。只有从这两方面全面了解，才可以在信息投放和通路之间确定长短，作为广告投放和通路调配的参考依据。而且必须时刻掌握动向，因为通路结构的变化，会对整个市场结构造成重大影响。

读一读

4S店是以“四位一体”为核心的汽车特许经营模式，包括整车销售（Sale）、零配件（Sparepart）、售后服务（Service）、信息反馈（Survey）等。

4S店拥有统一的外观形象，统一的标识，统一的管理标准，只经营单一的品牌的特点。它可以提供装备精良、整洁干净的维修区，现代化的设备和服务管理，高度职业化的气氛，保养良好的服务设施，充足的零配件供应，迅速及时地跟踪服务体系。通过4S店的服务，可以使用户对品牌产生信赖感，从而扩大销售量。

5）“什么时候买”When

消费者在什么时候购买（购买时机）也是营销人员了解消费者行为的一个重要方向。汽车销售商只有了解用户什么时候购买，才能准备和组织货源，在时间上进行更有规律和组织的规划，也更有效率。

用户购买汽车的时机受到地区、季节和节假日等的影响。例如，国内乘用车市场通常会在5～7月经历一个小高峰和“金九银十”间的季节性低谷。

6）“怎样买”How

在消费者的购买过程中，如何购买（购买方式）也是一个很重要的环节，只有清晰地了解之后，才能使整个营销模式最切合消费者的需要。

随着汽车市场逐步成熟，很多大型的汽车销售服务中心也不约而同地推出了购车一条龙服务，包括贷款、买车险、上牌照等一系列手续都可以在短时间内一次性办理，为买车的消费者节约大量的时间，提高了效率，得到了广大消费者的认可。

7）“购买的频率如何”How Often

了解了购买时机之后，还必须清楚消费者多久才购买一次，即购买频率。对于汽车经销商来说，了解客户在什么时候可能有购买新车的需要，以及什么时候出现更新换代的要求是很重要的。

三、任务实践——手机购买调查

班级同学根据学号安排，每位同学邀请自己学号后一位同学完成表 4-1-5 中的调查问题，然后所有同学将答案进行汇总，分析班级同学手机购买的特征。

表 4-1-5　手机购买调查表

姓名		学号		手机品牌型号		手机价位	
购买动机类型							
谁买	发起者						
	影响者						
	决策者						
	购买者						
	使用者						
为什买							
买什么							
在哪里买							
什么时候买							
怎样买							
购买的频率如何							

任务二　汽车私人消费用户购买行为分析

知识目标

1. 了解私人汽车消费市场的特点。
2. 掌握私人汽车消费用户购买行为的决定因素。
3. 掌握私人汽车消费用户的类型及决策内容。

技能目标

1. 能够正确描述私人汽车消费用户的类型及购买行为的相关因素。
2. 能够结合所学知识对不同类型的顾客进行分析，采取不同的应对办法。

一、引导案例——夫妻 3 次看车

有一对夫妻去 4S 店看车。他们第一次来店先看了三厢福克斯自动时尚车型，且有意向分期购买，并想加装导航和太阳膜之类的装具。但他们还在对比之中，没有确定下来。

他们第二次来店后看了致胜和速腾，觉得速腾比较好。因为两口子都在银行工作，所以商用的比较多，想买空间大一些的车型，但考虑到了油耗和价格方面的因素，对致胜还是心存疑虑。

他们在另外两家 4S 店对比过，3 家的价格的优惠幅度都差不多，且女方想买致胜。但是男方还是比较理智，觉得致胜 2.3 的油耗太大，而且分期的费用也比较高，所以说回家再考虑。客户来店 3 次，但是最终选择了速腾，觉得比较合适。

该夫妻在购车过程中比较谨慎，对比面也比较广，使得其购车行为也比较复杂。那么，私人消费用户的购买行为有哪些决定因素？购买行为又有哪些类型？购买决策过程又是怎样的呢？接下来让我们一起来学习汽车私人消费用户购买行为的相关知识。

二、相关知识

（一）私人汽车消费者市场的特点

私人汽车消费市场由汽车的消费者构成。这个市场所特有的特征如下。

① 我国的汽车消费者市场不断壮大，市场容量极大。

② 私人汽车消费市场需求多样。因为每个消费者年龄不同，性别、受教育水平、职业、收入、社会地位、家庭结构等方面都存在差异，所以会有不同的消费需要，从而使个体的购买需求表现出多样性和层次性。

③ 个人消费者需求是可以诱导的。汽车与其他消费品最大的区别就是它的专业性和复杂性。对于大多数消费者来说，汽车包含了太多他们不清楚的专业知识，因此个人消费者的购买行为是可被外界影响的。

（二）私人消费用户购买行为的决定因素

1．文化因素

① 社会文化。不同民族、不同社会，其文化内涵的差别很大。例如，美国人希望得到个人最大限度的自由，追求超前享受，人们在购买住房、汽车等时，既可分朗付款，又可向银行贷款支付。

② 亚文化。亚文化又被视作“文化中的文化”。亚文化群体的成员不仅具有与主流文化共同的价值观念，还具有自己独特的生活方式和行为规范。就汽车消费者购买行为而言，亚文化的影响更为直接和重要，有时甚至是根深蒂固的。例如，相当一部分女性对车辆关注方面是靓丽鲜艳的颜色、灵巧可爱的造型、温馨的内饰、方便易操控的手动挡。因而，把车营造出一种温馨、浪漫、时尚的氛围，更能迎合女性消费者的需求。

③ 社会阶层。一个人的社会地位不同，其价值取向也是不同的。

2．社会因素

① 参照群体。参照群体是人们效仿的对象和行动的指南。在缺乏客观标准的情况下，个人的消费选择往往以群体的标准为依据。例如，几个相处较好的朋友就可能会买一品牌的轿车。

② 家庭。在家庭的购买活动中，丈夫与妻子的购买参与程度因所购汽车的车型及品牌不同而不同，子女的影响力也不容忽视。

③ 角色与地位。一个消费者同时承担着多种不同的角色，并在特定的时间里具有特定的主导角色，

每种角色都代表着不同的地位身份，并不同程度地影响着其购买行为。

3．政治因素

① 政府政策的影响。政府出台或变更相关政策，会影响到消费者的购买行为。例如，油价下调、免去养路费和 1.6 L 以下乘用车购置税的减半，都会促进 1.6 L 的中级轿车的销量；再如，北京奥运期间，长达两个月的单双号限行的规定，严重影响了部分消费者的购车计划。

② 有关法律法规的影响。例如，汽车消费者权益保护法规的出台或完善，会影响到消费者的购买行为。

4．经济因素

① 汽车消费信贷环境。依据中国社会调查事务所在北京、上海、广州、长沙、武汉等城市进行的一次关于个人贷款购车意愿的调查数据显示，只有 5%的人已满意地办理了个人购车贷款，有 29%的人曾咨询汽车贷款项业务，而 37%的人因无法找到第三方的担保不得不放弃购车。

② 股市和房市等其他环境的影响。当经济大环境不景气时，消费者的生活成本会不断提高，股市和房市的持续不景气又套牢了部分消费者的购车资金，因此可能会导致消费者资金不足而不能购车。

③ 汽车价格及保养费用。

5．个人因素

① 年龄与生命周期阶段。随着年龄的增加，人们对汽车产品的喜好也在改变。

② 职业。不同职业的消费者对汽车的购买目标是不一样的。

③ 经济状况。汽车对一般人来说是高档消费品，个人的经济状况达不到一定程度是不会购买汽车的；并且经济状况较好的人与经济状况一般的人所选购的类型有所差别的。

④ 生活方式。从经济学的角度看，一个人的生活方式表明它所选择的分配方式及对闲暇时间的安排。

⑤ 个性与自我观念。个性不同会导致消费者购买行为的差异，进而影响消费者对汽产品的品牌的选择。

6．心理因素

① 动机。不同的人购买动机也不一样，从人们购买第一辆车最常使用的用途上就可以看出来，如图 4-2-1 所示。

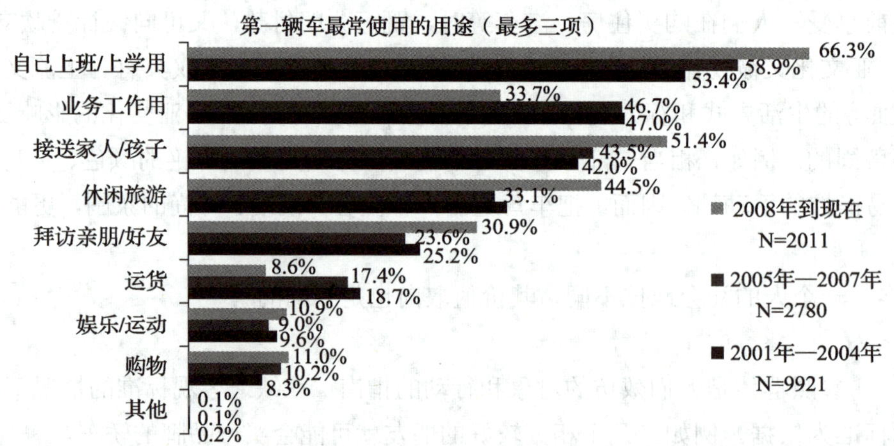

图 4-2-1　第一辆车最常使用的用途

再如，出于经济实惠的考虑，如果消费者平时的活动范围通常在市区或近郊区，那些外形尺寸小、排量小的经济小型车将会是消费者首先考虑的购买对象；但是对于那些需要经常在高速公路上行驶的消费者，中级轿车可能会是主要的考虑对象；而那些喜欢跋山涉水或驾车郊游的消费者，吉普车等越野车可能是主要的选择目标。因此，消费者选择什么车型品牌，常常会多从使用角度考虑，包括是否节省燃油、售后网点的多少、配件是否容易购买等，以便在使用、维修、保养等方面会获得较好的方便。

② 知觉。一个受到动机驱使的人可能随时准备行动，但具体如何行动则取决于他的知觉程度，如选择性注意、扭曲或保留。

③ 学习。由于汽车市场营销环境的不断改变，新产品、新品牌不断涌现，汽车消费者必须经过多方收集有关信息之后，才能做出购买汽车的决策，这本身就是一个学习的过程。同时，消费者对汽车产品的消费和使用同样也是一学习的过程。

④ 信念与态度。人们通过实践和学习获得自己的信念和态度，它们反过来又影响着人们的购买行为。

7. 交通条件因素

道路拥挤、停车困难等不利条件会降低消费者的购车欲望。

8. 汽车企业营销手段因素

频繁降价会导致潜在购车者的消费行为延迟；购车送礼品、免费保养、延长售后服务等措施会促进消费者的购车行为。

9. 互补品因素

油价的上涨将打消一部分人的购车计划，也将让购买大排量汽车的消费者转向小排量汽车，从而最终削弱轿车市场的销量。

10. 替代品因素

公共交通系统的发达将会让更多人乘坐公共交通工具出行。目前，不管是北京，还是其他大城市，市政当局都在积极发展公交系统，特别是有轨地铁和轻轨在各大城市的建设，将会让很大一部分消费者放弃购车计划。

（三）汽车个人购买行为的类型

汽车个人购买行为的类型主要有理智型、冲动型、攀比风气型和价格选择型等。

1. 理智型

理智型的购买行为是指消费者在理智基础上作出决策的购买行为。理智型顾客很看重公众的传播口碑，消费心理比较理性，不一味的追求个性。他们会打听这车是不是有很多人买，服务是不是很好，是不是有比较可靠的品牌等；并会进行经过广泛的调查，充分的收集信息，并向营销人员详细咨询。这些消费者看车时通常都带上几个参谋，这几个参谋要么是有些汽车知识的，要么是比较了解汽车行业的，他们若评价不高，消费者可能就认为其口碑不佳而放弃购买该款汽车。

读一读

桑塔纳轿车系列中被俗称为“普桑”的老车型。它虽然属于淘汰车型，但现在每年仍然可以销售 10 万辆左右，有一定的市场占有率。这就是具有保守性购买动机的消费群体的消费区域。“普桑”的价格已降低了一半多，生产成熟，品质稳定，而且买中级车享受经济车的消费，维修市场零配件充足便宜，维修工对车型最为熟悉，另外车型老、不起眼，用得安心、放心。

2. 冲动型

冲动型属于典型的情感型购车动机。冲动型的购买行为是指消费者容易受外界刺激而迅速做出购买决定的购买行为。随着人们收入的提高，生活水平的改善，街道上的私家轿车越来越多，不少市民有了购买家用轿车的目标。他们多数是有了摩托车或电瓶车一段时间后才有此消费念头，再加上广告宣传、产品特色、促销活动等，他们通常缺少对所购产品的深入了解，并不完全确定是否真正能满足自己的需要，而且还有不少人是为了买第一辆车才去考的驾照。此外，为成为有车一族才去购买汽车的人不在少数。

所以，当消费者所购汽车并不如原先的预计或当他发现其他汽车有更多的优点时，便会产生失落感，后悔自己当时的决定。

读一读

20世纪80年代末，日产公司在美国市场推出豪华轿车“无限”（Infinity）。在电视广告中见不到靓丽的车型，代之以反复呈现的大自然、原野、雷雨、大海和森林。广告词则为：“所谓的豪华是指一种多彩的自然感觉，所谓的美是指一种密切的个人关系。”

这种在视觉、听觉上给予的豪华和美丽的观念给许多消费者留下了深刻的印象，这正符合他们的信念。Infinity轿车从此屡屡列在美国各品牌轿车年销售量的榜首或前几名。

3. 攀比风气型

有些当了企业小老板的人，看到身旁的企业朋友或是同行竞争的老板都开起了汽车，自己若是还没有汽车，面子上过不去，不管公司盈利有几何，买一辆汽车势在必行。如果某个与自己企业竞争的老板新买了一款档次更高的新车，他可能就按捺不住，也买一款同档次或更高档些的新车。车可能不是同一品牌，但在档次级别上要是对等的。这些攀比型汽车消费者认为，若是自己大部分生意上的伙伴都升级了驾座，自己不跟进就会觉得不入流，低人一等。

攀比风气型消费者类似于冲动型，决策较快。汽车销售厂商需要提高产品质量，并加强售后服务，真正让他感觉到自己的座驾是非常省心且有面子的。

4. 价格选择型

价格选择型消费者对汽车的价格比较敏感，通常以价格的高低作为自己购买汽车的主要标准。价格选择型消费者又有两种截然不同的类型，一种是选高价型，认为价格高的汽车质量好，价格高的汽车有品位和档次，能显示自己的身份，开出去有面子；另一种是选低价型，多数是工薪阶层，对汽车的需求很强烈，经济实力又不是特别强。

对于这两种不同类型的消费者，营销人员要“投其所好”，认真倾听客户的要求，做好最佳的沟通。

读一读

一直以来，跑车为大多数消费者特别是年轻人所青睐。但由于跑车价格不菲，所以许多消费者难以实现其消费愿望。1964年福特公司推出了一种经济型轿跑车“野马”，该品牌车上市价格仅为豪华跑车价格的1/3左右，一时赢得了消费者的认可，取得了很好的销售成绩。

之后，通用、克莱斯勒公司均以多款轿跑车陆续投放市场。但40年来，福特的“野马”车一直是领军品牌，至今仍雄踞全球跑车单品牌车销售量的榜首。我国同样有不少酷爱跑车的消费者，进口跑车价格十分昂贵，对此，吉利汽车公司推出了经济型跑车。这种跑车具有相当低的价位，性价比很高，具有找空隙进入市场的营销思路和满足消费群体意愿的服务理念，因此也受到了消费者的喜爱。

（四）汽车私人消费用户购买决策过程

消费者在刺激物的作用下，形成购买动机，继而实施购买行为。消费者的购买行为集中表现为购买商品，但他们做出的购买决策并非一种偶然发生的孤立现象。其购买决策过程在实际购买之前就已经开始，而且延续到实际购买以后。完整的购买决策过程是以购买为中心，包括购前、购后一系列活动在内的复杂行为过程。这一过程是由相互关联的购买行为动态的 5 个步骤组成，即确认需要→信息收集→方案评估→购买决策→购后行为。

1. 确认需要

有需要才可能引发购买动机，继而产生购买行为，需要是购买过程的起点。没有需要就不会形成购买动机。当消费者意识到对某种商品有需要时，购买过程就开始了。消费者的需要可以由内在因素引起，也可以由外在因素引起。此阶段企业必须通过市场调研，认定促使消费者意识到需要的具体因素。

2. 信息收集

在多数情况下，消费者还要考虑买什么牌号的商品，花多少钱到哪里去买等问题。他们会寻求信息，了解商品信息。寻求的信息一般有产品质量、功能、价格、牌号、已经购买者的评价等。

消费者的信息来源通常有 4 个方面，即商业来源、个人来源、大众来源和经验来源。

- 个人来源：朋友、同事、家庭、邻居等。
- 商业来源：广告、推销员、展销会、产品包装说明书等。
- 公共来源：大众传媒、权威评审机构。
- 经验来源：商品使用、商品检查。

? 思　考

你个人购买商品时的信息收集渠道主要为哪几种？

3. 方案评估

消费者进行比较评价的目的是能够识别哪一种牌号、类型的商品最适合自己的需要。消费者对商品的比较评价，是根据收集的资料，对商品属性做出的价值判断；消费者对商品属性的评价因人、因时、因地而异。例如，有的评价注重价格，有的评价注重质量，有的评价注重牌号或式样等。

企业营销要努力提高本企业产品的知名度，使其列入到消费者比较评价的范围之内，才可能被选为购买目标。同时，还要调查研究人们比较评价某类商品时所考虑的主要方面，并突出进行这些方面的宣传，对消费者购买选择产生最大的影响。

4．购买决策

消费者是在对方案进行评估的基础上，综合考虑自身经济状况、个人偏好、售后服务水平等因素后，才实施购买行为。在正常情况下，消费者通常会购买他们最喜欢的品牌。但有时也会受到他人态度和意外事件的影响而改变购买决定。

消费者修改、推迟或取消某个购买决定，往往是受已察觉风险的影响。察觉风险的大小，由购买金额大小、产品性能优劣程度，以及购买者自信心的强弱决定。企业营销应尽可能设法减少这种风险，以推动消费者购买。

5．购后评价

消费者购买商品后，购买的决策过程还在继续，他要对所购买的产品的整个购买行为及其满意状况进行评价，总结经验，减少失误，提高购买决策水平。

企业营销应密切注意消费者购后感受，并采取适当措施，消除不满，提高满意度。例如，经常征求顾客意见，加强售后服务和保证，改进市场营销工作，力求使消费者的不满降到最低。

上述5个步骤中你认为哪个步骤最重要？为什么？

三、任务实践——个人购买行为分析

在老师的安排下，两人一组，互相完成对方任务表4-2-1中的购买经历，同时在自己任务表格中对对方的购买行为进行分析。

表4-2-1 任务表

姓名		姓名			
购买经历		购买行为分析			
购买产品		产品类型			
购买动机描述		购买动机类型			
信息来源描述		信息来源类型			
评价方案描述		评价方案数量			
购买过程中主要考虑因素描述		购买决策影响因素类型			
购买满意度描述		满意度	满意	一般	不满意

任务三　汽车集团组织用户购买行为分析

知识目标

1. 掌握汽车集团组织用户购买行为的相关知识。
2. 了解汽车集团组织用户购买行为的规律。

技能目标

1. 能够正确描述汽车集团组织用户购买行为的特点。
2. 能够正确描述汽车集团组织用户购买行为的类型、影响因素。
3. 能够正确描述汽车集团组织用户购买行为的决策过程。

一、引导案例——深圳西湖运输集团首批纯电动出租车启航仪式

2015 年 9 月 29 日，深圳西湖运输集团首批纯电动出租车启航仪式在东湖宾馆举行。在活动现场，比亚迪商用车向西湖运输集团交付了首批 35 辆新款 e6 纯电动出租车钥匙，正式拉开深圳市 2015 年大规模推广纯电动出租车的序幕。双方企业和部门领导、嘉宾及媒体朋友出席交车活动，共同见证了深圳市新能源汽车推广这一重要时刻。

2015 年 1 月，深圳市政府印发《深圳市新能源汽车发展工作方案的通知》，明确到 2015 年底深圳将实现纯电动出租车保有量达 4 500 辆以上的发展目标。为加快深圳新能源汽车推广应用，促进深圳交通领域节能减排，深圳西湖运输集团率先投放首批 35 辆比亚迪新款 e6 纯电动出租车，并将分批投放纯电动出租车至 240 辆，迈出了深圳市 2015 年大规模推广纯电动出租车的第一步。

由此可见，集团组织消费市场是一个容量巨大的市场。那么，汽车集团组织用户的购买行为有哪些类型和特点？其影响因素有哪些？汽车集团组织用户的购买决策又是怎样的呢？接下来我们一起来学习汽车集团组织用户购买行为的相关知识。

二、相关知识

（一）汽车集团组织用户购买行为特点

① 购买者少。一般来说，汽车营销人员面对的集团组织顾客比私人顾客要少得多。

② **购买量大。**许多商业汽车市场的特点就是较高的购买比例，许多重型运输车被少数运输公司运用，但是正是这部分少数公司购买了其较大部分车辆。

③ **衍生需求。**对商业用车的需求最终来源于消费品的需求。

④ **供需双方关系密切。**由于商业购车人数较少，集团组织购买者对于供应商来说极为重要。

⑤ **需求缺乏弹性。**相对私人汽车消费者而言，集团组织购买者的需求价格弹性小得多，特别是短期内需求受价格变动的影响不大。

⑥ **专业采购。**商业市场上的采购是由经过专业训练的人员来执行的。

⑦ **影响购买的人多。**通常由若干技术专家和最高管理者阶层共同领导采购工作。

⑧ **购买的行为方式比较特殊。**集团组织购买者对汽车的需求要比个人购买者的需求具有更大的波动性。

（二）影响集团组织购买行为的主要因素

同消费者购买行为一样，集团组织的购买行为也同样会受到各种因素的影响。美国的韦伯斯特和温德将影响集团组织购买行为的各种因素概括为4个主要因素，即环境因素、组织因素、人际因素和个人因素。

1. 环境因素

在影响生产者购买行为的诸多因素中，经济环境是主要的。集团组织购买者受当前经济状况和预期经济状况的影响严重。当经济不景气，或前景不佳时，集团组织购买者就会缩减投资，减少采购。此外，集团组织购买者也受科技、政治和竞争发展的影响。汽车营销者要密切关注这些环境因素的作用，力争将问题变成机遇。

2. 组织因素

每个企业的采购部门都会有自己的目标、政策、工作程序和组织结构。汽车营销者应了解并掌握集团组织内部的采购部门在它的企业里处于什么地位——是一般的参谋部门，还是专业职能部门；它们的购买决策权是集中决定还是分散决定；在决定购买的过程中，哪些参与最后的决策等。只有对这些问题做到心中有数，才能使自己的营销有的放矢。

3. 人际因素

人际因素是企业内部的人事关系的因素。通常，产品购买的决定是由公司各个部门和各个不同层次的人员组成的采购中心做出的。采购中心的成员通常由质量管理者、采购申请者、财务主管者、工程技术人员等组成。这些成员的地位不同、权力有异，说服力有区别，他们之间的关系亦有所不同，而且对汽车的采购决策所起的作用也不同，因而在购买决定上呈现较纷繁复杂的人际关系。市场营销人员必须了解用户购买决策的主要人员、他们的决策方式和评价标准、决策中心成员间相互影响的程度等，以便采取有效的营销措施，赢得客户。

4. 个人因素

集团组织市场的购买行为虽为理性活动，但参加采购决策的仍然是一个个具体的人，而每个人在做出决定和采取行动时，都不可避免地受其年龄、收入、所受教育、职位、个人特性及对风险态度的影响。因此，汽车营销人员应了解产业市场采购员的个人情况，以便采取“因人而异”的营销措施。

（三）汽车集团组织购买行为类型

集团组织购买行为模式不同于个人购买行为模式，其复杂程度要高很多。集团组织购买的类型可分为3种：直接重购、修正重购和新购。

1. 直接重购

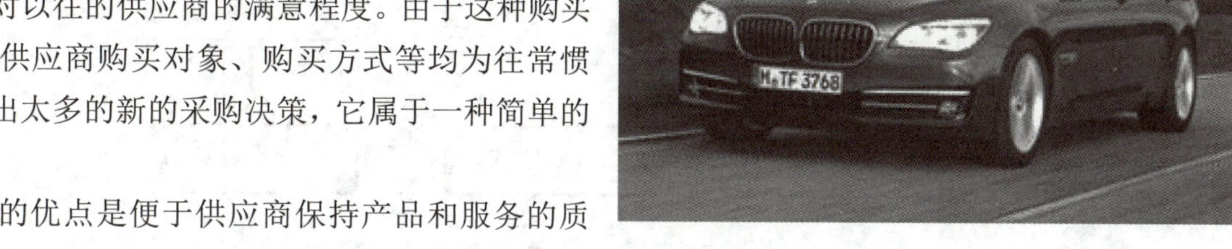

直接重购是指采购部门根据过去的一贯性需要，按原有订货目录和供应关系进行的重复购买。在这种类型的购买行为中，产业组织的采购人员做出购买决策的依据是过去的经验，是对以往的供应商的满意程度。由于这种购买行为所涉及的供应商购买对象、购买方式等均为往常惯例，不需要做出太多的新的采购决策，它属于一种简单的购买活动。

直接重购的优点是便于供应商保持产品和服务的质量，并在这一过程中努力简化购销手续、节省购买者时间、稳定供应关系。

现在许多企业日趋采用“一揽子合同”，即和某一个供应商建立长期的供货关系，这个供应商允许只要购买者需要购买时，供应商就会按原定的价格条件及时供货。这种“一揽子合同”对供求双方都带来方便。对采购者而言，不但减少了多次购买签约的麻烦和由此增加的费用，也减轻了库存的压力。因此，“一揽子合同”又称为“无库存采购计划”。就供应商而言，他的产品有个固定的销路，减轻了竞争的压力。

2. 修正重购

修正重购是指用户为取得更好的采购效果而进行修正采购方案、改变产品规格、型号、价格等条件，包括增加或调控决策人数，或改变新的供应商的情形。

修正重购的采购行为比直接重购复杂，它要涉及更多的购买决策人员和决策项目。修正重购有助于刺激原供应商改进产品和服务质量，还给新供应商提供了竞争机会，从而有助于用户降低采购成本。对于这样的购买类型，原有的供应者要清醒认识面临的挑战，积极改进产品规格和服务质量，大力提高生产率，降低成本，以保持现有的客户；新的供应商要抓住机遇，积松开拓，争取更多的业务。

3. 新购

新购是指购买者对其所需的产品和服务进行的第一次购买行为。它是所有购买情形中最为复杂的一种，因为它通常要涉及多方面的采购决策。新购时，购买者面对的采购金额和风险越大，采购决策的参与者就会越多，制定采购决策所需的信息就越多，决策所花费的时间也就越长。但对于所有的市场营销者来说，都是一个很好的机遇，可以充分利用组织购买者新购的机会，努力开辟组织市场。

供应商应将最优秀的推销人员组成一支庞大的营销队伍，接近对购买决策有影响作用的重要人物，向他们提供各种相关的信息帮助，促使用户减少顾虑和疑问，以赢得采购者信任和采取行动。对于大型的新购业务机会，许多供应商都要派出自己的推销使团，大公司还往往设立专门机构来负责对新购用户的推销。

另外，对于企业的市场营销来说，辨识新购过程的不同阶段是非常重要的，它可以帮助营销者实现与购买者的沟通。一般情况下，任何新购都要经历认识、兴趣、评估、采购、使用等几个阶段。在不同阶段，信息源对于购买者的决策影响不同。在认识阶段，大众媒体的效果较好；在兴趣阶段，推销人员的影响较大；在评估阶段，反映技术状况的信息更为重要；而在采购和使用阶段，服务的作用就相当大了。

（四）汽车集团购车用户的购买决策

1．集团组织购买步骤

集团组织购买步骤如图 4-3-1 所示。

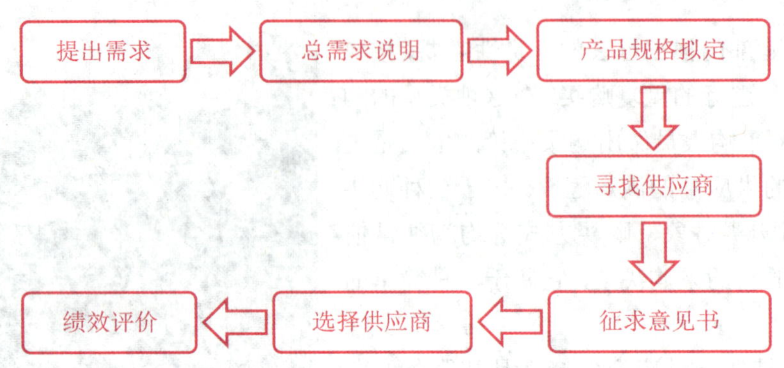

图 4-3-1　集团组织购买步骤

2．购买过程分析

① 提出需求。充分阐述需求形成的原因及其必要性，如因为扩大生产、产品技术进步、新技术出现等。

② 总需求说明。说明所需项目的总特征和总数量。

③ 产品规格拟定。拟定所需产品的性能、规格、类型、价格范围、付款方式等。

④ 寻找供应商。寻找可能供货的企业和商家，但需要特别警惕上当受骗。

⑤ 征求建议书。供应商按照采购方的要求提供关于比较详细的供货书面资料。

⑥ 选择供应商。通过比较，按照优选的原则，确定最终的供应商，并签订相关合同。

三、任务实践——拟定购买计划书

同学们在老师的带领下，以班级为单位购买一款产品；并以 4 人为一组，充分阐述需求形成的原因及其必要性，以及拟定所需产品的性能、规格、类型、价格范围、付款方式。

学习效果综合测评

一、选择题

1．注重商品的内在质量和效用，讲究实惠实用和使用方便，不过分强调外观、花色、款式的顾客购买动机属于（　　）。

A．感情动机　　　　B．理智动机

C．惠顾动机　　　　D．以上都不是

2．各种顾客类型中，对汽车的价格比较敏感，通常以价格的高低作为自己购买汽车主要标准的是（　　）。

A．理智型　　B．冲动型

C．攀比风气型　　D．价格选择型

3．信息来源中，朋友属于（　　）。

A．个人信息来源　　B．商业信息来源

C．企业信息来源　　D．经验信息来源

二、简答题

1．影响汽车私人用户购买行为的因素主要有哪些？

2．汽车私人用户购买行为分为哪些类型？并简述各种类型的特点。

三、案例分析题

以下是一段顾客与销售顾问之间的对话。

客户：这个价格太高了，旁边那一家比你们还低 2 000 元。

销售人员：不可能吧！我们都是同样的 4S 店，都是统一的价格。

客户：怎么不可能，刚才他们才告诉我的。

销售人员：那我们赠送您的装饰也超过了 2 000 元了，不是一样的吗？

客户：当然不是，他们除了便宜 2 000 元以外，还可以再送我 1 000 元的装饰。

销售人员：如果这样的话，我们也没有办法，您最好还是再看一看。（因为销售人员的价格底线已经不可能突破，所以选择了放弃。）

客户：（起身离开了展厅。）

问题：

1．该顾客属于哪种类型的顾客，具有什么特点？

2．如果你是这个销售顾问，你会怎么应对？

项目五　汽车销售人员基本素质

项目导读

随着中国汽车产业的不断发展，入住中国市场的汽车 4S 店也越来越多，而汽车 4S 店的服务也不再单一，变得更加多元化。一条龙的服务流程使汽车 4S 店创造了更多的收益利润，让顾客更加满意，获得更多的利益。

客户对汽车 4S 店的服务产生更多的信赖感，这同时也要求销售顾问要强化自身的综合素质修养，在服务中赢得更多客户，使顾客满意度不断升级。本项目我们将一起学习汽车营销人员的素质培养、汽车销售人员仪容和仪表的培养、汽车销售礼仪规范。

最终目标

1. 理解优秀的汽车销售人员应具备的职业素质。
2. 掌握销售人员仪容、仪表培养规范。
3. 掌握汽车销售常见礼仪规范。

促成目标

结合汽车销售人员职业素养，合理的制定个人职业生涯规划，有目标的培养提高个人能力。理解仪容仪表、礼仪规范，并将其运用到实际生活学习中，做一名懂礼貌、知礼仪、大方得体的学生。

任务一　汽车营销人员素质培养

知识目标

1. 熟悉销售人员心理素质的具体要求。
2. 熟悉销售人员职业道德具体要求。
3. 掌握销售人员知识结构、工作能力具体要求。

技能目标

1. 能够正确描述销售人员的心理素质、职业道德要求。
2. 能够正确描述销售人员知识结构及工作能力具体要求，并以此为依据指导自己学习与工作。

一、引导案例——乔·吉拉德的销售神话

假设你接到这样一个任务，在一家超市推销一瓶红酒，时间是一天，你认为自己有能力做到吗？你可能会说：小菜一碟。那么，再给你一个新任务，推销汽车，一天一辆，你做得到吗？你也许会说：那就不一定了。

如果是连续多年都是每天卖出一辆汽车呢？你肯定会说：不可能，没人做得到。可是，世界上就有人做得到，这个人不但创造了吉尼斯汽车销售的世界纪录，同时获得了“世界上最伟大推销员”的称号。他就是乔·吉拉德先生，迄今唯一荣登汽车名人堂的销售员，创造的 5 项吉尼斯世界汽车零售纪录如下。

① 平均每天销售 6 辆车。
② 最多一天销售 18 辆车。
③ 一个月最多销售 174 辆车。
④ 一年最多销售 1 425 辆车。
⑤ 在 12 年的销售生涯中总共销售了 13 000 辆车。

乔·吉拉德的中国行

是哪些品质成就了乔·吉拉德的汽车销售神话？下面就让我们一起来学习优秀的汽车销售人员应具备的素质。

二、相关知识

素质是个人身心条件的综合表现，是个人生理结构、心理结构及其机能特点的总和，是个人参与种种活动的基本条件。素质包括身体条件、气质、性格、能力、智慧、经验、品德等要素。这些素质要素是在先天遗传基础上发展起来的，是经过社会实践训练，不断改善和提高的。

不同的职业对从业人员的素质要求有所不同。汽车营销人员的职业素质主要包括强烈的公关意识、高

尚的职业道德、良好的心理素质、合理的知识结构和全面的工作能力。

（一）强烈的公关意识

公共关系意识是一种综合性的职业意识，是汽车营销从业人员应具备的素质的核心，能促使汽车营销人员的行为处在主动和自觉化的状态，使他对环境变化、人员变化有一种能动、开放、创造性的适应机制，能创造性地完成汽车营销任务。汽车营销人员必须具备强烈的公关意识，具体要求如下。

① 对汽车市场新事物、新情况具有敏感性。汽车营销和管理人员必须对汽车市场的新事物、新情况具有敏感性，对汽车市场微妙的变化能及时觉察，能从历年销售资料和有关数据中看出趋势，从平静的市场表象中看出潜伏的危机和有待挖掘的潜力，要善于把握一些信号传递的信息，使自己的企业及时采取对策。

② 善于捕获灵感，及时抓住时机。一个成功的汽车营销人员往往会把营销工作组织得新颖生动、别具一格，使顾客（公众）产生深刻的印象。许多创新的销售手段、宣传手法在你的脑里稍纵即逝，所以汽车营销人员在工作实践和日常生活中应进行长期的知识积累，并珍惜最佳的时机和环境。

（二）良好的心理素质

随市场竞争韵日益激烈，摆在汽车营销人员面前的是希望与机遇并存、成功与失败并存的局面。这就对汽车营销人员心理素质提出了更高的要求，主要包括以下几个方面。

1. 自信心理

自信是汽车营销人员职业心理的最基本要求，自信心是发展自己、成就事业的原动力之一。汽车营销人员具备了自信心，才能正视自己，从而激发出极大的勇气和毅力，最终创造良好的销售业绩。当然，汽车营销人员的自信是建立在周密调查研究、全面了解情况的基础之上，不是盲目的自信。

2. 热情的心理

汽车营销人员与人和车打交道，其工作对象首先是顾客，其次是车。这就要求汽车营销人员必须对工作充满极大的热情，凭借热情的心理来与各种各样的人打交道，结交众多的朋友，拓展工作渠道。热情的心理是想像力和创造力的基础，一个对什么都没有兴趣，对一切都很冷漠的人是无法胜任汽车营销工作的。

3. 开放的心理

在信息交流和人际互动日益加强的现代社会，汽车营销人员要想做好销售工作，没有开放的心理是不行的。善于接受新事物，善于学习别人的长处，善于学习新知识，不断解放思想、更新观念、勇于进取、开拓创新，不因循守旧，不墨守成规，这正是汽车营销人员不可缺少的心理特征。具有开放心理的人，能宽容地接受各种各样与自己性格、志向和脾气不同的人，并能“异中求同”，与各种类型的顾客、同事建立良好的人际关系，能冷静地对待和处理工作中所遇到的困难和挫折。

4. 韧性

销售工作实际是很辛苦的，这就要求业务代表要具有吃苦、坚持不懈的韧性。“吃得苦种苦，方为人上人”。销售工作的一半是用脚跑出来的，要不断地去拜访客户，去协调客户，甚至跟踪客户提供服务。销售工作绝不是一帆风顺的，会遇到很多困难，但要有解决的耐心和百折不挠的精神。

（三）高尚的职业道德

汽车作为高档的大件商品，对汽车营销人员提出了较高的职业道德要求。汽车营销人员要通过自己优质的服务，塑造良好的形象，扩大汽车生产商和销售商的知名度、认可度，以达到社会效益与经济的统一。

因而，从事汽车营销的从业人员要有高尚的道德思想。汽车营销人员的主要职业道德可以概括为实事求是、真诚可信、公正无私、光明磊落、勤奋努力、精益求精。

（四）合理的知识结构

汽车营销人员和管理人员经常要同形形色色的顾客打交道，因此必须有良好的教育和丰富的知识，其知识结构主要包括文明经商的知识、业务知识及商业技能。

1. 文明经商的知识

汽车营销人员必须遵守商业道德，合法竞争；必须维护消费者的合法权益；必须虚心听取消费者的意见，严肃认真地对待消费者的投诉。有了文明经商，才能取信于民。在营销活动中，荣誉是一种财富，俗称“金字招牌”。知名企业会为了维护这块“金字招牌”而奋斗不已，所以汽车营销人员应该重视这无形的财富。

2. 业务知识

① 熟悉汽车结构原理、主要性能、保养检测知识，了解各种汽车的型号、用途、特点和价格，只有这样才能当好顾客的参谋，及时回答顾客提出的各种问题，消除顾客的各种疑虑，促成交易。

② 熟悉市场行情、价格、费用（利息、仓储、运输费等）、了解税收、保险、购置税费、付款（贷款）方式等一系列业务和政策规定，以及市场营销的基本知识。

③ 熟悉汽车销售工作中每个环节及细节，如进货、验收、运输、存车、定价、广告促销、销售、售后服务、信息反馈等，以及在洽谈基础上签订合同、开票出库等手续，并熟悉销售服务（加油、办移动证、工商验证等）的各个环节。

④ 熟悉各种票据、财务手续，结算准确、迅速；对涉及汽车货物的进、销、存，涉及货款的贷、收、付中的费用支出要心中有数；懂得承包部门的经济核算方法，随时了解本部门经济效益，及时采取措施，确保营销任务的完成。

3. 商业技能

① 熟悉顾客心理。顾客的职业不同、社会地位不同、年龄不同、习惯不同、爱好不同，对汽车有不同的需求。营销人员要有一定的心理知识，能从客户外表神态、言谈举止、挑选商品来分析判断顾客的特殊心理活动，根据不同情况接待顾客，促使交易顺利进行。

② 讲究谈判和语言艺术。要热情、和气、诚恳、耐心、礼貌、准确。俗话说：和气生财，要经得住“委屈”。

③ 掌握外语。掌握一门外语是必要的，最好能看懂汽车说明书，能简单会话。

（五）全面的工作能力

汽车营销人员和企业其他工作人员的工作性质是不同的，往往要独立应付各种各样的事务，需要把自己的知识、经验灵活地运用到具体工作中去。因此，汽车营销人员的素质还应包括各种能力。汽车营销人员的工作能力概括讲有以下几方面。

1. 宣传表达能力

汽车营销人员是汽车产品的宣传者，而且是以面对面的方式进行宣传，因此，汽车营销人员应具备较强的文字表达能力、口头表达能力，以及神态、感情、动作表达能力。

① 文字表达能力要求汽车营销人员掌握应用文体的格式和特点，熟练运用语法、修辞、逻辑等知识进行写作（汇报总结、计划方案等），并且文字准确、简洁、生动。

② 口头表达能力要求汽车营销人员要讲普通话，吐字清楚、简明扼要、有节奏感，不罗嗦、重复，不滔滔不绝，也不一声不吭，沉默寡言；要讲究语言艺术，注重感情色彩。宣传汽车性能，要求有敏捷的思维、灵活的反应，遇到突然提问时能用准确的语言表达自己的看法，不模棱两可、似是而非，在回答突然提问时有意识地把企业的思想、宗旨、产品、服务及形象传达给顾客或提问者，以得到他们的认可、理解和赞赏。

③ 神态、感情、动作是沟通思想感情的非语言交往手段，形体表达有时比语言表达更为重要。例如，与人交谈时，略微倾向对方表示热情和兴趣，向顾客微微欠身显得恭谦有礼，自然轻松的微笑表示友好和坦诚。所以，汽车营销人员注重神态表情来传达感情，来交流信息，往往有事半功倍的效果。

2．社会交往能力

汽车营销人员因工作需要，必须和各种各样的人打交道，这就要求汽车营销人员要了解不同顾客的心理特征和行为特征，要清楚如何与不同职业、不同地位的人打交道。现代营销要求汽车营销人员“主动出击”，不断拓展自己的交往范围，并在与顾客交往中要“入乡随俗”，以从众的姿态，善于寻找契机。汽车营销人员还要遵循人际交往的礼仪，以随和、热情、诚实的形象，博得汽车购买者和其他人员的信赖和好感。

3．自控应变能力

汽车营销人员在工作中难免会遇到一些态度粗暴、吹毛求疵的客户。作为汽车营销人员要有风度、气质和很强的自控能力，以自己的冷静，使对方平静；用自己的和颜悦色，消除对方的“火气”。自控并非目的，目的是在各种突发情况下保持清醒的头脑。所以，自控之后还需应变，而应变需要理智和机智。

作为汽车营销人员，多想几个假设，多制定几个计划，多准备几套预备方案和补救措施，这样才能随机应变，应付自如。

4．创新开拓能力

现代汽车市场是一个充满竞争的市场，现代汽车营销活动是在瞬息万变的情况下进行的，作为汽车营销人员必须具有较强的创新开拓能力。

要想创新，必须做到以下几点。

① 要不安于现状，不满足现有经验，要善于独立思考。

② 要视野广阔、兴趣广泛，善于学习、善于思维，并能融会贯通、扬长避短。

③ 不能有思维定势，要以敏锐的思维从事物中发现不足，寻找对策。

④ 要持之以恒，创新是一个艰苦的过程，“十年磨一剑”，汽车营销人员要坚持不懈，永远以全新的姿态，迎接挑战。

三、任务实施——探查实际岗位的素质要求

课后请各位同学课后登录招聘网站，查看相关企业发布的汽车销售人员招聘启事，总结当地企业对汽车销售人员的素质要求，并结合自身情况制定个人职业规划。

任务二　汽车销售人员仪容、仪表培养

知识目标

1. 掌握汽车销售人员仪容规范。
2. 掌握汽车销售人员仪表规范。

技能目标

1. 能够结合汽车销售人员仪容规范指导日常着装。
2. 能够利用汽车销售人员仪表规范约束日常行为。

一、引导案例——某汽车厂错失良机

德国某汽车集团副总裁率代表团前往某地考察合资办汽车厂的环境并商洽有关事宜。该地某汽车厂出面接待安排。第一天洽谈会，德方人员全部西装革履，穿着规范出席，而接待人员有穿夹克衫布鞋的，有穿牛仔裤运动鞋的，还有的干脆穿着毛衣外套。结果，当天的会谈草草结束后，德方连考察的现场都没去，第二天就找了个理由，匆匆地打道回府了。

商界着装重视与场合气氛相吻合，商务洽谈是关系大局的事情，应选择正式、规范的服装出席。如果穿着随意，既不尊重自己，也不尊重他人，同时也会被认为是不重视这次活动的表现。正因为如此，该汽车厂才会错失良机。那么，仪容仪表守则和仪态规范有哪些内容呢？接下来让我们一起来学习仪容仪表守则和仪态规范的具体内容。

二、相关知识

（一）仪容仪表守则

在中华礼仪中，仪容仪表是其中一个非常重要的部分，通过服饰，体现一个人的品味和内涵；通过言行举止，体现一个人的文化修养，也是表达自己对别人尊重的最直观的表现形式。仪容仪表通常有以下要求。

仪容男士篇

仪容女士篇

① 头发。头发要求整洁干净，梳理整齐。男士头发不宜过长，具体要求为前不覆额、侧不掩耳、后不及衣领，头发不得染成黑色以外的发色，不允许烫发。女士头发分为长发和短发两种。长发具体要求为发髻盘于头后，额发为长度适宜的刘海或净额；短发具体要求为齐耳。短发和长发之间的长度为过渡发型，过渡发型时间不超过半年。不得披头散发、

梳理怪异发型。不染红色、黄色等夸张色彩。女士发型原则上以直发为主，允许局部普通烫发。

② 口腔。保持口腔清洁，上班前不能喝酒，忌吃葱、蒜等有异味的食品。

③ 化妆。女员工要淡妆上岗，修饰雅静，不能浓妆艳抹，不能在公众场所当众化妆，不得使用香味浓烈的香水。

④ 面部表情。员工在为客户提供服务时，要始终保持亲切自然的微笑。在行进中遇到客户，必须面带微笑，稍微点头示意，注视对方，切勿迅速将头转向他方；工作中要求精神饱满，注意力集中，无疲劳状态，不带个人情绪。

⑤ 衬衫。转正员工一律着司服衬衫，未转正员工应统一着白色衬衫。衬衫应经常熨烫，保持平整，衬衫的领口与袖口应扣好，不得有污迹。两手伸直时，衬衫的袖子应比西装袖长 1 cm 左右。衬衫下摆需掖在裤腰和裙腰内，袖子不卷起。

⑥ 领带。男员工在工作区内或拜访客户时，必须佩带统一司服领带，要求整洁干净并触及皮带扣处，不得有脏污、破损或歪斜松弛。女士要求统一打领结花。

⑦ 鞋子。统一为黑色正装皮鞋，鞋面要时刻保持洁净，如有破损应及时修补。女士皮鞋要求款式简洁大方、避免花色复杂，鞋跟高度不超过 3 cm。在工作场所不打赤脚，不穿拖鞋。

⑧ 袜子。男员工的袜子颜色应深于裤装，女员工着露脚背的鞋时要着肉色丝袜，着裙装时要穿肉色过膝长袜。

⑨ 首饰。女性员工佩戴首饰要简单大方，不得佩戴夸张性饰物。左右手戒指共不得超过两个。避免佩戴尖锐的首饰，以免刮伤车辆。不得佩戴悬挂式耳环。

仪表男士篇

仪表女士篇

⑩ 西装。员工的西装要按公司统一要求颜色，裤长以裤角盖住鞋面为标准，不宜过长或过短。上装及裤兜内不得放杂物，以免影响套装的外观。禁止双手下垂插入口袋中。

⑪ 胸牌。员工在工作时，必须佩戴胸牌。佩戴位置为左胸前。工作证、胸牌如有遗失、被窃，应立即向部门报告，经部门领导签字，办理补领，如因长久磨损，应及时以旧换新。

（二）仪态规范

1. 形体语言

全世界的人都借助形体动作，有效地进行交流。最普遍的形体动作，是从相互问候致意开始的。了解形体动作，可使我们在遇到无声的交流时，更加善于观察，更加容易避免误解。

1）目光

目光（用眼睛说话）在公事活动中，用眼睛看着对话者脸上的三角部分，这个三角以双眼为底线，上顶角到前额。洽谈业务时，如果你看着对方的这个部位，会显得很严肃认真，别人会感到你有诚意。在交谈过程中，你的目光如果是中落在这个三角部位，你就会把我谈话的主动权和控制权。

形体语言

在社交活动中，也是用眼睛看着对方的三角部位，这个三角是以两眼为上线，嘴为下顶角，也就是双眼和嘴之间，当你看着对方这个部位时，会营造出一种社交气氛。这种凝视主要用于茶话会、舞会及各种类型的友谊聚会。

2）微笑

微笑可以表现出温馨、亲切的表情，能有效地缩短双方的距离，给对方留下美好的心理感受，从而形成融洽的交谈氛围。微笑可以使强硬者变得温柔，使困难变容易。它是人际交往中的润滑剂，是广交朋友、化解矛盾的有效手段。微笑要发自内心，不要假装。

2．正确体态

体态无时不存在于你的举手投足之间，优雅的体态是有修养、充满自信的完美表达。美好的体态，会使你看起来精神得多，也会使你身上的衣服显得更漂亮。善于用你的形体语言与别人交流，你定会受益匪浅。

1）站姿

站姿要求挺拔优雅，即俗话所说的“站如松”，如图 5-2-1 所示。站姿具体要求如下。

（a）男士站姿

（b）女士站姿

图 5-2-1　站姿

① 站姿要正直，即挺拔、直立、站正。两脚跟相靠，女性两脚分成“V”字形，脚尖开度为 45°～60°，男性两脚与肩同宽，身体重心主要支撑在脚掌、脚弓上，不要偏移。

② 膝盖自然挺直，小腿向后发力。

③ 头正，两眼平视，嘴微闭，面带笑容，颈、后背挺直，胸略向前上方挺起；双肩展开向下沉，使人体有向上的感觉。

④ 收腹、立腰、提臀。

⑤ 两臂放松，自然下垂，双手可放于身体两侧、腹前或背后，虎口向前，手指自然弯曲。

站姿

⑥ 女士四指并拢，虎口张开，双臂自然放松，将右手搭在左手上，拇指交叉。

⑦ 女士穿旗袍时，可站成丁字步型，颔略收，双手交叉于肚脐位置上，有亭亭玉立的形象。

⑧ 如果站立时间过长，感到疲惫时，可将一条腿向前或向后半步，让身体重心轮流放在两条腿上。

可以采用贴墙站立训练改变站姿，具体动作是背贴墙壁，面朝前，双目平视。要求脚后跟、小腿、臀部、双肩和后脑都紧贴墙壁，要有“站如松”和身体上下处于一个平面的感觉。也可以顶书站立训练，站直，头顶放置书本，上身和颈部要挺直，收下颌，使书本不致掉落。站立时要始终保持微笑，使规范优美的站立姿势与轻松的微笑自然结合起来，以充分体现规范站姿的美感。

2）坐姿

正确的坐姿是“坐如钟”，即坐相要像钟那样端正，给人以端正、大方、自然、稳定的感觉。基本要求是上体自然坐直，两肩放松，两腿自然弯曲，双腿平落地上，双膝应并拢（男士可稍稍分开，但女士的双膝、脚跟必须靠紧），两手半握拳放在膝上或双手交叉放在膝间，小臂平放在坐椅两侧的扶手上，注意由肩到臂，紧贴胸部，胸微挺，腰要直，目平视，嘴微闭，面带笑容，自然大方，如图 5-2-2 和图 5-2-3 所示。

（a）正位式坐姿

（b）侧点式坐姿

（c）重叠式坐姿

（d）交叉式坐姿

图 5-2-2　最常见的女士坐姿

（a）重叠式坐姿

（b）正位式坐姿

图 5-2-3　最常见的男士坐姿

入座过程中应注意以下几个方面的问题。

① 入座时，要轻而稳，轻盈舒缓，从容自如。若着裙装，要用手将裙子稍拢一下，不要坐下后再站起整理裙子。落座的声音要轻，不要猛地墩坐，如同与别人抢座位；特别是忽地坐下，腾地站起，如同赌气，造成紧张气氛。

坐姿

② 落座时要保持头部端正、上身平直，双目自然平视，双腿自然弯曲，不要耷拉肩膀、含胸驼背、前俯后仰，给人以萎靡不振的印象。

③ 腿的摆法也是不容忽视的。两腿笔直向前、两膝分得太开、抖动腿脚、两腿并拢而两膝外展，或两脚放到座椅下等，都是非“礼”的动作。

④ 在人际交往中，坐姿的选择要与不同的场合相适应。例如，坐宽大的椅子

（沙发）时，要注意不要坐得太靠里面，应坐椅子的 2/3，不要靠背，休息时则可轻微靠背。若因谈话等需要侧转身时，上体与腿应同时转动，幅度不宜过大。

⑤ 女子入座时，注意两膝不能分开，两脚要并拢，可以交叉小腿。如果跷腿坐，注意不要跷得过高，不要把衬裙露出来，还应注意将上面的小腿向后收，脚尖向下。起立时，双腿先后收半步或右脚先向后收半步，然后站起，注意动作不要迅猛，也不要双手扶腿站起。

⑥ 男子如有需要，可交叠双腿，但一般是右腿架在左腿上，且不宜过高。在礼仪场合，绝不要首先使用这一姿势，因为会给人以显示自己地位和优势的不平衡的感觉。4 字形的叠腿方式是绝对禁止的。

练　习

着职业装，练习入座、起立及坐姿。练习在高低不同的椅子、沙发及不同的交谈气氛与环境下的各种坐姿。其重点是，强调上身挺直，双膝不能分开，可以用一张小纸片夹在双膝间，做到起坐时不掉下。

3）走姿

走姿美具有其独特的特点，即“行如风”，走起路来像风一样轻盈稳健。

① 以站姿为基础，起步时，上身略为前倾，身体重心在前脚掌上。行走时，要上体正直，头部端正，双目平视前方，挺胸收腹立腰，重心稍向前倾，面带微笑。

② 行走时双肩平稳，双臂以肩关节为轴前后自然摆动，摆动幅度以 30～40 cm 为宜。

③ 女性行走时两只脚行走线迹应是正对前方成一条直线即常说的一字步，或尽量走成靠近的一条直线，形成腰部与臀部的摆动而显优美，千万不要走成两条直线。相反，男性则要走成两条直线而不能走成一条直线。男性脚步要利落、稳健、雄健；女性脚步要自如、匀称、轻柔，有明显的节律感和步韵感。

走姿

④ 步幅要适当，着装不同步幅也要有所不同。

一般行走的速度标准如下。

- **步幅：**男子 40 cm 左右，女子 30 cm 左右，不宜太大。
- **速度：**男子每分钟 108～110 步，女子每分钟 118～120 步。
- **步高：**男子脚跟离地 2～3 cm，女子脚跟离地 3～4 cm。

练　习

顶书行走训练，头顶上放置几本书，进行行走训练。行走时要头正、颈直，以纠正行走时摇头晃脑的毛病。背包持物行走训练，主要是进行练习背小包、持文件夹和公文包等行走训练。

4）蹲姿

生活工作中，常需要到低处捡拾东西或做清洁等工作，此时采取弯腰撅屁股的方式，是十分不文明、非常不雅观、有失礼貌的行为，用优美的蹲姿取而代之是最好的方法，如图 5-2-4 所示。具体如下。

蹲姿

① 下蹲时，左脚在前右脚稍后（或右脚在前左脚稍后），两腿靠紧向下蹲。

② 左（右）脚全脚着地，小腿基本垂直于地面；右（左）脚跟提起，使脚撑

地。右（左）膝内侧靠于左（右）小腿内侧，形成左（右）膝高而右（左）膝低的姿势。

③ 臀部下沉，基本上以右（左）腿支持身体。

图 5-2-4　蹲姿

需要注意的是，男士下蹲时，两腿之间可有适当的距离。但女士无论采取哪种蹲姿，都要注意将两腿靠紧，臀部向下。特别在着裙装时则更要留意，以免尴尬。

5）相关活动仪态

① 上下楼梯的动作仪态。下楼梯前先停一停，扫视片刻楼梯后，运用感觉来掌握行走的快慢高低，沿梯而下。不要低头看梯，而是眼睛平视前方。引导客人上下楼梯时，扶手那边应让给客人行走。交际场合，上楼时，尊者、女士在前，下楼时则相反。

相关活动仪态

② 上下轿车的动作仪态。上车时要侧着身体，先坐于车座上，而后将双腿、脚同时挪入车门，再将身体调整好。绝对不要头先进去再弯腰跷臀钻身体，像爬行一样，很不雅观。下车时，也应侧着身体，移着靠近车门，然后一只脚踏在地面上，眼睛看前方，再以手的支撑力移动另一只脚，头部自然伸出，起身立稳后，再缓步离开。要主动为客人开启、关闭车门，并让宾客先上先下。

三、任务实施——仪容、仪表的展示

（一）课堂任务

结合学校及各班实际情况，在老师的组织下，同学们分组完成仪容、仪表的展示，展示形式自定，然后由组内自评，小组互评，老师点评的形式给出每一组同学的分数，评分标准如表 5-2-1 所示。

表 5-2-1　评分标准

项目	标准	比重	分数
合作	任务分解合理，小组成员参与度高	20%	20
创意	展示形式新颖，体现课程内容	20%	20
规范	站姿、坐姿、走姿 蹲姿、微笑、着装	60%	60

续表

项目	标准	比重	分数
组内自评 30%			
小组互评（平均分）50%			
教师点评 20%			
组名		总分：	

（二）课外任务

请同学们用现有的拍照设备，记录几个公共场合不符合体态规范的行为，并制作成 PPT，在课堂上进行分享总结。

任务三　汽车销售礼仪规范

知识目标

1. 掌握握手的礼仪规范与注意事项。
2. 掌握名片的礼仪规范与注意事项。
3. 掌握介绍的礼仪规范与注意事项。
4. 掌握电话的礼仪规范与注意事项。

技能目标

能够正确描述握手、递交名片、介绍、打电话的规范，并运用到日常生活中。

一、引导案例——礼仪的重要性

李先生去选车，碰到某品牌的销售员，他问："这个汽车多大排量？最大功率是多少？安全装备都有什么？"此品牌销售人员漫不经心地给了他一张配置清单，说："这上面很清楚，你自己看。"李先生接了清单，顺手扔到了垃圾桶，转身就走了。

出门后，李先生到另一家竞争车型的 4S 店问了销售员同样的问题，该销售员面带微笑，对着展车一一解答，最后拿出了配置清单，送到李先生的手里。李先生当即就选择了这家 4S 店的汽车。

我们生活在重形象、讲礼仪的商业时代，形象专业是外秀，礼节得体是内慧，仪礼并重，正所谓："人无礼则不立，事无礼则不成"。对现代职业人士而言，拥有丰富的礼仪知识，以及能够根据不同的场合应用不同的交际技巧，往往会令事业如鱼得水。

那么，在汽销售过程中有哪些礼仪呢？接下来让我们一起来学习握手礼仪、名片礼仪、介绍礼仪和电话礼仪。

二、相关知识

（一）握手礼仪

世界各国见面的礼仪各有特点，欧美国家习惯拥抱亲吻，韩国、朝鲜、日本习惯鞠躬，而我们最常见的方式就是握手。握手是在相见、离别、恭喜或致谢时相互表示情谊、致意的一种礼节，双方往往是先打招呼，后握手致意。

1. 握手的动作

握手时，距对方约一步远，上身稍向前倾，两足立正，伸出右手，四指并拢，虎口相交，拇指张开下滑，向受礼者握手，如图 5-3-1 所示。掌心向下握住对方的手，显示着一个人强烈的支配欲，无声地告诉别人，他此时处于高人一等的地位，应尽量避免这种傲慢无礼的握手方式。相反，掌心向里同他人的握手方式显示出谦卑与毕恭毕敬，如果伸出双手去捧接，则更是谦恭备至了。平等而自然的握手姿态是两手的手掌都处于垂直状态，这是一种最普通也最稳妥的握手方式。

握手礼仪

图 5-3-1 握手的礼仪

2. 握手的时间

除了关系亲近的人可以长久地把手握在一起外，一般握两三下就行。时间过短，好像在走过场；时间过久，特别是拉住异性或初次见面者的手长久不放，显得有些虚情假意，甚至会被怀疑为“想占便宜”。一般要将时间控制在 3 s 左右。如果要表示自己的真诚和热烈，也可较长时间握手，并上下摇晃几下。

3. 握手的力度

握手的力度要掌握好，握得太轻了，对方会觉得你在敷衍他；太重了，人家不但没感到你的热情，反而会觉得你是个老粗。尤其不要把手软绵绵地递过去，显得连握都懒得握的样子，既要握手，就应大大方方地握。

4. 握手的顺序

当一人要与多人同时握手时，要注意握手的顺序。

① 主人与客人之间，主人应先伸手（送客时由客人先伸手）；年长者与年轻者之间，年长者应先伸手；女士与男士之间，应由女士先伸手；平辈的朋友相见时，先出手为敬；在公务活动中，身份和地位不同等者之间，应由身份尊贵者和地位高者先伸手。

② 同多人握手时，可由身份、地位的高低依次进行，也可按先女士后男士、先已婚者后未婚者或由近而远的顺序依次进行。

握手的顺序规则主要用来律己，而不是用来苛求他人的。在社交活动中，当他人伸出手与自己握手时，即使其违反了握手的顺序规则，我们都应积极地伸手与其相握，否则是有失礼仪的。

5. 握手礼仪的注意事项

① 握手时双目应注视对方，微笑致意或问好，多人同时握手时应顺序进行，切忌交叉握手。与人握手时不要看第三者或心不在焉。

② 握手时不要一句话不说，也不可长篇大论、点头哈腰、过分客套。

③ 不要用左手，即使是左撇子也应用右手。有些国家的习俗认为人的左手是脏的，所以只用右手握手。

④ 男士在握手前先脱下手套，摘下帽子；女士特别是在晚会穿着晚礼服的女士可以戴着手套。并且，男士与女士握手时，轻握手即可，不要虎口对虎口，如图 5-3-2 所示。

图 5-3-2 男士与女士握手

⑤ 如果需要和多人握手，握手时要讲究先后次序，由尊而卑，即先年长者后年幼者，先长辈再晚辈，先老师后学生，先女士后男士，先已婚者后未婚者，先上级后下级。

⑥ 多人相见时，注意不要交叉握手，也就是当两人握手时，第三者不要把胳膊从上面架过去，急着和另外的人握手。

⑦ 在任何情况下拒绝对方主动要求握手的举动都是无礼的。但手上有水或不干净时，应谢绝握手，同时必须解释并致谦。

名人名言

一个人的礼貌，就是一面照出他的肖像的镜子。

——歌德

有礼貌不一定总是智慧的标志，可是不礼貌总使人怀疑其愚蠢。

——兰道尔倾

（二）名片礼仪

商务活动中交换名片是不可缺少的一部分，而交换名片时也应注意礼仪问题。我们必须要养成一种良好的习惯，这样才能让别人对你有更好的第一印象，这也反映出一个人的个人修养，因此，在递送名片、接受名片、索要名片的时候要讲究正规的社交礼仪。

1. 准备工作

准备工作做的是否充分将直接影响到商务活动的成败。汽车销售人员应在身上随身携带一定数量的名片，平时多留意自己的名片是否够用，不够的时候及时补充。不要在临时用的时候又临时找印刷的厂家，这样不仅耽误事情，印刷成本也会高。名片的质量非常重要，名片要保持干净整洁，切不可出现折皱、破烂、肮脏、污损、涂改的情况。

名片礼仪

名片的放置位置：名片最好应该准备专用的名片夹来放置名片，也可以放在公文包或上衣口袋内，在办公室应选择放在名片架或办公室内，切不可随便放置在钱包、库袋内，以免在找名片的时候手忙脚乱，一通寻找，这样给别人的印象非常不好，会显出您做事情没有条理。

2．递交名片

① 观察意愿。除非自己想主动与人结识，否则名片务必要在交往双方均有结识对方并建立联系意愿的前提下发送。这种愿望往往会通过“辛会”“认识你很高兴”等一类谦语及表情、体姿等非语言符号体现出来。

② 把握时机。发送名片要掌握适宜时机，只有在确有必要时发送名片，才会令名片发挥功效。发送名片一般应选择初识之际或分别之时，不宜过早或过迟。不要在用餐、戏剧、跳舞之时发送名片，也不要在大庭广众之下向多位陌生人发送名片。

③ 讲究顺序。递交名片时应按由近而远、按顺时针或逆时针方向依次发送。

④ 先打招呼。递上名片前，应当先向接受名片者打个招呼，令对方有所准备。打招呼既可以是作一下自我介绍，也可以说声“可否交换一下名片”之类的提示语。

⑤ 表现谦恭。对于递交名片这一过程，应当表现得郑重其事。要起身站立主动走向对方，面含微笑，上体前倾 15°左右，以双手或右手持握名片，举至胸前，并将名片正面面对对方，同时说声：“请多多指教”等礼节性用语，如图 5-3-3 所示。递交名片的整个过程应当谦逊有礼，郑重大方，切勿以左手持握名片。

3．接受名片

① 恭敬接受。当他人向自己递送名片时，应立即放下手中的一切事务，起身相迎，面带微笑，目视对方，点头致意，用双手的拇指和食指接住名片下端的两脚，并表示谢意，或说些敬语，如“谢谢！很高兴认识您”“能得到您的名片，我深感荣幸”等，如图 5-3-4 所示。

图 5-3-3　递交名片

图 5-3-4　恭敬接受名片

② 认真阅读。接过名片之后，应认真地将名片内容默读一遍，遇有显示对方荣耀的职务或头衔时，可轻声读出，以示尊敬和敬佩。若对名片内容有所不明，可当场请教对方，以示重视。切忌在接过他人名片之后，看也不看就随手放入口袋、放在手中把玩或转交给其他人。

③ 妥善存放。在阅读了对方的名片之后，应谨慎地将其放入名片夹、上衣口袋、公文包或办公桌抽

屉里，以示珍惜。切忌将对方的名片随意扔到桌上、夹到书中、压到杯子下、放到裤袋里等。随意处理名片是不尊重对方的表现，会引起对方的反感甚至恼怒。

④ 回递名片。在接受了对方的名片之后，一般应方即回递名片。若尚无名片、忘带名片或用完名片，则应向对方说明理由并致以歉意。必要时，可在一张干净的纸上写上自己的相关信息递给对方，或向对方承诺改日补上。

4. 索要名片

一般情况下，社交者最好不要向他人索要名片。若确有必要，则可采取委婉的方式向对方索取，具体方法有以下几种。

① 交易法。“将欲取之，必先予之”。先将自己的名片递送给对方，进而通过对方的回赠获得其名片。

② 谦恭法。对于长辈或身份地位比自己高的人，可采用谦恭的方式索取名片，如“今后如何向您请教？”

③ 联络法。对于平辈或身份、地位与自己相仿的人，可直接采用寻求联络的方式索取名片，如“认识您真高兴，希望以后能与您保持联系。”

（三）介绍礼仪

在商务交际礼仪中，介绍是一个非常重要的环节。甚至可以说，人际交往始于介绍。

1. 介绍时的正确姿势

作为介绍者，无论介绍哪一方，都应手势动作文雅，手心朝左上，四指并拢，拇指张开，胳膊略向外伸，指向被介绍的一方，并向另一方点头微笑，上体前倾 15°，手臂与身体约 50°～60°，如图 5-3-5 所示。介绍者在介绍时应态度热情友好，语言清晰明快，微笑着用自己的视线把另一方注意力引导过来。

图 5-3-5　介绍礼仪

作为被介绍者，当介绍者询问自己是否有意认识某人时，一般不要扭扭捏捏，或加以拒绝，而应欣然表示接受。实在不愿意时，应说明理由，表示歉意。

2. 介绍的方法

1）自我介绍

① 表现出非常愿意结识对方，且主动热情，面带微笑，正面对着对方。

② 在不妨碍他人工作和交际的情况下进行。

③ 介绍的内容为公司名称、职位、姓名等。

④ 给对方一个自我介绍的机会。

2）介绍他人

① 介绍他人时一般把职位低者、晚辈、男士、未婚者分别介绍给职位高者、长辈、女士和已婚者。

② 介绍时不可单指指人，而应掌心朝上，拇指微微张开，指尖向上。

③ 被介绍者应面向对方，介绍完毕后与对方握手问候，如“您好！很高兴认识您！”

④ 避免对某个人特别是女性的过分赞扬。

3．介绍时的注意事项

① 介绍时要向双方打招呼，使双方有思想准备，不感到唐突。

② 语言要清楚、明确、完整。不能含糊其词，造成双方听不清或介绍完后记不清对方的姓名。记住对方的名字，对于每一个社交场合的人士来说是重要的。

③ 介绍中应先提及更加受尊重的一方。通常后被介绍者应趋前主动伸出手来与对方握手。

④ 介绍长辈时一般只介绍关系，介绍晚辈、平辈时，既要介绍关系，又要介绍姓名。

（四）电话礼仪

现代人际交往中，电话已日益成为人们沟通的桥梁，电话营销也逐步成为许多企业的重要销售手段之一，如图 5-3-6 所示。由于电话里面只闻其声，不见其人，电话营销员的语言行为便成为了客户对企业的第一印象，所以电话礼仪必须作为员工的基础训练项目。

图 5-3-6　接电话礼仪

1．通话时间的选择

① 因公通电话，不要选择下班之后的时间；因私通电话，则尽量不要占用对方的上班时间。

② 若非特殊情况，不要在节假日、用餐时间和休息时间给对方打电话。半夜或清晨被电话吵醒，很容易引起对方的反感。

③ 打国际电话时，首先要考虑与对方国家的时差。

电话礼仪

2．通话时间的长度

① 在正常情况下，一次打电话的时间最好不要超过三分钟，这在国际上被称为“打电话的三分钟原则”。要求打电话的人有很强的时间观念，抓住主题，言简意赅，在很短的时间内表达清楚自己的意思，切忌长时间占用电话，影响正常的通讯。

② 如果谈话内容较多，应该先问对方有没有时间，方便不方便长时间与你进行谈话，如果对方没有时间，可以另约时间。

3．通话中的态度表现

1）通话开始

① 注意文明礼貌用语，态度热情诚恳。打电话时要先道一声“您好”，主动通报自己的单位或姓名。开口就打听自己需要了解的事情，咄咄逼人的态度是令人反感的。礼貌地询问对方是否方便之后，再开始交谈。例如，“您好！我是××，我想占用您 2 分钟时间，提两个问题，可以吗？”

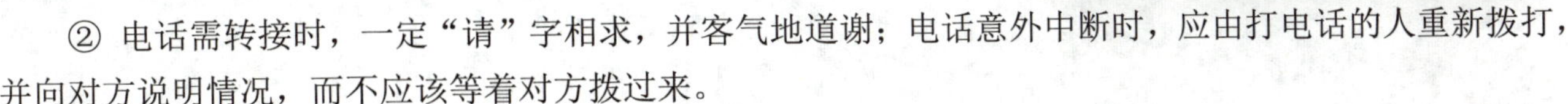

② 电话需转接时，一定“请”字相求，并客气地道谢；电话意外中断时，应由打电话的人重新拨打，并向对方说明情况，而不应该等着对方拨过来。

2）通话进行中

① 通话过程中要精力集中，不要边吃东西边通话；也不要一边打电话，一边同旁人聊天，或者一边打电话，一边做其他的事，给对方心不在焉的感觉。

② 不要对着话筒发出咳嗽声或吐痰声。同时要姿势端正，不要趴着、仰着、斜靠着或者双腿高架着。打电话的时候，即使对方看不见，也要当做对方就在眼前，尽可能注意自己的姿势。

③ 如打错电话，要向对方说“对不起”“打扰您了”等道歉的话，不可以一言不发，挂断电话了事。通话完毕，应说声“再见”或“谢谢”再把话筒轻轻放下。一般情况下，先挂断电话的应是发话人。

3）接电话的礼节

① 一般铃声两响时，就应接起电话。

② 拿起话筒后，应先说一些礼貌语，再作自我介绍。然后表示愿意为对方效劳，并认真倾听对方的电话内容，不要轻易打断对方的说话。

③ 如果对方找的不是自己，可为对方代找他人。如果需要转达有关事项，则应认真记录。重要的事项记录完毕后，还应向对方重复一遍，以确认记录无误；同时，将自己的姓名告诉对方，请对方放心。电话记录应包括来电者的姓名、单位、来电时间、内容、是否要回电话等。代接的电话一定要及时转告，不要耽误。

④ 拨错号码是常有的事，接到拨错号码的电话，不能说一声“错了”就重重地挂上电话，更不能不耐烦甚至恶语相向；要语气温和地告诉对方：“你打错了，这是××单位。”

⑤ 按照惯例，一般要由打电话者先挂电话。所以，通话完毕，应等对方挂机后再挂断。不要急促地挂断电话，甚至对方话音没落就挂断电话，挂电话声音不要太响，以免让人产生粗鲁无礼之感。

4．特殊电话处理技巧

1）听不清对方的话语

当对方讲话听不清楚时，进行反问并不失礼，但必须方法得当。如果惊奇地反问：“咦？”或怀疑地回答：“哦？”对方会觉得无端地招人怀疑、不被信任，从而变得不耐烦，甚至是愤怒；但如果客客气气地反问：“对不起，刚才没有听清楚，请再说一遍好吗？”对方定会耐心地重复一遍，没有不良情绪。

2）遇到自己不知道的事

有时候，对方在电话中一个劲儿地谈自己不知道的事，而且像竹筒倒豆子一样，没完没了。职员碰到这种情况，常常会感到很恐慌，虽然一心企盼着有人能尽快来接电话，将自己救出困境，但往往迷失在对方喋喋不休的陈述中，好长时间都不知对方到底找谁，待电话讲到最后才醒悟过来：“关于××事呀！很抱歉，我不清楚，负责人才知道，请稍等，我让他来接电话。”碰到这种情况，应尽快理清头绪，了解对方真实意图，避免被动。

3）接到客户的投诉电话

投诉的客户也许会满腹牢骚，甚至暴跳如雷，如果被投诉的职员缺少理智，以唇枪舌剑回击客户，不但于事无补，反而会使矛盾升级。

正确的做法是洗耳恭听，让客户诉说不满，并耐心等待客户心静气消。在这期间，切勿说“但是”“话虽如此，不过……”之类的话进行申辩，应一边肯定顾客话中的合理成分，一边认真琢磨对方发火的根由，找到正确的解决方法。从而化干戈为玉帛，取得顾客的谅解。如果自己不能解决时，应将索赔内容准确及时地告诉负责人，请他出面处理。

三、任务实施——礼仪规范的展示

任务情景一

张云和朋友赵波一起去听李教授的一个校内公开讲座，赵波对讲座很感兴趣，想与李教授有进一步的交流。由于李教授曾经给张云所在的班上过课，认识张云，因此赵波想让张云在会后把自己介绍给李教授。

如果你是张云，你会怎样介绍两人认识呢？请面向全班同学进行展示。

任务情景二

某公司王经理约见一个重要的客户。没见面之后，客户将名片递上。王经理看完后就将名片放到了桌子上，两人继续谈事。过了一会儿，服务人员将咖啡端上桌面，请两位经理慢用。王经理喝了一口，将咖啡杯子放在了名片上。自己没有感觉到，客户方经理皱了皱眉头，没有说什么。请分析王经理的失礼之处，如果是你，你会怎样处理？

任务情景三

客户李小姐致电××汽车 4S 店询问 A 车是否有现车，如果你是销售前台，你会如何接听此次电话，并记录哪些重要信息？

学习效果综合测评

一、选择题

1．在电话礼仪中，一般铃声（　　），就应及时接电话。

A．一响　　B．两响

C．三响　　D．随意

2．关于握手礼仪，以下说法错误的是（　　）。

A．客人到主人家做客，客人先伸手

B．客人到主人家做客，主人先伸手

C．客人离开主人家时，客人先伸手

3．以下礼仪规范中，说法错误的是（　　）。

A．递交名片应该正面朝上

B．在介绍礼仪中，应遵循“尊者优先”的原则

C．为了表示热情，握手的力度应尽可能的大

D．商务场合着装应遵循三色原则

二、简答题

1．汽车营销人员的职业素质主要包括那些方面？

2．商务场合，对汽车销售人员着装有哪些要求，请进行简单阐述？

三、案例分析题

某外国公司总经理史密斯先生在得知与新星贸易公司的合作很顺利时，便决定携带夫人一同前来中方公司进一步的考虑和观光。小李陪同新星贸易公司的张总理前来迎接。在机场出口见面时，经介绍后张经理热情的与外方公司经理及夫人握手问好。

问题：

1．小李应如何做自我介绍？

2．小李为他人做介绍的次序应该是怎样的？

3．张经理的握手次序应该是怎样的？

项目六　汽车销售实务

项目导入

在世界汽车行业影响比较大的公司进行调研时，有相当一部分是基于汽车销售的流程和规范进行的。因此，规范汽车的销售流程、提升销售人员的营销技能和客户满意度，成为当今各汽车公司及各4S店的追求。接下来，我们将以销售技巧和规范的销售流程为中心，以客户需求为导向，系统的讲述当今汽车市场需要规范的销售流程和管理。

最终目标

1. 了解成为潜在客户的条件，识别潜在客户。
2. 了解4S店展厅接待流程及工作要点。
3. 了解汽车用户需求挖掘的方法，以及不同性格特征的方法。
4. 了解车辆展示与介绍的方法和技巧。
5. 了解顾客异议的内涵，分类及应对技巧。
6. 了解签约成交的信号，把握签约成交的时机与方法。
7. 了解交车的意义及交车的各项工作。
8. 了解销售跟踪服务的时间和内容。

促成目标

1. 能够得体地呈现客户接待、试乘试驾、交车礼仪。
2. 会用提问、倾听等有效沟通技巧于客户进行沟通。
3. 能够按流程进行商品介绍。
4. 能够规范地与客户进行价格商谈。
5. 能够及时地对客户信息进行管理，并有效处理客户异议。
6. 能够按流程引导客户进行试乘试驾。
7. 能够按交车流程完成交车任务。

任务一 汽车销售概述

知识目标

掌握汽车 4S 店的销售流程及各流程的工作要点。

技能目标

能够正确描述汽车的销售流程，并结合所学分析 4S 店销售人员的工作内涵。

一、引导案例——销售人员不专业 汽车营销师紧缺

近年来，汽车行业发展迅速，竞争也愈发激烈。这也让汽车销售成为了厂家能否占有市场的重要环节。然而，目前我省汽车销售人员专业性不强、无资质证书的现象普遍存在，这也大大制约了黑龙江省汽车行业的发展。

如今，随着消费者消费观念的不断成熟，单纯在价格层面上的低级竞争已经不被消费者所接受。因此，汽车营销师的出现是汽车市场整个流程走向成熟的表现，从培养汽车销售人才入手是要比采取价格战更为有效的市场手段。

目前，全国有二十多万人从事汽车销售工作，而接受过系统培训的汽车营销人员还不到从业人员的百分之十，特别是经过专业化培训的优秀汽车营销人员，具备专业汽车营销能力，能够从事市场调研、营销策划、广告促销、网络建设、产品服务和技术培训、咨询、管理的不同等级的复合型人才十分匮乏。

黑龙江省汽车流通行业协会负责人分析说，未来五年我国汽车生产、销售量将近翻番，而且利润点逐渐向售后服务转移，汽车市场的扩大，使汽车营销人员成为就业市场上的抢手货。比如如何在销售的过程中将品牌更广泛地推广、如何建立消费者对品牌的良好认知度以及如何更好地体现品牌服务等等，不仅仅只是价格一个层面，这些都需要有相对专业的营销人才来支撑。这也是为什么有专业资质的汽车营销师抢手的关键所在。

虽然专业的汽车营销师能够对汽车的销量及品牌的树立起到关键的作用，但就目前黑龙江汽车市场的情况来看，汽车营销师还是非常紧缺的，这个行业急需要得到汽车销售店的重视。

黑龙江省的很多汽车专业销售店也都抱怨找不到好的优秀销售人员，“随着汽车销售量的猛增，我们打算扩大规模、增加销售人员。但招聘了一段时间发现，从社会上招收的新员工，对汽车和营销都缺少基本知识，即使是与汽车和营销相关的毕业生，也存在汽车专业学生对营销比较陌生，营销专业毕业生对汽车更是一无所知的现象。这样我们商家很苦恼。”某品牌 4S 店的销售

经理抱怨说。

汽车市场的销售量逐年递增，销售工作成为每个4S店的核心工作，汽车销售人才也变得炙手可热。那么，汽车销售人员可以起到哪些作用？汽车销售流程又是怎样的呢？

二、相关知识

随着市场逐渐成熟，用户的消费心理也逐渐成熟，用户需求多样化，对产品、服务的要求也越来越高，越来越严格，原有的代理销售体制已不能适应市场与用户的需求。4S店的出现，恰好能满足用户的各种需求。

目前汽车市场的销售量逐年递增的趋势强劲，抓好销售是每个4S店的核心工作。无论是新开店面还是老店面，都应该先立足销售。完成了销售，不仅可以赚到销售利润，还可以带来附属利润，即增加售后的保修、小修、大修、事故车的毛利。此外，销售业绩也是厂家和4S店对经营业绩的重要考核之一，更是汽车销售人员的工作业绩考核。

（一）销售人员的作用

销售人员可以是企业参与竞争的一种手段，也可以是企业提高产品销售额的一种方式。具体来说，销售人员的作用包括以下3个方面。

1. 激发顾客的购买欲望

激发顾客的购买欲望既是销售人员最直接的作用，也是最基本的作用。顾客的需求常以潜在的形式存在，他们不知道哪一品牌的商品能满足他们的需要。销售人员的现场推销常常会影响他们的购买行为，即引导消费者购买商品。

销售人员应采用适当的销售方式，激发顾客的购买欲望，使他们产生有利于本产品的态度，并引导他们的购买行为。

2. 建立品牌形象

品牌因素在顾客购买决策过程中占有很大的比重，对顾客的购买决定有非常大的影响。这是因为在当今激烈的市场竞争中，同类产品之间的差别日益减小，以致于消费者面对琳琅满目的品牌时难以抉择。这时，如果某一品牌的商品有优秀的销售人员员现场讲解，就能吸引顾客的注意力，增加产品的销售量。

因此，企业应当训练高素质的销售人员，使目标市场的消费者了解本品牌产品与竞争品牌之间的区别，培养顾客的品牌认知，确立本品牌产品独特的销售主题，树立卓然出众的品牌形象。

3. 扩大市场份额

在市场经济条件下，任何企业都在谋求较高的市场份额，为企业的长远发展赢得相对或绝对的优势。企业通过销售人员的现场推销，可以提高品牌的知名度，增加购买和使用本品牌产品的频率和次数；并为处于成熟期的产品开拓新的地区市场，增大品牌的市场覆盖率，扩大产品的销售量。

（二）汽车销售流程

汽车销售流程如图6-1-1所示。

图 6-1-1　汽车销售流程

① 客户开发。潜在客户开发是销售员工作流程当中非常重要的环节，销售员需要不断地开发新客户，弥补流失的老客户，提高客户质量和数量。潜在客户开发是销售业绩增长的来源，应不断学习以提高销售技巧。并且，对潜在客户进行有效地开发和管理，也将帮助销售员提高销售效率，为其稳定的销售业绩提供保证。

汽车销售流程

② 展厅接待。接待环节最重要的是主动与礼貌。销售人员在看到有客户来访时，应立刻面带微笑主动上前问好。如果还有其他客户随行时，应用目光与随行客户交流。目光交流的同时，销售人员应作简单的自我介绍，并礼节性地与客户分别握手，之后再询问客户需要提供什么帮助。在整个接待过程中，语气应尽量热情诚恳。

③ 提供咨询。咨询的目的是为了收集客户需求的信息。销售人员需要尽可能多地收集来自客户的所有信息，以便充分挖掘和理解客户购车的准确需求。销售人员的询问必须耐心并友好。这一阶段很重要的一点是适度与信任。

销售人员在回答客户的咨询时，服务的适度性要有很好的把握，既不要服务不足，更不要服务过度。这一阶段应让客户随意发表意见，自己则认真倾听，以了解客户的需求和愿望，从而在后续阶段做到更有效地销售。并且，销售人员应在接待开始便拿上相应的宣传资料，供客户查阅。

④ 车辆展示与介绍。在车辆介绍阶段最重要的是进行针对性和专业性的介绍。销售人员应具备所销售产品的专业知识，同时亦需要充分了解竞争车型的情况，以便在对自己产品进行介绍的过程中，不断进行比较，以突出自己产品的卖点和优势，从而提高客户对自己产品的认同度。

⑤ 试乘试驾。在试车过程中，应避免多说话，让客户集中精神对车进行体验，从而获得对车辆的第一体验和感受。

⑥ 异议处理。异议处理通常就是价格协商，销售人员应注意在价格协商开始之前保证客户对价格、产品、优惠、服务等各方面的信息已充分了解。

⑦ 签约成交。在成交阶段不应有任何催促的倾向，而应让客户有更充分的时间考虑和做决定，但销售人员应巧妙地加强客户对于所购产品的信心。在办理相关文件时，销售人员应努力营造轻松的签约气氛。

⑧ 交车。要确保车辆毫发无损，在交车前销售员要对车进行清洗，车身要保持干净。

⑨ 售后回访。一旦汽车出售以后，要经常回访一下顾客，及时了解顾客对我们汽车的评价及使用状况，并提醒顾客做保养。

三、任务实践——4S 店实地参观

利用节假日，到当地 4S 店实地参观观摩，并完成表格 6-1-1。

表 6-1-1　4S 店调查表

姓名		参观时间	
参观 4S 店名称			
地址			
展厅情况	展厅来店顾客情况		
	销售顾问工作内容		
你对该 4S 店的看法			

任务二　客户开发

知识目标

1. 能够正确描述客户开发的原理。
2. 能够正确描述汽车用户的开发渠道。
3. 能够正确描述汽车用户的级别。

技能目标

能够掌握汽车用户客户开发的原理，利用所学知识进行客户开发，并根据汽车用户的级别对顾客进行划分。

一、引导案例——销售漏斗

如图 6-2-1 所示为销售漏斗模型。所谓销售漏斗就是通用的管理大型销售机会的工具。它体现了大客户销售方法的精华，并提供了管理销售的共同语言。销售漏斗涵盖了从目标客户发现机会，直到将销售机会转变成订单的过程，这便是销售漏斗的原理。一些销售机会由于客户停止采购或者选择竞争被漏掉，其他的机会则被转变成订单。

从销售漏斗来看，达成销售目标的充分必要条件有两个：首先是漏斗中要有足够的销售机会，其次是漏斗中的机会不断地向下流动。因此，在汽车销售过程中，为了制造更多的销售机会，客户开发便显得尤为重要。那么，寻找潜在客户的原理是什么？有哪些潜在客户渠道？潜在客户又有哪些级别？接下来让我们一起来学习如何进行客户开发。

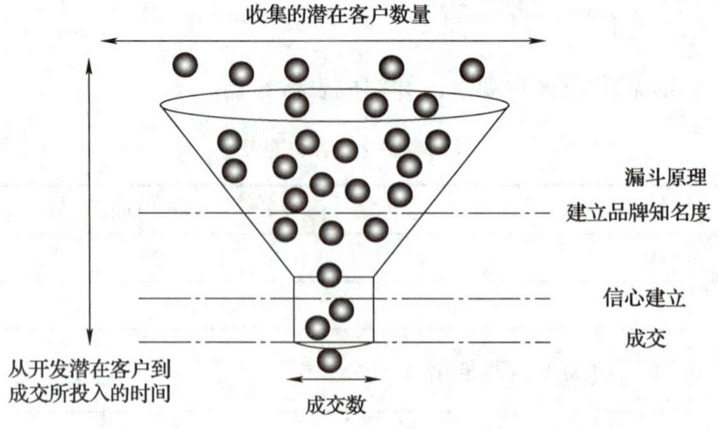

图 6-2-1 销售漏斗模型

二、相关知识

（一）寻找潜在客户的原理——“MAN”原则

一般来说，潜在客户应同时具备 3 个特征：金钱（Money）、决定权（Authority）和需求（Need），即“MAN”原则。其中，“M”表示所选择的对象必须有一定的购买能力，“A”表示该对象对购买行为有决定、建议或反对的权力，“N”表示该对象有这方面（产品、服务）的需求。

但在实际操作中，潜在客户并不一定同时具备这 3 个特征。这时，应根据具体状况采取具体对策。若将“MAN”原则中的大写字母代表符合该项条件，小写字母代表不符合该项条件，则有以下分类。

- M＋A＋N：是有望客户，理想的销售对象。
- M＋A＋n：可以接触，配上熟练的销售技术，有成功的希望。
- M＋a＋N：可以接触，并设法找到具有 A 之人，即有决定权的人。
- m＋A＋N：可以接触，需调查其业务状况、信用条件等给予融资。
- m＋a＋N：可以接触，应长期观察、培养，使之具备另一条件。
- m＋A＋n：可以接触，应长期观察、培养，使之具备另一条件。
- M＋a＋n：可以接触，应长期观察、培养，使之具备另一条件。
- m＋a＋n：非客户，停止接触。

由此可见，潜在客户有时欠缺了某一条件（如购买力、需求或购买决定权）的情况下，仍然可以开发，只要运用适当的策略，便能使其成为企业的新客户。

（二）寻找潜在客户渠道

商场如战场，在我国汽车产能严重过剩的环境下，汽车生产出来以后如何尽快地销售出去，从而回笼资金、减少库存成本是所有汽车制造企业都很关注的问题，而作为汽车制造厂的各级汽车销售企业无疑成了该艰巨任务的最终执行者。所以，怎样有效地开发客户、保留客户、维系客户忠诚、挖掘客户的终生价值

成为了汽车销售企业取得佳绩的关键环节。这些工作要想取得成效地当务之急就是怎样寻找到大量的优质潜在汽车客户。

潜在客户的开发是一项颇为磨练人心智的工作，作为专业的汽车销售顾问，除了知晓开发潜在客户的渠道之外，还要具备开发潜在客户的心理素质、相应的业务水准及娴熟的人际沟通技巧。灵活运用潜在客户的渠道分析才能提高汽车销量业绩。通常，有以下几种开发潜在客户的渠道。

1. 4S 店（汽车销售卖场）展厅渠道

4S 店（汽车销售卖场）展厅渠道主要是指各个汽车品牌专卖店或各大汽车销售卖场，如汽车超市、汽车大道、汽车销售一条街等汽车销售企业的现场展示场所，该渠道开发的客户主要是来现场看车的客户和来电话咨询的客户。

① **来店客户的开发。**该渠道的客户开发主要以汽车销售顾问与客户的接洽为展开形式。一般来说，通过该渠道开发的潜在客户都有很强的购车意向，并且最终成交率相对比较高，因此，正规的汽车销售卖场对来店客户的接待都有硬性的管理标准。来店客户进门的瞬间，销售顾问要礼貌相迎并使客户进入最佳客户舒服区，创造最好的客户看车环境，既能给客户一个独立看车的空间，又能保证在顾客有需要帮助的时候能及时提供专业水准的帮助。

② **来电客户的开发。**对于来电客户，必须要求电话铃响 3 声内接听电话，首先自报家门，同时适当记录对方谈话细节，并迅速切入主题。接听电话的时间一般要控制在 3～5 分钟内，并尽量邀请其来店里面谈。电话结束时要感谢客户的来电，并让对方先挂电话。接完电话，要把谈话内容详细地记录并及时登记在专用的来电客户登记表上；同时，还要养成定期整理归档，上报相关部门的习惯，以便在日后的管理中有案可查和及时跟踪。

2. 汽车售后服务组织渠道

汽车的售后服务组织渠道主要指汽车销售以后，为保证汽车的正常使用而提供的保养、维护、修理及其他服务的各类服务性汽车组织机构。这些汽车服务组织因为业务需要通常都会拥有大量的汽车客户信息，汽车销售顾问首先要想方设法拿到这些客户信息，然后再对这些信息通过一定的管理工具按照自定义字段进行汇总、筛选并做进一步分析，从而锁定潜在客户并制定具体的潜在客户开发对策。

对于汽车 4S 店中有重大维修记录的客户，汽车销售顾问可以断定在最近一段时间内该客户定会有选购新车的倾向，而汽车维修记录中维修比较频繁的客户也有可能隐含着重购汽车的信息。同样在汽车租赁公司客户登记表上名字出现频率较高、租赁车辆的时间又相对较长，并且具有一定规律性的客户也很有可能就是优质潜在购车客户。

此外，二手车交易客户登记记录表中的年轻客户、购车目的主要用于公司用车的客户、汽车俱乐部的会员客户等等都是汽车销售人员应该紧密跟踪并重点挖掘的潜在客户。当然在利用这些客户信息时有时候需要对客户信息进行深度挖掘。例如，汽车俱乐部的会员客户，表面上看起来他们已经是汽车保有客户，并且对目前使用的车辆很满意，所以再次购车的可能性几乎为零，那是否就意味着汽车销售顾问要放弃此类客户呢？答案当然是否定的。有经验的汽车销售顾问会在这些俱乐部客户中首先找到在汽车行业中有影响力的权威客户，然后再以“中心开花”推销法为指导思想，实现开发潜在客户的目的。

3. 书面资料渠道

汽车销售人员通过查阅各种书面资料来寻找潜在客户也是一种非常有效的渠道。很多汽车销售企业都要求销售人员把经常在当地报纸、电视、广播及街头广告等媒体上露面的企业，作为收集信息的重点对象。这就是一种典型的书面渠道收集潜在客户的方法。该渠道具体来说包括以下 3 个方面的资料。

① 统计资料。统计资料主要是指国家汽车相关部门的统计调查报告，如中国汽车统计年鉴、汽车行业统计调查资料、汽车行业团体公布的调查统计资料等。

② 名录类资料。名录类资料主要是指各大企事业单位的内部成员名录或社会上各种正式及非正式的团体的会员名录，包括企业客户名录、同学名录、会员名录、协会名录、职员名录、电话黄页、公司年鉴、企业年鉴等。

③ 报刊类资料。主要指与该汽车销售企业市场范围相关性较大的各类地方报纸和全国全球范围内颇具影响力的汽车专业性报纸和汽车杂志等。

在利用这些信息的过程中需要对资料的来源及资料的提供者进行分析，以确认资料与信息的可靠性，同时还要注意资料可能会因为时间关系而出现的错漏等。总之，汽车销售顾问在利用这些二手资料的过程中要结合自己的经验有选择性的分析利用。

4. 汽车展示会渠道

各种专门的汽车展示会是汽车销售顾问收集潜在客户的一种重要途径，常见的汽车展示会分为两种，一种是自己公司举办的专场汽车展示会，另一种是其他公司或组织举办的汽车展示会。这两种类型的展示会都可以作为汽车销售顾问收集潜在客户的重要途径。在参加此类会议之前汽车销售顾问必须做到有备而战，具体如下。

① 对于自己公司的专场汽车展示会，要参与策划整个展示会的方案设计，了解展示会的整个流程和具体环节，有针对性的设计潜在客户信息收集问卷或表格，预测客户的兴趣点，并准备一些客户关心较多的问题，以便实现最佳现场解答。

② 对于参加大型的其他组织举办的展示会，要收集全面的、准确的最新展会信息，了解参展单位及参展品的特征，收集竞争对手和潜在客户资料，制定有效的间接收集潜在客户的方案并充分论证其可行性。

③ 准备好专门的客户信息收集工具，如纸、笔、名片、公司宣传册、客户信息登记表、数码相机、笔记本电脑等。

（三）潜在客户级别及对应的营业活动

根据漏斗原理，销售顾问不仅要学会客户开发，创造更多的销售机会，还要学会将众多的客户进行分类，这样才能合理的分配时间，开展营业活动，提高工作的效率。

根据潜在客户购车的决策时间的长短，可将潜在客户分为 H 级、A 级、B 级、C 级和 N 级等，如表 6-2-1 所示。

表 6-2-1　客户级别的判定

客户级别	H 级	A 级	B 级	C 级	N 级
时间标准	7 天内	15 天内	30 天内	2～3 个月内	3 个月以上
品牌认知	了解并认可汽车品牌	了解并认可汽车品牌	听说但不是很了解	听说但不是很了解	对汽车品牌不了解
购买标准	已经明确了要购买的车型	正在进行深度对比	正在寻找备选车型	没有明确的重点关注车型	没有明确的重点关注车型

续表

客户级别	H 级	A 级	B 级	C 级	N 级
资金准备	购车资金准备妥当	购车资金准备妥当	资金有来源，但处于准备阶段	资金有来源，但处于准备阶段	购车资金还未准备
到场角色	决策者全部到场	决策者全部到场	决策者未能全部到场	决策者未能全部到场	决策者未能全部到场
关注重点	价格优惠、服务、保险、装潢、上牌等问题	竞品比较	车型的配置参数收集	在本店有哪些车型，哪些车型卖得好	简单询问了一些车辆的基本知识
展厅表现	主动询问	容易约定下次约见时间	未能确定下次约见时间	未能确定下次约见时间	互动时既没有问题也没有异议

处于不同决策阶段汽车消费者，对所购买产品的需求关注点有所差异，为方便销售顾问跟进客户，表 6-2-2 列出了客户决策时的一些主要因素。在实际应用时，汽车销售顾问应结合已知的客户需求进行合理判断，从而制定更佳的沟通策略。

表 6-2-2　客户的决策因素

客户级别	H 级	A 级	B 级	C 级和 N 级
客户决策外在因素	经销商规模与地理位置、经销商服务口碑、价格、保险等	销售人员的专业性、销售人员的非专业的素养、决策者认同等	群体的评价、个体的影响、家庭因素等	品牌影响力（文化、历史、知名度等）、品牌口碑，产品风格、产品口碑等
客户决策内在因素	决策错误的担心等	产品体验的要求、竞品的深度对比、价值认同等	产品质量（安全和工艺等）、竞品比较优劣势、购车预算等	自身的社会阶层、文化认同感、自身的车辆消费经验等

三、任务实践——MAN 原理利用

课后，以 10 人为一组，任选一个车型进行调查，并完成表格 6-2-3。

表 6-2-3　调查登记表

产品		调查者姓名	
被调查者姓名	被调查者情况		
	金钱（M，m）	决定权（A，a）	需求（N，n）	备注

任务三　展厅接待

知识目标

1. 能够正确描述展厅接待的流程。
2. 能够正确描述展厅接待工作中要点。

技能目标

能够运用本堂课的知识，与同学配合完成展厅接待的流程。

一、引导案例——神秘客户暗访

2011 年 5 月，都市快报联合西博车展组委会、浙江省汽车行业协会共同启动了“2011 浙江最具影响力的汽车品牌”和“2011 浙江最具影响力的汽车经销商”评选活动，为了让评选结果更客观公正，都市快报在全省征集了 100 位读者充当“神秘客户”，不定期反馈暗访结果。

从 7 月中旬开始，随着这 100 位“神秘客户”的陆续“上岗”，都市快报《汽车新闻》版收到了 20 份“神秘客户”的暗访调查报告。综合读者的调查结果，客户接待不规范依然是很多 4S 店的通病，更有多位“神秘客户”称，不少 4S 店的销售员表现太势利，对意向强的客户大献殷勤，对初来乍到的客户则态度冷漠，多位神秘客称进了展厅无人接待。

很多 4S 店都在展厅设有销售前台，有的还在展厅门口设有值班岗，由展厅销售员按时轮流上岗迎接客户。这样做的目的是为了让客户一到 4S 店，就立刻有销售员上前接待，给客户留下一个记忆深刻的第一印象。

然而一个月时间里，很多“神秘客户”反映，他们去一些 4S 店看车，结果进了展厅无人接待，有的要自己主动去找销售员，有的则是幸运地被 4S 店的领导发现了，叫了销售员来接待。

60 号“神秘客户”最近打算买一辆 20 万元左右的车。7 月 28 日，他去了城北石祥路上的一家丰田 4S 店，“到了展厅门口，没人上来迎接，进展厅后，也没有销售员来接待我，我四周转了转，只好自己去前台问，工作人员才帮我叫了个小伙子来接待。”因为以前也去 4S 店看过车，从来没有遭受这般冷遇，60 号很不解：“难道这次是我没有提前电话预约？”

类似的情况也发生在其他经营日系和韩系品牌的 4S 店。9 号“神秘客户”是位女士，那天她独自一人去一家东风悦达起亚 4S 店看 K2，进了展厅，看见好几个销售员笔挺地站在那里，“我进门后，开始没人来接待我，后来估计看我在找销售员，才有人来接待，但是其他几个销售员却都一起盯着我看，让我感觉很不礼貌。”

良好的展厅接待是好的销售的开始，它不仅关乎着个人的销售业绩，更体现着公司的管理，影响着的企业形象，是每一个销售人员必须熟练掌握的环节。那么，展厅接待有哪些准备工作？其接待流程又是怎样的呢？下面让我们一起来学习如何进行展厅接待。

二、相关知识

（一）展厅接待准备

展厅接待准备通常包括人员准备、工具准备和车辆准备等。

1．人员准备

① 自我心理准备。销售顾问应相信自己、树立目标、把握原则、创造魅力。其中，销售原则主要包括满足需要原则、诱导原则、照顾顾客利益原则等。

② 着装、情绪。销售顾问应进行仪容仪表自检或互检，并调整面部表情与情绪。

③ 了解产品。销售顾问应了解产品的特点与功能、构成、专业数据等内容，并相信自己的产品。

如何进行展厅接待？

2．工具准备

销售工具包应人人配备，随身携带，它应包括以下内容。

- 办公用品：计算器、笔、记录本、名片（夹）、面巾纸、打火机等；
- 资料：公司介绍材料、荣誉介绍、产品介绍、竞争对手产品比较表、媒体报道剪辑、用户档案资料等；
- 销售表：产品价目表、新旧车协议单、一条龙服务流程单、试驾协议单、保险文件、按揭文件、新车预订单等。

3．车辆准备

汽车销售顾问信息掌握的越多，销售前准备的越充分，就越能提高销售的成功率。准备的具体工作如图 6-3-1 所示。

图 6-3-1　车辆准备示意图

（二）展厅接待流程及要点

1. 展厅接待流程

展厅接待流程如图 6-3-2 所示。

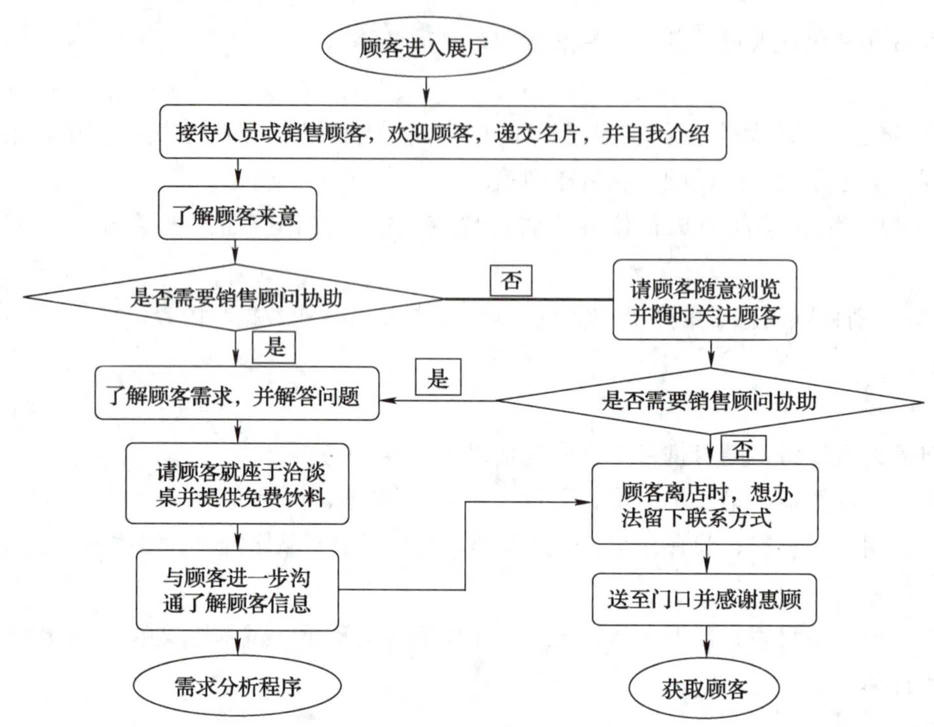

图 6-3-2　展厅接待流程图

2. 展厅接待行动要点

展厅接待的行动要点体现在以下几个方面。

1）顾客进入展厅时

顾客进入展厅时，销售顾问应：

① 在 30 秒钟内察觉到顾客的到来，并在几秒钟内大脑就要加工处理顾客的信号。例如，依据其衣着、姿态、面部表情、眼神、肤色等，评估出顾客的态度、购买倾向等，注意不要以貌取人。

② 与顾客目光相遇时，点头示意，如果顾客点头回应，应即刻走上前进行接待；如果顾客视而不见，且直奔展车专注看车，可给顾客 1～2 分钟的自由看车时间。

③ 面带微笑，目光柔和注视对方，以愉快的声调致欢迎词“欢迎光临，我是销售顾问×××，请问有什么可以帮助的吗？”

④ 和来访者必须在 2 分钟内打招呼并进行交谈，并可适当的交流一些跟车无关的其他话题，借此打消顾客本能的警惕和戒备，拉近彼此的心理距离。

⑤ 礼貌、热情，所有员工与顾客目光相遇时皆应友好地点头示意，并打招呼“您好！” 良好的第一印象有助于增强顾客对于我们品牌、公司和个人的信任，为后续放松、深入的交谈奠定坚实的基础。

⑥ 如果顾客是再次来展厅的，销售顾问应该用热情的言语表达已认出对方，最好能够直接称呼对方。

例如，“张女士，您来了，上次大连旅行收获很大吧？”或“张女士，您来了，发型换了，好漂亮啊！”等。

⑦ 询问客户是否有熟悉的销售顾问，并及时通知相应的销售顾问。

2）顾客要求自行看车或随便看看时

顾客要求自行看车或随便看看时，销售顾问应：

① 回应“请随意，我愿意随时为您提供服务”。

② 撤离，在顾客目光所及范围内，随时关注顾客是否有需求。

③ 在顾客自行环视车辆或某处 10 分钟左右，仍对销售顾问没有表示需求时，销售顾问应再次主动走上前介绍“您看的这款车是×××，是近期最畅销的一款，……”“请问，……”。

④ 未等销售员再次走上前，顾客就要离开展厅，应主动相送，并询问快速离开的原因，请求留下其联系方式或预约下次看车时间。

3）顾客需要帮助时

顾客需要帮助时，销售顾问应：

① 亲切、友好地与顾客交流，回答问题要准确、自信、充满感染力。

② 提开放式问题，了解顾客购买汽车的相关信息。例如，“×××车给您的印象如何？您理想中的车是什么样的？您对×××的产品技术了解哪些？您购车考虑的最主要因素是什么？”开始时，应提一些泛而广的问题，随着交谈的深入再转入具体问题。

展厅接待要点

③ 获取顾客的称谓，并在交谈中称呼对方先生/女士等。

④ 主动递送相关的产品资料，给顾客看车提供参考。

⑤ 照顾好与顾客同行的伙伴。

⑥ 不要长时间站立交流，适当时机或请顾客进入车内感受，或请顾客到洽谈区坐下交流。

4）顾客在洽谈区

顾客在洽谈区时，销售顾问应：

① 主动提供饮用的茶水。递杯时，左手握住杯子底部，右手伸直靠到左前臂，以示尊重、礼貌。

② 充分利用这段时间尽可能多地收集潜在顾客的基本信息，尤其是姓名、联系电话。例如，请潜在顾客填写接洽卡。填写接洽卡的最佳时机是在同顾客交谈了一段时间后，而不是见面后立即提出请求。销售顾问可以说“麻烦您填一下这张卡片，便于今后我们能把新产品和展览的信息通知您。”

③ 交换名片。例如，可以说“很高兴认识你，可否有幸跟您交换一下名片？这是我的名片，请多关照”“这是我的名片，可以留一张名片给我吗？以便在有新品种或有优惠活动时，及时与您取得联系”。

④ 交谈时，除了谈产品以外，还应寻找恰当的时机多谈谈对方的工作、家庭或其他感兴趣的话题，以便建立良好的关系。

⑤ 多借用推销工具，如公司简介、产品宣传资料、媒体报道、售后服务流程，以及糖果、香烟、小礼物等。

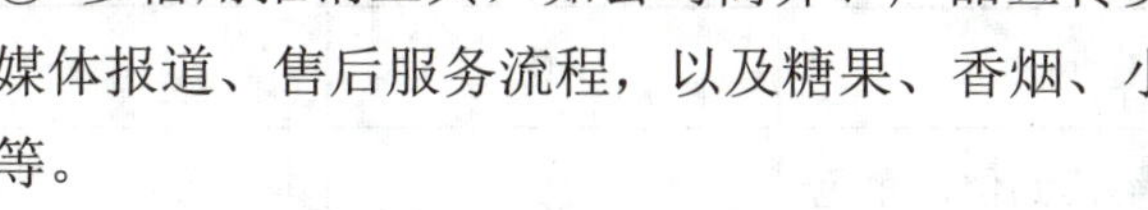

5）顾客离开时

顾客离开时，销售顾问应：

① 放下手中其他事务，陪同顾客走向展厅门口。

② 提醒顾客清点随身携带的物品及销售与服务的相关单据。

③ 递交名片，并索要对方名片（若以前没有交换过名片）。

④ 预约下次来访时间，表示愿意下次造访时仍由本销售顾问来接待，便于后续跟踪。

⑤ 真诚地感谢顾客光临本店，期待下次会面。在展厅门外，挥手致意，目送顾客离去。

6）顾客离去以后

顾客离去以后，销售顾问应：

① 10 分钟之内整理洽谈桌，恢复原状，保持清洁。

② 10 分钟之内整理展车，调整至最初规定位置并进行清洁。

③ 当天完成顾客信息整理，并建立或更改客户档案，纪录下次回访时间，如表 6-3-1 所示。

表 6-3-1　来店/来电客户登记表

序号	客户姓名	电话	地址	车辆用途	拟购车型	关注产品客户登记	客户来源	起止时间	销售顾问	下次拜访日期
1										
2										
3										
4										
5										

三、任务实践——展厅接待训练

情景：江华是某公司的一名市场部经理，今天独自一人来日产店看车，希望购买一部车，方便自己工作和生活的需要。

① 各小组分别研讨，进行角色分工，制定展厅接待实施方案。

② 结合情景，话术组织准备，汽车商务软件操作，组内提前进行预演。

③ 进行展厅接待模拟演示（接待礼仪、接待流程、服务意识等。销售顾问参照情景执行接待工作任务；客户按照情景向销售顾问进行陈述后，仅在特别问到时提供信息。

④ 实施要求有实行组长负责制，小组成员分工协作；能规范使用汽车商务接待礼仪；能按照汽车展厅接待流程进行演示。

考核要求及评分要素如表 6-3-2 所示。

表 6-3-2　考核要求及评分要素

评分要素	配分	得分
规范、安全操作车辆等实训设备，体现职业素养	10	
任务准备阶段，流程总结填写正确，行动要点清晰，任务解读到位，角色分配合理	30	

续表

评分要素	配分	得分
在任务执行过程中，能基本按计划流程进行实施，并运用正确商务礼仪完成客户迎接和指引业务，现场应对能力好	50	
小组分工协作合理，组织有序，充分体现组织纪律性	10	
合计	100	

任务四　提供咨询

知识目标

1. 熟悉常见的询问方式。
2. 熟悉倾听的步骤。

技能目标

1. 能够正确运用合适的询问方式。
2. 能够根据顾客的特点采取合理的应对措施。

一、引导案例——张先生到店买车

某天，张先生来到了某品牌汽车的4S店，在与销售人员寒暄后，双方进入了销售的环节。

销售人员：（将张先生带到车库，用手指着停在车库内的各款轿车向客户介绍）这是59 800元的标准型，这是69 800元的舒适型和实用型。

张先生：59 800元和69 800元这两款车有什么不同？

销售人员：59 800元的这款车没有方向助力、ABS、电动后视镜等。

张先生：装一个方向助力要花多少钱？

销售人员：×××元。

张先生：如果我定下来款怎么付？

销售人员：可以分期付款也可以银行按揭。

张先生：按揭一个月要付多少？

销售人员：如果按揭的话，先付40%，余下的分3年付清，每个月只要付×××元。如果你们的经济情况可以一次话付款的话，买69 800元的比较划算。如果采用分期付款的贷款方式，就没有必要买69 800元的，而应该买59 800元的。

该销售人员的做法有无不妥？如何更好地给顾客提供咨询服务？接下来让我们一起学习。

二、相关知识

通常来讲，给顾客提供咨询不是单向的只答不问，而是双向的沟通。因而，要给顾客提供满意的咨询服务，就应注意做好询问和沟通工作。

（一）询问

销售顾问可以通过询问获得一些重要信息，如顾客对自己的企业的好感度和对产品的要求等。询问的方式主要有开放式提问和封闭式提问两种。

① 开放式提问。提出比较概括、广泛、范围较大的问题，对回答的内容限制不严格，给对方以充分自由发挥的余地。这样的提问比较宽松、不唐突。

② 封闭式提问。提出答案有唯一性，范围较小，对回答的内容有一定限制。提问时，给对方一个框架，让对方在可选的几个答案中进行选择。这样的提问能够让回答者按照指定的思路去回答问题，而不至于跑题。

（二）倾听

优秀的销售顾问并不是单纯的向别人灌输自己的思想，他们还会积极的倾听。倾听的能力是一种艺术，也是一种技巧。它是销售顾问了解顾客的重要途径。

名人名言

“倾听，你倾听得越久，对方就会越接近你。据我观察，有些推销员喋喋不休。上帝为何给我们两个耳朵一张嘴？我想，意思就是让我们多听少说！”

——乔·吉拉德

自然赋予我们人类一张嘴，两只耳朵，也就是让我们多听少说。

——苏格拉底

1. 倾听的层次

① 听而不闻。眼神没有和你交流，他可能会左顾右盼，他的身体也可能会倒向一边。

② 假装聆听。努力做出聆听的样子，他的身体大幅度的前倾，甚至用手托着下巴，实际上是没有听。

③ 选择性的聆听。只听一部分内容，倾向于聆听所期望或想听到的内容。

④ 专注的聆听。认真地听讲话的内容，同时与自己的亲身经历。

⑤ 设身处地的聆听。努力在理解讲话者所说的内容，用心和脑，站在对方的利益上去听，去理解他。

2. 倾听的原则

如何沟通？

① 适应讲话者的风格。

② 眼耳并用。

③ 首先寻求理解他人，然后再被他人理解。

④ 鼓励他人表达自己。

⑤ 聆听全部信息。

⑥ 表现出有兴趣聆听。

3. 倾听的步骤

① 停。当去拜访顾客或顾客来拜访时，无论有无销售行为，都应该停下手中的活，给对方应有的注意，即使是短暂的注意都会让顾客觉得他受到了重视。

② 看。在沟通时要面向对方，看着对方的眼睛，与对方进行目光交流。恰当的面部表情有助于激发对方分享他的真实感受和想法。

③ 听。注意倾听对方的语言及讲话的语调，弄清楚对方实际表达的意思和他们可能想要表达的意思，留心能更加理解对方的关键字词和观点。

④ 说。在停、看、听 3 个步骤之后，就应该做出反应了。积极的反应应该是根据对方所说的话做出一些恰当的评述或问一个问题，以引导对方自己找出解决办法。

用心倾听不是消极的不出声，而应是积极主动的配合。同顾客交谈时，应该不时地对顾客的意图作出判断，并用语言或非语言形式让顾客感到销售顾问在积极的参与对话。当然，那些在交谈中滔滔不绝只顾自己说的人也是不受欢迎的。

读一读

咨询中应收集的主要信息有背景问题（Situation questions）、难点问题（Problem questions）、内涵问题（Implication questions）和需求-效益问题（Need-payoff），简称为 SPIN。

- **背景问题：**询问买方目前的状况；
- **难点问题：**买方目前存在的问题或不满，并且是你的产品或服务能解决的；
- **内涵问题：**关于买方难点的结果和影响问题；
- **需求-效益问题：**让买方告诉你，你的对策可以提供的利益，而不是你来解释。

三、任务实践——倾听训练

两人一组，面对面落座。A 同学选取卡片一。B 同学从卡片二或卡片三中任选一张，请按卡片上的要求去做，不要让对方知道自己卡片上的内容。

卡片一：选择一个你感到很幸福的话题（可以是你的生日，也可以是你生活中得到他人帮助的一段经历），向你的伙伴讲述两分钟。

卡片二：当你的伙伴在讲话时，用身体语言或打岔等表示你没有认真倾听对方讲话。

卡片三：通过你的手势、身体语言、应答或赞同表现出你对对方的讲话非常有兴趣，你是一位积极的倾听者。

进行两分钟后，进行如下讨论。

① 你的伙伴是好的或不好的倾听者时，你有什么感觉？对方的表现对你的讲话有什么影响？

② 你认为积极的倾听行为是什么？

任务五　车辆展示与介绍

知识目标

1. 理解 FABE 推销法的内涵。
2. 掌握六方位绕车介绍法的内涵及各个范围介绍内容。

技能目标

能够将六方位绕车介绍法与 FABE 推销法结合起来，并运用到车辆的展示与介绍中。

一、引导案例——江淮轿车 4S 店的成功销售

销售人员：您好！欢迎光临。我是销售顾问××，这是我的名片。

顾客：您好！（慢慢走进展台观赏和悦三厢）这是和悦车吧？

销售人员：您说的不错 2010 年主推车型之一的江淮和悦三厢 1.5 L 最新款。

顾客：最新款的吗？

销售人员：是的，看来师傅之前有了解过我们这款和悦轿车是吧？您通过什么途径了解到这款和悦车的呢？

顾客：哦。我之前刚买了一辆奇瑞 QQ6，现在正用着，就在你们店旁边的奇瑞店买的，买了以后看见还有个江淮 4S 店，就顺便过来看了一下，这车现在卖多少钱？

销售人员：您现在看到的这一款是江淮和悦 1.5 VVT 发动机的优雅版，售价为 73 800 元。

顾客：（走上展台环绕了一圈。）

销售人员：您可以到车内去亲自感受一下，如果您要购买，也需要亲身体验一下吧！

顾客：空间挺大，坐在驾驶舱里面感觉头部和脚部都很宽松。

销售人员：您说的没错！空间大就是这款车的一大亮点。它拥有 2 710 mm 的超长轴距，能够带给您大空间、大舒适、大享受的驾乘体验，即便是身高一米八的人坐进我们这款和悦三厢车型中，头部空间和脚部空间也将近有 100 cm，在同级车中可以说是力压群雄。

顾客：确实不错，比我的 QQ6 宽多了。

销售人员：那肯定没的比，就不是一个级别的车，比较起来就有些牵强了，您是想换辆车，还是？……

顾客：我那车现在开着问题太多了，这里不发生异响，那里就发出异响，真是烦心。

销售人员：那您是不是去售后检查过了呢？

顾客：去过几次了，或多或少还是会有问题出来。

销售顾问：这种情况在常规用车过程中或多或少都会有所体现，就我们的车而言也会有少许客户反映这种情况。然而，江淮汽车从成立之初树立的一种理念之一就是要打造出一支专业的售后团队，提供最贴心的服务，让您用车的过程中能够感受到一种负责任的态度，俗话说“出现问题不可怕，怕的是出现问题后处理问题的态度和决心，您说是不是这个理？”

顾客：确实是，别到时候买车之前什么都好，买车过后又是另外一种样子。

销售顾问：请您放心，作为一家达到厂家认可，并且具有如此规模的4S店，能够为您用车保驾护航，使得您在用车的过程中能够顺心、省心、舒心，是我们经销商在市场中站稳脚的必备条件，您说有了这样的服务和决心，您还会有所顾虑吗？

顾客：这车有些什么颜色啊？

销售顾问：您可以随我来，您看我们目前可供您选择的颜色有5种：红色、白色、蓝色、银色、黑色。您喜欢什么颜色呢？

顾客：我比较喜欢黑色。

销售顾问：这样吧，您稍等一下，我去拿下钥匙，让您再次感受一下。

顾客：好的（然后顾客再次上车）。

顾客：现在感受也感受不出来什么，只有用过以后才知道。

销售顾问：那是当然。

顾客：这车现在有些什么优惠啊？

销售顾问：（销售顾问详细介绍优惠政策）

顾客：再优惠一点啊，钱我都带来了，今天本来是来看奇瑞A3的，你这里如果能再优惠一点我就买了。

销售顾问：（通过和客户不断的沟通，运用向经理汇报、请示多次等方法，抓住客户对优惠顾虑的心理，最后与客户达成共识，最终成交。）

由此可见，成功的汽车销售离不开车辆的展示与介绍。那么，应如何介绍车辆呢？接下来让我们一起来学习车辆展示与介绍的相关知识。

二、相关知识

（一）FABE推销法

FABE推销法是非常典型的利益推销法，而且是非常具体、具有有高度、可操作性很强的利益推销法。它通过4个关键环节，极为巧妙地处理好了顾客关心的问题，从而顺利地实现产品的销售。

F代表特征（Features），即产品的特质、特性等最基本功能，以及它是如何用来满足顾客的各种需要的。推销人员要善于利用特征向顾客展示产品，不仅要了解产品的常规功能，也要深刻发掘自身产品的潜质，努力去找到竞争对手和其他推销人员忽略的、没想到的特征。

A代表由这些特征所产生的优点（Advantages）。列出优点，向顾客说明购买此款车辆的理由。

B代表这些优点能带给顾客的利益（Benefits）。利益推销已成为推销的主流理念，一切以顾客利益为中心，通过强调顾客得到的利益和好处来激发顾客的购买欲望。

E代表证据（Evidence），包括技术报告、顾客来信、报刊文章、照片、示范等。证据应具有足够的客观性、权威性、可靠性和可见证性。

FABE 法简单地说，就是在找出顾客最感兴趣的各种特征后，分析这一特征所产生的优点，找出这一优点能够带给顾客的利益，最后提出证据，证实该产品确能给顾客带来这些利益。

（二）六方位绕车介绍法

在进行汽车展示时，汽车销售人员要掌握一个很有效的方法：六方位绕车介绍法。六方位绕车介绍法是指汽车销售人员在向客户介绍汽车的过程中，销售人员围绕汽车的车前方、车侧方、驾驶室、车后方、客舱和发动机舱 6 个方位展示汽车，如图 6-5-1 所示。

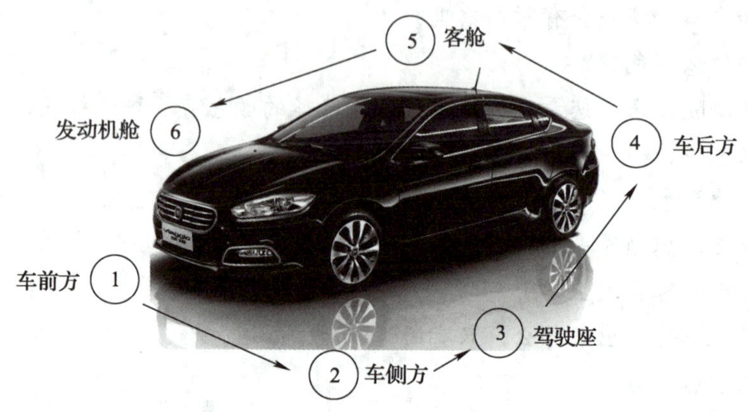

图 6-5-1　六方位绕车介绍法

六方位绕车介绍法是从车前方到发动机，刚好沿着整辆车绕了一圈，并且可以让汽车销售人员把车的配置状况做一个详细的说明和解释。这样的介绍方法很容易让客户对车型产生深刻的印象。

1. 车前方

汽车销售人员首先应引导客户站在车正前方，上身微转向客户，距离 30 厘米，左手引导客户参观车辆。

汽车的正前方是客户最感兴趣的地方，当汽车销售人员和客户并排站在汽车的正前方时，客户会注意到汽车的标志、保险杠、前车灯、前挡风玻璃、大型蝴蝶雨刷设备，还有汽车的高度、越野车的接近角等。车前方的介绍重点如图 6-5-2 所示。

汽车销售人员在这个时候要做的就是让客户喜欢上这辆车。

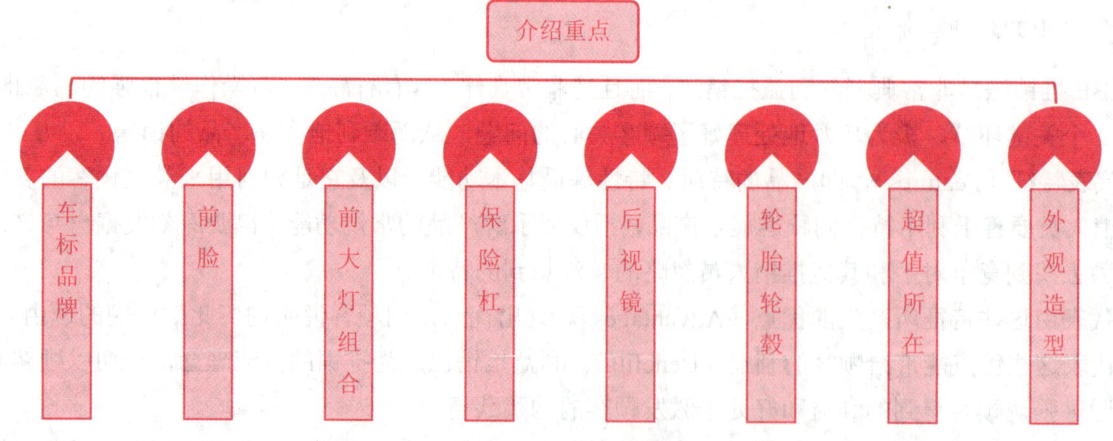

图 6-5-2　车前方的介绍重点

2．车侧方

在乘客席外侧，销售顾问应全面的将车辆的细节部分详述给客户，包括轮胎轮毂、车门把手等。走到一辆轿车的侧面，让客户听听钢板的厚实或轻薄的声音，感受良好的出入特性以及侧面玻璃提供的开阔视野，体验一下宽敞明亮的内乘空间，客户就能将自身的需求与汽车的外在特性对接起来。对于车辆的安全性能与安全配置的相关问题，顾客也能在这段介绍中得到答案。车侧方的介绍重点如图 6-5-3 所示。

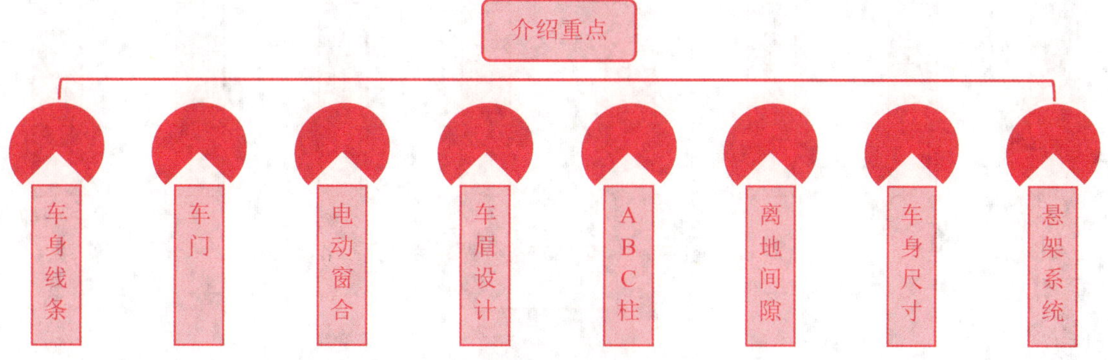

图 6-5-3　车侧方的介绍重点

3．驾驶室

销售顾问介绍驾驶室时，应对汽车的功能及操作做详细的介绍。这时，销售顾问可以鼓励客户进入车内，并先行开车门引导其入座。如果客户进入了车内乘客的位置，那么可以介绍汽车的优异的操控性能和舒适的座位等；如果客户坐到了驾驶员的位置，那么可以详细地介绍一些功能的操作，如雨刷器的使用和挂挡等。

在讲解和指导时，应让客户进行实际操作，以加强客户的亲身体验。介绍重点如图 6-5-4 所示。

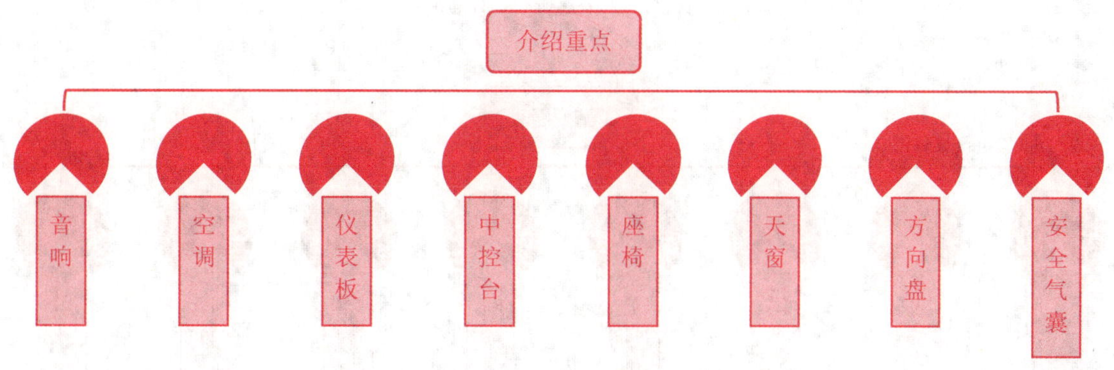

图 6-5-4　驾驶室的介绍重点

4．车后方

销售顾问应站在轿车的背后，距离约 60 厘米向顾客介绍车后方。介绍重点如图 6-5-5 所示。

5．客舱

客舱部分的介绍可分为车辆内部空间和内饰装潢两部分进行。这时，客户可以对车辆的细节做进一步的探究。例如，客户可检查空间的实际大小，查看内饰是否美观等。客舱的介绍重点如图 6-5-6 所示。

6．发动机舱

介绍发动机舱时，应打开发动机盖，并固定机盖支撑后，再依次向客户介绍发动机舱盖的吸能性和降噪性、发动机的布置形式、发动机的技术特点等。发动机舱的介绍重点如图 6-5-7 所示。

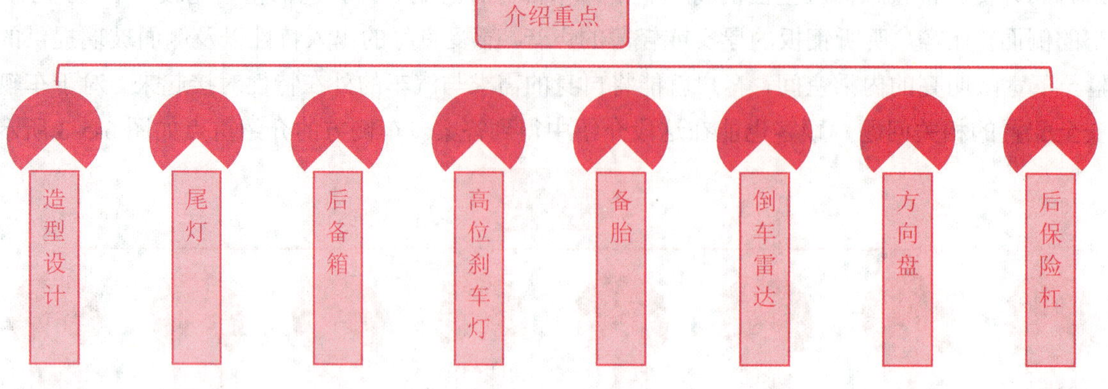

图 6-5-5　车后方的介绍重点

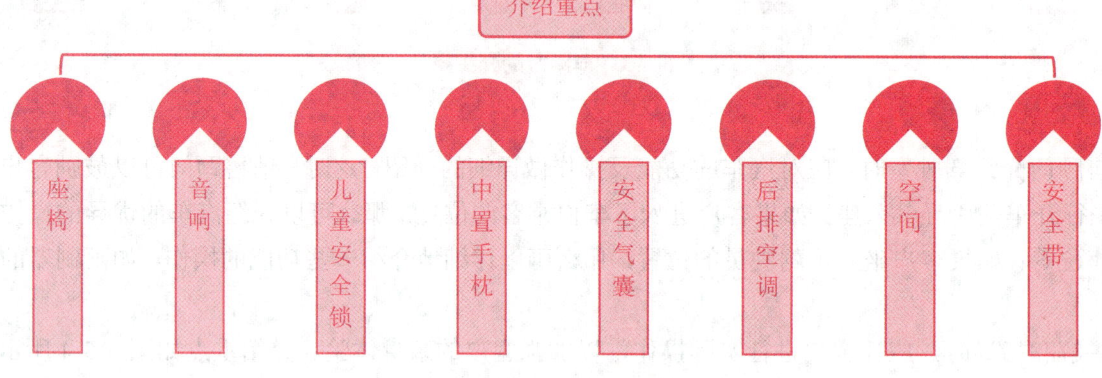

图 6-5-6　客舱的介绍重点

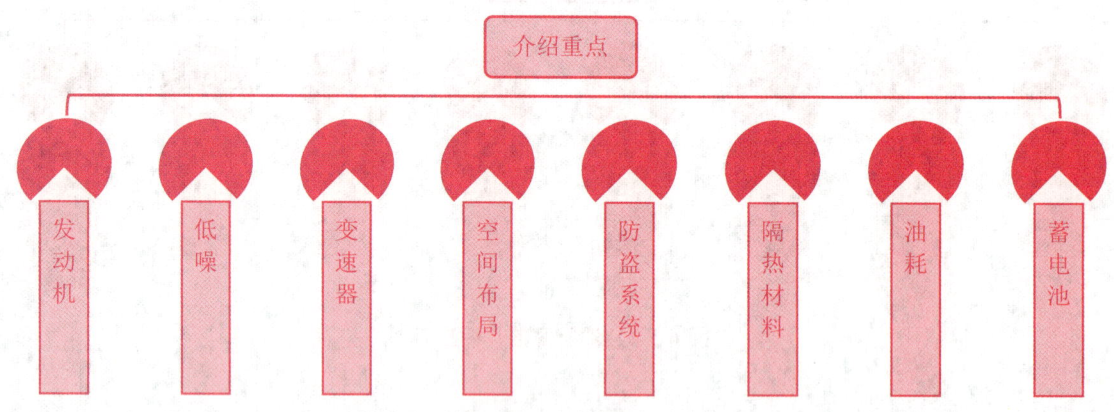

图 6-5-7　发动机舱的介绍重点

需要注意的是，发动机的技术参数有比较强的技术性、专业性，因此，在打开发动机前盖的时候，最好征求一下客户的意见，询问是否要介绍发动机。一般来说，汽车销售人员只要说出发动机是由哪家汽车生产厂家生产的、动力性能如何就可以了。此外，汽车销售人员也可向客户推荐一些节油的方式。

提　示

在运用六方位绕车介绍法向客户介绍汽车时，要熟悉在各个不同的位置所对应的汽车特征带给客户的利益，灵活利用一些非正式的沟通信息，展示出汽车独到的设计和领先的技术，从而将汽车的特点与客户的需求结合起来。

三、任务实践——车辆展示与介绍

任选一款自己喜欢的车，利用六方位绕车介绍法进行介绍，并拍摄微视频进行展示，要求如下。

① 语言清晰流畅。

② 举止大方得体。

③ 讲解准确易懂。

④ 富有感染力。

任务六　试乘试驾

知识目标

1. 掌握试乘试驾前的准备工作。
2. 掌握试乘试驾时的服务要点。
3. 掌握试乘试驾后的维护要点。

技能目标

1. 能够在试乘试驾前准备好车辆和路线。
2. 能够使顾客在试乘试驾过程中有良好的乘驾体验。

一、引导案例——沃尔沃南昌试乘试驾活动

2016 年 6 月 26 日，“乐行无界越享无限，2016 沃尔沃 XC Line 试乘试驾会”在南昌国际展览中心激昂上演。现身此次 2016 沃尔沃 XC line 试乘试驾会的两大豪华 SUV——XC60 及 XC90，通过对 XC 系列车型不同路况驾驭、器械试驾及同级竞品对比三大挑战项目，让钟爱沃尔沃 XC60，XC90，S60L 车型的客户们对沃尔沃的动力性能、安全性能、操控性能有了更加深刻的了解与真实体验，如图 6-6-1 所示。

图 6-6-1 试乘试驾活动

在试乘试驾前应做哪些准备？在试乘试驾体验时应注意哪些事项？在试乘试驾后又应进行哪些维护？接下来让我们一起来了解一下。

二、相关知识

试乘试驾

试乘试驾是让顾客感性地了解车辆有关信息的最好机会，通过切身的体会和驾乘感受，顾客可以加深对销售人员口头说明的认同，强化其购买信心。实际上，在整个试乘试驾过程中，顾客最重视的不在于销售人员有多会说，介绍得有多全面，而在于对方是否“以客为尊”！

因此，销售人员要时刻注意礼节礼仪。例如，每一次顾客上、下车都要为顾客开、关车门；根据顾客的需求有针对性地介绍、引导顾客感受车辆的卖点，不要口若悬河；时刻注意寻求顾客认同并征询顾客感受，如“您觉得怎么样？”“还有什么地方想要特别了解的吗？”等。

试乘试驾有如下目的。

① 确认客户需求。在试乘试驾过程中了解客户的重点需求。

② 强化客户关系。在相对私密的环境中拉近与客户的距离。

③ 创造客户拥有的感觉。加强并暗示顾客拥有后的感觉。

④ 创造销售购买契机。激发客户的购买冲动。

试乘试驾的流程如图 6-6-2 所示。

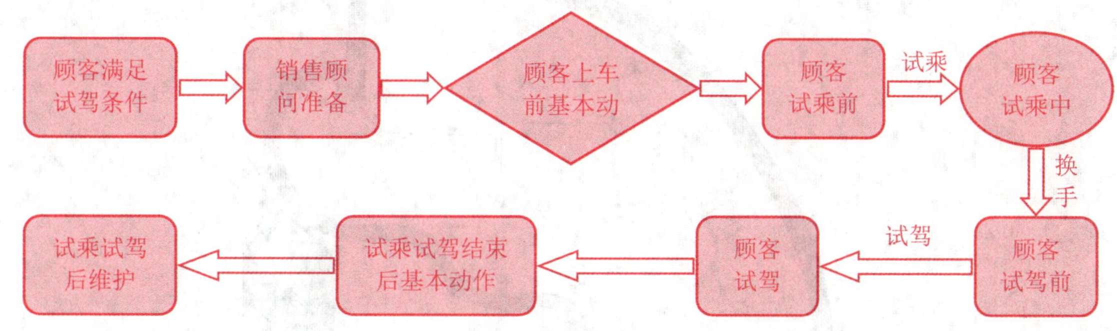

图 6-6-2　试乘试驾流程

（一）试乘试驾前准备

1．车辆准备及要点

良好的车况以及试乘试驾前的准备可以让顾客有良好的第一印象，对促成销售有很大的帮助，同时也可以提升客户满意度。车辆准备及要点如图 6-6-3 所示。

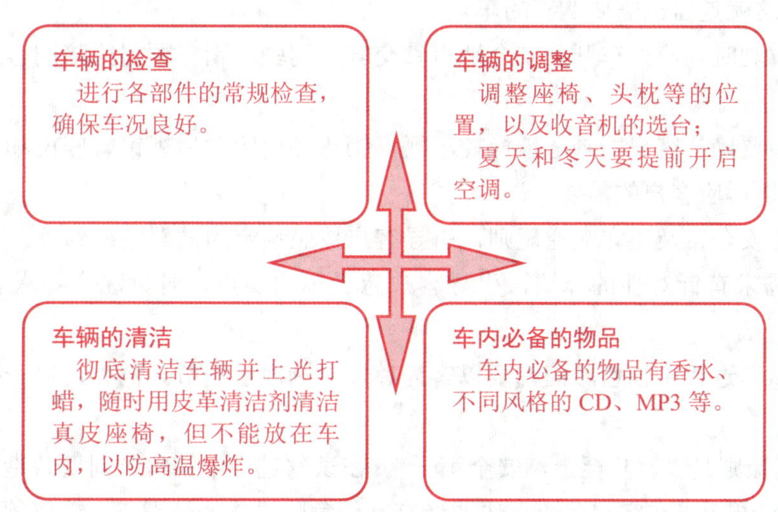

图 6-6-3　车辆准备及要点

2．路线准备的要点

① 根据各 4S 店实际路况和车型的需求选择路段。在路线选择时如有可能要考虑安排大直路、上下坡、高低速弯道、颠簸路段、安静路面段及适合紧急刹车的路段，如图 6-6-4 所示。

② 尽量避免安排太多的恶劣路况路段，顾客舒适感会降低。

③ 选择适合恶劣天气试乘试驾的路段，避免因视线不清路面湿滑而产生事故。

④ 选择人流量较少的路段，避免在试乘试驾中发生车辆及人身伤害。

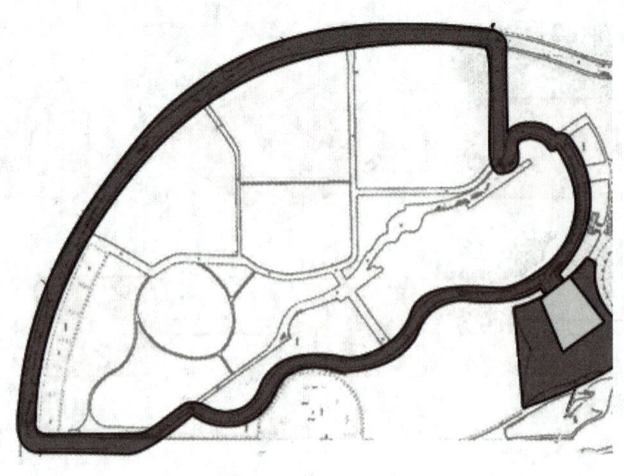

图 6-6-4　试乘试驾路线

（二）试乘试驾体验

① 先让客户乘坐，销售顾问示范驾车，并向客户介绍车辆的性能和优点，对于客户的需要点作重点介绍，让客户感受到这就是自己需要购买的车辆。

② 与客户交换驾驶时，应把车开到安全地点移交客户驾驶。销售顾问应陪同客户试驾，不可由客户独自试驾。

③ 在客户试驾前要确认客户能舒适地操控车辆。销售顾问应对后视镜、座位和方向盘做相应调整并且检查手刹和档位，以适应客户的需要。

④ 提醒客户系上安全带及遵守交通规则，引导客户按照预定的试驾路线驾驶。

⑤ 根据客户的需求有针对性的介绍，引导客户感受车的卖点，时刻注意寻求客户认同并征询客户感受。

⑥ 在整个试乘试驾过程中销售顾问都要以客为尊，时刻注意礼节。例如，每一次客户上下车都要为客户开关车门等。

⑦ 试乘试驾车的原则是“客户至上，安全第一”。在试驾过程中销售顾问要营造愉快的气氛，使客户的期待感和满足感得到提升。在客户车速太快或者有其他危险操作的情况下，销售顾问要立即采取措施避免发生意外。

⑧ 试乘试驾结束后将车辆开回展厅归还原位，销售顾问在客户下车后确认客户有无物品遗忘车内。

（三）试乘试驾后维护

① 在客户试乘试驾完毕后，销售顾问应主动征求客户对车辆的感受，并对客户关心或顾虑的问题给予讲解和说明。

② 引导客户回展厅，总结试乘试驾体验，赠送客户小礼品。

③ 请客户填写《试乘试驾调研意见表》，如表 6-6-1 所示；同时，很礼貌的搜集客户信息和反馈意见，适时询问客户的签约意向。

表 6-6-1　试乘试驾意见反馈表

×××汽车试乘试驾意见反馈表

您试乘试驾的车型：　　年　　月　　日

1．请您就一下项目对试乘试驾车型给出您的意见。

启动，怠速	A　很好	B　好	C　一般	D　差
起步	A　很好	B　好	C　一般	D　差
加速性能	A　很好	B　好	C　一般	D　差
转弯性能	A　很好	B　好	C　一般	D　差
制动性能	A　很好	B　好	C　一般	D　差
行驶超控性	A　很好	B　好	C　一般	D　差
乘坐舒适性	A　很好	B　好	C　一般	D　差
驾驶视野	A　很好	B　好	C　一般	D　差
静音性	A　很好	B　好	C　一般	D　差
音响	A　很好	B　好	C　一般	D　差
空调	A　很好	B　好	C　一般	D　差
超控，按键便利性	A　很好	B　好	C　一般	D　差
内部空间	A　很好	B　好	C　一般	D　差
内饰工艺	A　很好	B　好	C　一般	D　差
上下车便利性	A　很好	B　好	C　一般	D　差
外型尺寸	A　很好	B　好	C　一般	D　差
内部造型	A　很好	B　好	C　一般	D　差

2．您对陪同驾驶人员的满意度：

A．很满意　　B．满意　　C．一般　　D．不满意

3．您对 4S 店的试乘试驾的服务满意度：

A．很满意　　B．满意　　C．一般　　D．不满意

4．您的其他宝贵意见和建议：

姓名：　　　　电话：

④ 利用客户试驾后，对产品的热度尚未退却时，伺机引导客户进入购买商谈阶段，自然促使客户成交。

⑤ 对暂未成交的客户，待客户离去后由销售顾问完善《试乘试驾车管理表》，并根据试车情况更新意向客户表卡信息。

三、任务实践——试乘试驾路线设计

结合个人对学校周边环境的了解，设计一条试乘试驾路线，并进行展示讲解。

任务七　异议处理

知识目标

1. 掌握顾客异议的类型。
2. 掌握处理顾客异议的方法。

技能目标

能够准确判断出顾客异议的类型，并有效地解决顾客的异议。

一、引导案例——汽车音响异议的处理

顾客：这款车的配置太低了！别的车都配置了六碟CD的立体声影院系统，而你们为什么还只是单碟CD、四只喇叭？

销售人员：看来您是一位对音乐非常有兴趣的客户。我想不会在车上过夜吧？

顾客：谁没事会在车上过夜！

销售人员：您说得太对了，一个人除了长途旅行外，真正待在车上的时间都很短，音响系统只是汽车配置中的一个附属设备，您看我说得对吗？

顾客：是这样的。

销售人员：其实对您来讲，更关注这款车的品质，特别是它的品牌和动力系统，您赞同我的意见吗？

顾客：是，品质、品牌是现在每个人都看重的。

销售人员：既然您认为品牌和品质优于音响系统的话，那这款车是不是值得您考虑和选择呢？

顾客：也对！

在整个销售过程中顾客会提出许多异议，而异议正是成交的开始。那么，异议有哪些类型？又该如何消除顾客的异议，成功签单呢？接下来让我们一起来学习异议处理。

二、相关知识

异议是顾客对销售顾问及其产品、价格、服务等方面提出质疑或不同见解。然而，异议有时候可能只是一种借口，对顾客来说，借口是一种试图隐藏他真正问题的防御。

处理借口没有意义，要找到借口背后真正的异议来处理。异议传递的真实信号是顾客感兴趣，顾客有疑问想解决，顾客希望继续交谈下去。

面对异议我们的态度是把异议当成一种积极的信号，抓住这个销售的机会。保持积极的心态，认真听

取并理解顾客的异议，站在顾客立场上，体贴耐心地化解顾客的异议。

（一）顾客异议的类型

异议根据产生异议主体的不同，可分为客户方面的异议、销售员方面的异议、产品方面的异议，如表 6-7-1 所示；根据指向的客体不同，可分为价格异议、需求异议、购买时间异议、品牌异议和服务异议。

表 6-7-1　异议的类型

产生异议的主体	客户方面	销售员方面	产品方面
异议的内容	拒绝改变 没有购买需求（或者没有激发出兴趣） 没有支付能力 客户的介口（不想在这个时候与你交谈） 客户的情绪 客户真正有异议	服务不周到 销售员的言谈举止不能获得客户的好感 销售员有欺瞒客户的言语 使用了过多的专业术语 不恰当的沟通 说明或展示失败 销售员姿态过高	产品方面的原因 产品的价格太高 产品的品质、功能、服务等方面不能让客户满意 产品无法满足客户的需要

（二）处理顾客异议的方法

处理顾客异议时，应尊重顾客异议，永不抱怨、不争辩，维护顾客自尊，并且强调顾客受益，其具体方法如下。

- 反问法：获得更加精确的信息赢得时间的途径，判断异议是否由顾客自己所造成，引导客户自己否定自己的异议。例如，“您为什么这样认为呢？”
- 缓冲法：顾客难以接受对其观点进行全面否定的观点，应先部分肯定顾客的观点，再以提建议的方式表述出来。例如，“是的……如果……”
- 转化法：利用负面的异议，转变成销售顾问正面的观点。例如，顾客：“这辆车轮胎好象窄了一点。”销售顾问：“抓地力足够的前提下，轮胎窄可以更省油。”
- 预防法：预防可能出现的异议做到防患于未然。例如，“车身重开起来当然更平稳，但您一定担心耗油会增加，是吧？”
- 补偿法：承认自己产品的某方面的劣势或竞争对手的优势，积极地用自己产品的其他优势来补偿。例如，“虽然缝隙稍大一点，但这款车的隔音做的很好，您不妨试试看……”
- 证明法：陈述第三者的评价和观点利用顾客的从众心理。例如，“您可以向我们已购车车主了解有关情况。”
- 主动法：为了发现问题故意激起顾客异议，主动提出顾客肯定会提出的异议。例如，“您是否对我们产品的质量还有些不放心？”
- 延缓法：延缓不便于回答或过早回答的异议，并给出延缓的理由，以向顾客表示已经注意到了他的异议。例如，“价格当然很重要，但您更应该选个您喜欢的车，等您真的认为这车适合您的话，我们再详细谈谈价格，您看好吗？”“等下介绍产品时，我再向您重点解释。”
- 衡量法：衡量法主要应用于价格商谈。例如，“我们车虽然没有×××车，但是我们比×××车多出这些配备……”

三、任务实施——电话询价训练

两人一组，甲同学扮演顾客进行电话询价，而乙同学则扮演销售利用所学知识，引导顾客到店看车。然后互换角色，再次演练，并一起总结分析演练过程中做的好的地方以及不足之处。

任务八　签约成交

知识目标

1. 掌握促成签单的时机。
2. 掌握销售成交的技巧。
3. 熟悉汽车销售合同的相关规定。

技能目标

1. 能够把握住促成签单的时机，并灵活运用成交技巧。
2. 能够顺利与顾客签订汽车销售合同。

一、引导案例——聪明的小朱

王成先生看中了一款车，对其车型、性能、外观等方面都特别满意，但他却迟迟不愿付款成交。销售人员小朱便和王成先生攀谈起来，以了解王成先生犹豫的原因。原来，这款车的总体报价是 99 500 元，而王成先生想以 99 000 元成交。

小朱知道这时候如果一味的跟客户砍价，顾客就会觉得小朱跟他是对立面的，给顾客的感受不好，很容易就会失去这个顾客。于是，她夸奖王成先生："您太会砍价了，您的生意一定很红火。"其实，小朱知道以 99 000 元是可以成交的，但这样的话利润就低了。她接着说："我去找我们经理申请一下，看行不行。"

小朱就跟经理商量后，决定送客户一个整车封釉。小朱对王成先生说："您瞧，其实我们这款车真的没什么利润。要不这样吧，送您一个整车封釉。反正车买好后，您给车做保养的时候都要用的。您以后就省得再花钱买了，您看怎么样？"客户觉得也没必要在500元之间争下去，就同意了。

在汽车销售的过程中，很多顾客对车辆表现出极大的兴趣，却经常不愿签约成交。那么，怎样才能缩短谈判的时间，促成交易呢？接下来让我们一起来学习签约成交的相关知识。

二、相关知识

（一）把握促成签单的时机

人的心思总会通过语言或行为表现出来。当顾客产生购买欲望时，就会有意或无意地发出购买信号。这种信号可以从语言和行为上体现出来。

1．语言上的购买信号

语言信号是指推销人员在与客户的交谈过程中通过客户的语言表现所发现的成交信号。常见的客户的语言信号表现如下。

① 顾客经过反复比较挑选后，话题集中在某款车型。

② 顾客对目前没有车的生活表示不满。

③ 顾客对汽车销售人员的介绍表示积极的肯定与表扬。

④ 顾客专心倾听仔细询问付款及细节。

⑤ 顾客将销售人员提出的交易条件与竞争对手的交易条件进行比较。

⑥ 反复提保证出已经答复或以弄清的问题。

⑦ 进一步压低价格，当出价合理时，仍坚持压价。

⑧ 要求做出某些保证，如“买了你们的车，出了故障怎么办”等。

⑨ 使用与购买相关的假设句型，如“假如一次性付款，能优惠吗？”等。

⑩ 询问交款及付款方式等事项。

⑪ 询问售后服务、保修里程、维修地点等。

⑫ 提出附加条件，如“还有其他优惠吗？能不能赠送什么东西”等。

⑬ 开始寻问同伴的意见与同伴低语商量。

2．行为上的购买信号

行为信号是指推销人员在销售过程中从客户的某些行为表现所发现的成交信号。常见的客户的行为信号表现如下。

① 十分关注推销人员的动作和谈话，不住点头。

② 反复、认真翻阅汽车彩页广告等资料。

③ 使用计算器或在纸上试算，翻阅日历或记事本思考。

④ 离开了又再次返回。

⑤ 认真地查看汽车有无瑕疵。

⑥ 姿态由前倾转为后仰，身体和语言都显得轻松。

⑦ 擦脸拢发，或者做其他放松舒展动作。

⑧ 转身靠近推销人员，掏出香烟让推销人员抽以示友好。

⑨ 突然用手轻声敲桌子或身体某部位，以帮助自己集中思路做最后的定夺。

⑩ 靠在椅子上，左右相顾后突然双眼直视推销人员。

（二）销售成交的技巧

优秀的销售人员最常采用的销售成交技巧有假设成交法、细节确认法、未来事件法、第三人推荐法和直接成交法等。

1. 假设成交法

假设成交法是指销售人员先假设顾客一定会购买的成交方法。有了顾客一定会购买的信念之后，销售人员在向顾客解说商品时，就会假设顾客购买到产品后，会获得怎样的价值。

例如，“假如您购买该产品，请问您将其摆放在何处？假如您要购买该产品，使用者是谁？”运用假设成交，让顾客进入一种情景，从而强化顾客购买的欲望。

在运用假设成交法时，销售人员注意不要硬逼顾客购买，否则会惹怒顾客反而使成交失败。该法通常不会让顾客觉得有压力。

2. 细节确认法

细节有重点和次要之分。在整个销售过程中，大多数顾客最关心的重点是价格，而比较不在意其他细节。细节确认法是指销售人员多与顾客谈论购买次要细节问题，如交货时间、交货的地点、付款方式、产品的款式、种类、数量等。优秀的销售人员会运用假设成交法，引导顾客进入情景中，如果顾客对销售人员所提出的细节都一一确认，顾客的购买欲望就会变得非常强烈。细节举例如下。

① 交货时间今天，明天？

② 交货地点公司里，家中？

③ 付款方式分期付款，一次付清？

④ 产品款式、种类、数量红色，白色？一件，五件？

3. 未来事件法

让顾客经常购买产品是销售人员的目标，未来事件法则会很好地帮助销售人员达到这一目的。未来事件法是销售人员向顾客提出产品优惠时间，从侧面向顾客施加购买压力，又称最后机会法，即让顾客感到是最后的机会。

一般人都害怕失去机会，未来事件法就是利用这种心理来促使顾客有紧张感、压迫感，从而尽快下决心购买。百货公司价格突降、限制优惠时间段、顾客购买的数量加大等，就是典型的未来事件法的应用。

4. 第三人推荐法

优秀销售人员最喜欢用的方法是借力使力，利用第三人推荐让顾客购买。销售人员会提到与自身和顾客都有关系的人，来拉近与顾客之间的距离。尤其是当第三人是顾客比较熟悉并信赖的人，或者第三人是专业权威时，顾客会很容易被销售人员所说服。第三人推荐法是指销售人员利用别人的推荐帮助抬高自己的身价和地位，将产品很快卖出去。

5. 直接成交法

直接成交法又叫开门见山法，是指销售人员直接向顾客询问是否购买。直接成交法往往需要销售人员的勇气和信心。只有充分地相信顾客会购买，销售人员才会明智、有勇气地提出成交的要求。实际上，优秀的销售人员最讲究直接成交法，一经克服任何反对意见后水到渠成，就直接向顾客请求决定产品购买数量和类型。

读一读

签约时的注意事项

① 小心说闲话，以免前功尽弃，且不能轻易让价。

② 尽可能在自己的权限内决定事情，实在不行，则打电话请示经理批准，一定要让客户感到你已经尽自己最大努力帮助客户争取最多的利益。

③ 不露出分高兴的表情。

④ 设法消除对方不安心理，让其觉得是最好的选择。

⑤ 早点告辞。

⑥ 不能与客户争论。到了最后阶段，而不可因客户的挑剔言论而与其争论。

⑦ 立即提出付款，尽量要客户付全款。

（三）汽车销售合同

销售合同是平等主体的自然人、法人、其他组织之间设立、变更、终止民事权利义务关系的协议，是保护双方利益的重要法律工具。

因此，在汽车销售合同中必须明确规定汽车产品的型号、规格、质量、数量、选装件数量和型号，以及生产厂家、交货期限，这是汽车销售合同最基本的内容。这些条款的每一项内容，都应做出具体的规定。通常需要注意以下几个方面。

① 质量标准。质量标准应明文规定是国家标准还是行业标准，或者按用户提出的要求和标准进行规定。制造厂必须对产品质量负完全责任，只能提高质量标准不能降低质量。如果质量要求不明确的，则需要根据《合同法》的规定，按照通常标准或者符合合同目的的特定标准履行。

② 交货期限。交货期限应具体规定交货的日期。如果延期交货，汽车制造商应承担全部的经济责任；如果经销商没有按期接受货物，则要承担货物损失的风险。

③ 交车方式。如果用户自行到厂提货，应规定接车的手续；如由厂家实行送货或代运，应在汽车销售合同中注明送货的地点或到站名称及收货人。收货费用应写明是包含在售价当中还是在售价以外另行计算。

④ 车型及外观。明确所购车型的外部色彩（或图案等），如果用户对汽车的外部色彩或图案、文字有特殊要求时，应在汽车销售合同中注明，所需费用经双方协商后，也应当在合同中注明。

⑤ 价格与付款。汽车销售合同中要正确规定产品的价格与付款的结算方式。凡是由国家或地方统一定价的车型，企业不得擅自改变。如有特殊情况需要提价或降价，应报请有关部门批准；对国家允许浮动或由企业自行定价的车型，应由供需双方协商定价。对于车款的结算方式，可按中国人民银行规定的银行汇票、支票、托收承付或验货承付等办法执行，也可采用货到付款的方式进行结算。

⑥ 双方责任。合同中应明确规定汽车销售合同各方的经济责任。当厂家对产品的型号、规格、质量、

数量、选装件、交货期和交货方式等方面不能履行合同规定时，应在经济上承担全部或部分赔偿的责任；当买方发生中途退货、拒绝收货、延期付款等违背汽车销售合同的规定时，应对造成的经济损失承担全部经济责任。

⑦ 如果由于运输部门不能履行合同规定而造成损失，则完全由运输部门承担经济赔偿责任。此外，根据《合同法》的规定，因买方的原因致使标的物不能按照约定的期限交付的，买方应当自违反约定之日起承担标的物毁损、灭失的风险。因此，买方不按时收获也是需要承担相应的法律责任的。

在汽车销售合同中除上述内容外，如果还有其他内容和规定，应由供需双方相互商定，或补充具体条款。

三、任务实践——销售成交的技巧训练

针对以下顾客情境，选择合适的技巧进行演练

情境一：

我有很多朋友都是买完车就开始后悔，这回我买车还是要谨慎一些，我先考虑一下，过段时间再告诉你要不要定这款车。

情境二：

帕萨特这款车是不错，但是相同的配置，本田的雅阁要便宜很多。

任务九　交　车

知识目标

1. 理解交车环节的重要性。
2. 掌握交车时的要点。

技能目标

1. 能够认识到交车环节的重要性。
2. 能够正确描述交车要点。

一、引导案例——顾客退车

一客户来某4S店买了车，很开心。客户说："我付全款给你都没问题，你给我做一下检查。什么时间可以拿，我出去绕一圈。"销售人员说："我们需要先给您的车做检测，大约两三个小时以后可以给您车。"销售人员在对车进行检查时发现变速箱漏油，而库房就剩这一台车了。

该店了解到客户在三个小时之后才取车，以为还来得及，就把车拆了，换了油封，把变速箱也拆了下来。拆一个变速箱不是简单的事情，要拆很多零部件。没想到客户提前回来了。客户问道：“你不是说两三个小时吗，现在已经两个小时了。”

销售人员回答说：“还在做检查呢，你再等一会儿。”

这时，客户有点不高兴了。三个小时后变速箱还没装好。销售人员又对他说：“你再稍等一会儿，马上就好了。”当车子拆装完之后开了出来。客户一看，这个车不就是刚才在举升机上拆的那辆吗？他生气地说：“你们凭什么拆我的车啊？退车！”

这个案例说明，交车环节也是有很多学问的。那么，交车时要注意哪些要点？接下来让我们一起学习交车环节的相关知识。

二、相关知识

（一）交车环节的重要性

平时服务水平的好坏直接决定今后销售人员、销售店及其品牌与顾客的之间的情感联系。在销售汽车或在购车过程中，最容易造成顾客与销售人员的各自心情产生差异的便是在新车交车的时候。此时，顾客正热切盼望着交车时刻的到来，而销售人员在促成合同之前不断努力的热切心情在合同缔结、交换完成、货款支付完毕的瞬间总会不自觉的冷淡下来。显而易见，销售顾问的兴奋点和客户的兴奋点并不同步，如图 6-9-1 所示。

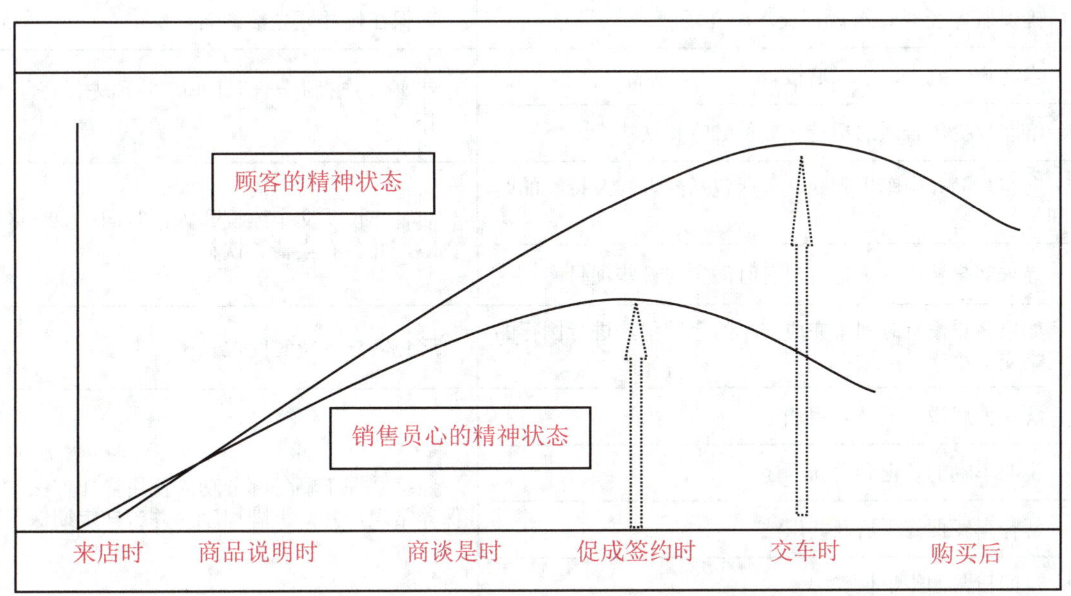

图 6-9-1　顾客、销售员精神状态图

交付活动既包括理性的层面，也包括感性的层面。理性的层面就是要保证提供完整的服务，而感性的层面就是要让客户感到兴奋，以建立和客户的长期业务关系。

思 考

① 客户对交车的期望？
② 客户交车时可能会担心什么？
③ 如何让客户在交车时留下深刻印象？
④ 如何超越客户期望值？

（二）交车要点

交车要点如表 6-9-1 所示。

表 6-9-1　交车要点

环节	做什么	如何做
交车前	确定一个客户接受的交车日期和时间	预先告知交车日期及交车过程所需大概时间；前一天再次确认
	确保车辆在正式交车前准备好	交车前一天，销售顾问同售后人员，按照 PDI 检验单再次检查车；如没有亲自检查车辆，严禁交车
	如交车将有延误，立即和客户联系，说明原因，表示歉意，并确认新的交车时间	保护膜是否撕掉预先同客户联系
	预先准备好所有书面文件以使交车对于客户更有效率	车子相关资料（含复印件数量）、车主资料
	PDI 检验单（至少保存 2 年）	主动带领客户依照检验单检查车辆。完成后直接请客户签字
	确保服务经理/服务顾问交车时在场	确保在场并预先准备名片
交车时	当客户一到来即予以迎接	恭喜客户拥有一部好车，并预先做好了交车准备工作
	给客户提供合适的招待（提供咖啡和饮料等）	
	向客户简介交车步骤（交车所包括的内容及持续的时间等）	对客户说明交车流程和大概时间；交车区应整洁、宽敞，并备有桌椅、饮料
	寻求客户认同，确认客户有时间参与哪些项目	
	如果客户没有时间来完成交车的全过程，进行例行的简略交车程序	避免客户等待时间过长
	解释使用说明书及其用法	熟练掌握车辆各部分功能使用操作方法，了解维修保养常识，熟知上牌程序，并告知定期保养项目
	说明车辆的登记和更新程序	
	解释车辆保修手册及其用法	
	说明日常的维护保养	
	明确告知第一次保养的日期或里程	1 000 公里或一个月，及内容说明
	说明保修手册的内容及不属保修范围的特殊部件	重点强调
	将客户介绍给服务部经理或服务顾问	介绍服务人员的重要性，预约和 24 小时救援电话

续表

<table>
<tr><th>环节</th><th>做什么</th><th>如何做</th></tr>
<tr><td rowspan="9">交车时</td><td>说明服务流程及如何进行预约服务</td><td></td></tr>
<tr><td>对车辆的主要功能进行示范操作</td><td rowspan="2">介绍随车工具的使用</td></tr>
<tr><td>检查整车及所有配备和控制部件</td></tr>
<tr><td>请客户检验车况</td><td rowspan="2">以 PDI 交车检验单为指导，有足够开到加油站的汽油，最好在交车区进行交车</td></tr>
<tr><td>确认客户对车况感到满意</td></tr>
<tr><td>签署交车检验单，并请客户和销售部经理也进行签署（至少保存 2 年）</td><td>客户亲笔签名，严禁代签</td></tr>
<tr><td>向客户说明专营店的后续跟踪服务程序和专营店自己提供的增值服务</td><td></td></tr>
<tr><td>是否确定了客户对后续跟踪服务方式的选择</td><td></td></tr>
<tr><td>如客户要求试行驶，是否确认了客户完全懂得该车如何操作</td><td>必要时重复车辆的使用操作说明过程</td></tr>
<tr><td rowspan="4">交车后</td><td>通过对客户表示感谢的特定活动，使这次交车对客户有特殊意义</td><td>目送客户的车离开视线</td></tr>
<tr><td>陪送客户直至路口，并进行合适的交通指导</td><td rowspan="2">客户档案管理的重要性
档案转交给售后服务部门</td></tr>
<tr><td>在《保有客户管理卡》中记录客户所选择的跟踪方式</td></tr>
<tr><td>在《保有客户管理卡》中记录客户所选择的跟踪方式</td><td></td></tr>
</table>

三、任务实践——交车仪式方案设计

通过到 4S 店实际参观考察，或上网查阅资料，针对表 6-9-2 中的顾客设计一次有创意，让顾客满意的交车仪式。

表 6-9-2 顾客资料

顾客称呼	张先生
出生日期	1986 年 7 月 24 日
工作	教师
购买车辆	大众帕萨特
提车人员	张先生及其妻子
提车时间	本周六上午十点

任务十 售后回访

知识目标

1. 理解售后回访的目的。
2. 掌握回访的时间及回访的重点。

技能目标

能够正确描述回访的时间及回访的重点。

一、引导案例——乔·吉拉德

乔·吉拉德有一句名言："我相信推销活动真正的开始在成交之后，而不是之前。"推销是一个连续的过程，成交既是本次推销活动的结束，又是下次推销活动的开始。推销员在成交之后继续关心顾客，既能赢得老顾客，又能吸引新顾客。这样，生意就会越做越大，客户也会越来越多。

"成交之后仍要继续推销"，这种观念使得乔把成交看作是推销的开始。乔在和自己的顾客成交之后，并不是把他们置于脑后，而是继续关心他们，并恰当地表示出来。乔每月要给他的1万多名顾客寄去一张贺卡。一月份祝贺新年，二月份纪念华盛顿诞辰日，3月份祝贺圣帕特里克日……凡是在乔那里买了汽车的人，都收到了乔的贺卡，也就记住了乔·吉拉德。

正因为乔没有忘记自己的顾客，顾客才不会忘记乔·吉拉德。可以说，从客户提车回去的那天起，以回访为主要形式的客户关怀就开始了。那么，我们应该如何进行售后回访呢？接下来让我们一起学习如何进行售后回访。

二、相关知识

新车客户回访指从客户新车交车起，到首保前的这两三个月的时间。这个阶段客户刚刚提到车，既有新车的兴奋，又有对使用和服务不太了解的不安，也需要和专卖店之间的沟通，是开展客户回访的好时间。除了车辆使用状况的简短回访外，还可以开展销售过程满意度调查、客户资料详细收集等需要较高客户配合度的工作。而且这种提车后不久的回访，能让客户感到提车离店后依然受到关注，不至于产生买车前热闹和买车后冷落的失落感。

（一）回访的目的

① 通过回访让客户感到我们在继续关注他，赢得客户安心和满意。
② 进一步完善客户档案，并尽可能收集其他个性化信息。
③ 了解客户车辆初期使用中存在的问题，指导客户正确用车，消除潜在的客户抱怨。
④ 对销售过程进行满意度调查，逐步提高专卖店服务能力。

⑤ 引导客户参加首保，为开展定期保养服务做好导入。

（二）回访的时间

回访的时间主要有交车后 3 日回访（3DC）、交车后 7 日回访（7DC）、交车后一个月和首保前一周回访等。

1．交车后 3 日回访（3DC）

整个交车过程大概一个小时，此间客户被拥有新车的快乐和兴奋所包围，同时还要在短时间内接受大量的信息，如新车使用介绍、新车质量确认、服务介绍、保养常识、新车资料、上牌过程、客户档案等，客户能真正消化的内容不太多。经过 3 天的使用，客户对驾驶操控的一些问题开始逐渐明确，会有一些使用方面的问题想跟专卖店沟通。而且，还有不少客户还没有来得及办理完上牌手续，也希望进一步跟专卖店了解和确认。

另外，这是对车主的第一次致谢和回访，客户对回访一般会比较配合，可以利用这样的机会尽力完善客户信息，对于后期客户关系维护的开展是有帮助的。

回访重点是再次表达对客户的感谢，了解车辆使用和上牌中是否存在需要帮助的问题，进一步完善客户档案及其他信息。

2．交车后七日回访（7DC）

第二次回访一般安排在交车后一周。由于客户的用车问题在 3DC 回访中基本得到解决，因此，本次回访客户对车辆的问题一般会较少，而且交车后时间不久，对交车日的过程基本上记忆犹新。这次回访主要询问客户对销售过程的感知。

回访重点是提示磨合期注意事项；推荐参加爱车讲堂活动；了解客户对销售服务过程中的满意度，发现销售过程存在的问题，以指导专卖店销售工作的改进。

温馨小贴士

把客户的赞美亮出来——优秀销售顾问小李的心得

回访时我们会询问客户新车开的怎么样、有什么感受、有什么评价等等。新车客户一般都会给出比较满意的评价，甚至赞美。我们收集了客户的真实感受以后，可以从中筛选出对专卖店的产品或者服务评价最好的评语，汇总约 7～8 条，附上客户的真实姓名，将其抄写在一张大纸上，招贴在专卖店展厅显眼的位置，并每周更新一期。

这样，当新的客户来专卖店看车的时候，就会有机会可以看到老客户的评价。这个办法确实能产生非常好的效果，经常会有客户在看到这张纸时并不太相信我们这些都是真实的信息收集，所以一般会问我们多长时间更换一次，我们说一周一次。我们还可以邀请他们到办公室，给他们展示以往的记录。

客户有时候看得很认真，而且经常还会发现有自己认识的人说的话。凡是有发现认识人的名字时，他们往往都会给他们打电话进行确认，一般这样的客户最终都成为我们的客户。

把顾客的赞美亮出来，通过其认识的、熟悉的人来影响他们对专卖店和产品的信任，从而促进转介绍销售。

3．交车后一个月回访

经过一个月左右的使用，客户对车辆的基本功能已经比较熟悉了，汽车也逐渐融入到客户的生活中，形成相对固定的用车习惯，例如，大部分客户每月行驶里程基本稳定下来了。这时对客户的回访，除了解答客户对于用车的一些疑问外，要侧重了解客户的用车习惯，告知客户首次保养的重要性，并引导客户按时进厂首保。

回访的重点是了解车辆使用过程是否存在需要帮助的问题；了解客户车辆使用习惯，为定期保养提醒做参考；介绍首保和预约服务，培养客户定期保养意识。

4. 首保服务提醒

因为按时参加首次保养对车辆发动机正常运作非常重要，所以首保一般都是强制的，而且是免费的，由主机厂承担费用。但如果客户未能按时参加首次保养，按照保修政策规定会影响到客户的保修权利，这就很容易导致客户的激烈抱怨。因此，努力促成客户进厂首保非常重要。

同时进厂首保也是展现专卖店服务能力的重要机会，让客户从一开始就认识到专卖店的服务质量远远高于社会修理厂的水平，可以在一定程度上减少客户的流失。

首保时间各品牌可能会有所不同，一般以 3 个月 5 000 公里居多，先到 3 个月或者先到 5 000 公里即应该进厂保养。根据客户的用车习惯，在首保日即将到来前，客服人员需要及时提醒客户按时进厂。

回访重点是提醒并预约首保时间。

知识扩展

首保时间估算与首保提醒

● 首保时间估算

预计首保日期＝购车日期＋首保间隔天数；（天数超过 3 个月，以 3 个月计）

首保间隔天数＝首保规定里程 ÷ 日均行驶里程；

日均行驶里程＝回访时行驶里程 ÷ 回访日行驶天数（一月回访时统计）；

举例 1:

客户 3 月 1 日购车，4 月 1 日执行一月回访，客户当时行驶里程为 2 000 公里。

日均行驶里程＝2 000 ÷ 30≈70（公里）；

首保间隔天数＝5 000 ÷ 70≈71（天）；

则预计首保日期为 5 月 11 日。

举例 2:

客户 3 月 1 日购车，4 月 1 日执行一月回访，客户当时行驶里程为 1 200 公里。

日均行驶里程＝1 200 ÷ 30＝40（公里）；

首保间隔天数＝5000 ÷ 40≈125（天）；

客户用车较少，125 天，也就是四个多月才能行驶 5 000 公里，按照保修政策规定，购车后最迟 3 个月，也就是 6 月 1 日前要进厂首保，即预计首保日期为 6 月 1 日。

● 确认并登记预计首保日

在一月回访时，将估计的预计首保日期跟客户沟通。如果客户没有异议，按照预计的首保日期跟客户确认，如果客户有特殊情况需要协调，最好前后浮动在一周时间内。确认后的预计首保日期登记在《新车首保跟踪单》的“首保预计时间”一栏内。例如，在本例 1 中，应填写“5 月 11 日”。

● 首保服务提醒

在首保预计时间到来前一周（本例 1 中为 5 月 4 日），给客户电话提醒客户即将到首保时间，跟客户预约准确到日期和时间的进厂首保时间，填写在“预约首保日期”一栏中，如“5 月 11 日 10:30”。

三、任务实践——顾客满意度回访

针对以下回访问卷，邀请一名同学扮演顾客，通过电话完成满意度回访问卷。

销售满意度回访问卷

请您对以下问题分别给予评价，最高分 10 分，最低分 1 分。

● 首先是对销售顾问的评价：

1. 当天接待您的销售顾问是×××，您对他的服务态度感觉怎么样，是不是专心、热情，可以打几分？

2. 他的专业技能呢，对汽车配置、优点及竞争车型的专业性了解和介绍，交车过程中销售顾问对您提出疑问的回答能力，可以打几分？

● 下面是交车过程的评价：

3. 交车过程总共花了多久，从您到店，到您提车离开？

4. 您到店后销售顾问是否详细的介绍了交车大致过程和所需时间，这项可以打几分？

5. 交车时销售顾问详细解释车辆信息，包括内饰、配置、功能使用等，并进行车辆示范操作，这项可以打几分？

6. 售后服务的介绍是否完整、清晰，这项可以打几分？

7. 车辆交付时的整洁程度，可以打几分？

8. 整个交车过程的综合评价，您的满意度请打分？

● 最后是一些其他问题：

9. 您是从哪里得到我们的销售信息的？报纸、电视、广播，还是朋友介绍？

10. 最终让您决心购买的最主要原因是什么？

学习效果综合测评

一、选择题

1. “MAN”原则中 A 是指（　　）。

   A. 金钱　　　　B. 决策权

   C. 需求　　　　D. 以上都不是

2. 在客户级别中，车型车色已选定，已提供付款方式及交车日期，分期手续进行中的顾客属于（　　）。

A. H 级　　B. A 级

C. B 级　　D. 0 级

3. 销售成交技巧中（　　）是指销售人员向顾客提出产品优惠时间，从侧面向顾客施加购买压力。一般人都害怕失去机会，未来事件法就是利用这种心理来促使顾客有紧张感、压迫感，从而尽快下决心购买。

A. 假设成交法　　B. 未来事件法

C. 细节确认法　　D. 第三人推荐法

二、简答题

1. 简述 4S 店展厅销售流程。
2. 展厅接待前，针对车辆应先做好哪些准备工作？
3. 六方位绕车介绍法具体是指哪六个方位？
4. 简述客户关系维护的重点。

三、案例分析题

在北京现代汽车展厅里，吴先生带了一位业内人士一起来看车，吴先生是装修承包商，有一定的积蓄，业务也多，想买辆车。对于性能、外形及售后服务方面都已经认可，但谈来谈去，吴先生还是拿不定主意。

销售顾问看他有诚意，就报了实价，并告诉他："近期内这辆车没有促销活动，所以价格上不会有大幅度的调整，现在给的价格已经非常实在了。"吴先生说："但我看网上分析，到年底大部分车型都要降价，尤其这种家庭用车。我再等几个月看看吧。"

问题：

如果你是案例中销售顾问，你会如何处理？

项目七　汽车营销延伸服务

项目导入

目前，汽车销售市场竞争日趋激烈，为了在市场竞争中获得优势地位，就需要提高顾客满意度，培养自己的“忠诚顾客”。汽车销售的利润逐渐降低，使得经销商要寻找除汽车销售以外新的利润增长点，而汽车延伸服务的开展，正是满足了以上两个方面的要求。

汽车销售延伸服务可以提高经销商为顾客提供的服务价值。随着生活水平的提高，生活节奏的加快，顾客越来越要求经销商能够提供细致、周到、充满人情味的服务。高品质、全方位的服务理所当然地成为了经销商赢得优势的一大法宝。汽车营销延伸服务不仅给顾客带来了更多的实惠，还可以成为经销商新的利润增长点。本项目我们将一起来学习车辆购置税与上牌、消费信贷和汽车保险。

最终目标

1. 了解车辆购置税及上牌的相关操作流程。
2. 了解汽车信贷的流程及相关要求。
3. 了解汽车保险的内涵及相关操作流程。

促成目标

掌握汽车延伸服务相关知识，为身边购车的亲戚朋友提供指导。

任务一　车辆购置税与上牌

知识目标

1. 掌握车辆购置税的相关政策。
2. 掌握新车上牌的流程。

技能目标

能够正确够买车辆购置税，并给新车上牌。

一、引导案例——滞纳金的赔付

甘先生于 2016 年 2 月在松江一家 4S 店内购买了一辆 1.6T 排量的别克君威。当时一次性缴纳了购车费（含购置税增值税等）合计 18 万 5 千余元的费用。

“我签合同时，4S 店销售说店方可以提供代缴购置税等，我没多想就同意了。此后当我询问店方何时缴纳购置税时，店方称等我拍到沪牌再交，晚交购置税没什么大问题。但是就在几天前，4S 店通知我因为未及时缴纳购置税，需额外补交 2 000 多元滞纳金。”甘先生无奈地表示。

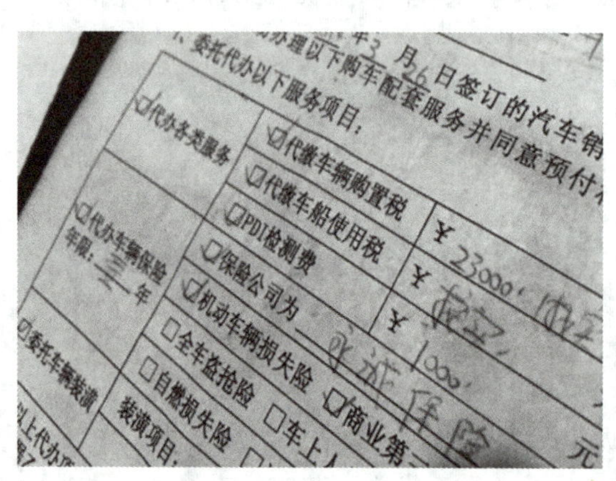

后来，甘先生与 4S 店达成了协议。3 月 2 日上午，4S 店已同意退还相关购置税费用，并给予 3 000 元现金补偿用于缴纳购置税滞纳金。目前，双方已达成协议，将于近期完成购置税相关费用的缴纳。

业内人士提醒，大家在选择 4S 店代缴购置税服务后，代缴购置税务必及时索要税单，先拍牌后买车可避免此情况。

在购买新车时，应缴纳哪些费用呢？新车上牌的流程又是怎样的呢？接下来让我们一起来学习车辆购置税和新车上牌的相关知识。

二、相关知识

（一）车辆购置税

车辆购置税是对在境内购置规定车辆的单位和个人征收的一种税，它由车辆购置附加费演变而来。

现行车辆购置税法的基本规范，是从 2001 年 1 月 1 日起实施的《中华人民共和国车辆购置税暂行条例》。车辆购置税的纳税人为购置（包括购买、进口、自产、受赠、获奖或以其他方式取得并自用）应税车辆的单位和个人，征税范围为汽车、摩托车、电车、挂车、农用运输车。

1．征收对象

车辆购置税以列举的车辆作为征税对象，未列举的车辆不纳税。其征税范围包括汽车、摩托车、电车、挂车、农用运输车。

2．纳税地点

购置应税车辆，应当向车辆登记注册地的主管国税机关申报纳税；购置不需要办理车辆登记注册手续的应税车辆，应当向纳税人所在地的主管国税机关申报纳税。

3．计算方法

车辆购置税实行从价定率的办法计算应纳税额，计算公式为

应纳税额＝计税价格×税率

如果消费者买的是国产私车，计税价格为支付给经销商的全部价款和价外费用，不包括增值税税款（税率 17%）。因为机动车销售专用发票的购车价中均含增值税税款，所以在计征车辆购置税税额时，必须先将 17%的增值税剔除，然后再按 10%的税率计征车辆购置税。车辆购置税计税价格的计算公式为

车辆购置税计税价格＝发票价/1.17

例如，消费者购买一辆 10 万元的国产车，去掉增值税部分后按 10%纳税。计算公式为 100 000/1.17×0.1＝8 547（元）。

如果消费者买的是进口私车，计税价格的计算公式为

计税价格＝关税完税价格＋关税＋消费税

4．申请资料

纳税人办理纳税申报时应如实填写《车辆购置税纳税申报表》，同时提供以下资料的原件和复印件。复印件和《机动车销售统一发票》报税联由主管税务机关留存，其他原件经主管税务机关审核后退还纳税人。

1）车主身份证明

（1）中国居民。

- **内地（大陆）居民：**提供内地《居民身份证》（含居住、暂住证明）或《居民户口簿》或军人（含武警）身份证明。
- **香港、澳门、台湾地区居民：**提供入境的身份证明和居留证明。

（2）外国居民：提供入境的身份证明和居留证明。

（3）组织机构：提供《组织机构代码证书》。

2）车辆价格证明

- **境内购置车辆：**提供统一发票（发票联和报税联）或有效凭证。
- **进口自用车辆：**提供《海关关税专用缴款书》《海关代征消费税专用缴款书》或海关的《征免税证明》。

3）车辆合格证明

- **国产车辆：**提供整车出厂合格证明。
- **进口车辆：**提供《中华人民共和国海关货物进口证明书》《中华人民共和国海关监管车辆进（出）境领（销）牌照通知书》或《没收走私汽车、摩托车证明书》。

5. 免税政策

① 外国驻华使馆、领事馆和国际组织驻华机构及其外交人员自用的车辆，免税。

② 中国人民解放军和中国人民武装警察部队列入军队武器装备订货计划的车辆，免税。

③ 设有固定装置的非运输车辆，免税。设有固定装置的非运输车辆是指挖掘机、平地机、叉车、装载车（铲车）、起重机（吊车）、推土机等工程机械。

④ 防汛部门和森林消防等部门购置的由指定厂家生产的指定型号的用于指挥、检查、调度、防汛（警）、联络的专用车辆，免税。

⑤ 回国服务的在外留学人员购买的 1 辆国产小汽车，免税。

⑥ 长期来华定居专家进口 1 辆自用小汽车，免税。

⑦ 有国务院规定予以免税或者减税的其他情形的，按照规定免税、减税。

6. 退税政策

纳税人已缴纳车辆购置税，如果符合规定可以退还车辆购置税的，应提出申请。主管税务机关受理、核实，办理车辆购置税退税审批手续，将应退还的车辆购置税退还纳税人。

① 公安机关车辆管理机构不予办理车辆登记注册手续的，凭公安机关车辆管理机构出具的证明办理退税手续。

② 因质量等原因发生退回所购车辆的，凭经销商的退货证明办理退税手续。

7. 纳税人应提供资料

① 未办理车辆登记注册的，提供生产企业或经销商开具的退车证明和退车发票、完税证明正本和副本。

② 已办理车辆登记注册的，提供生产企业或经销商开具的退车证明和退车的发票、完税证明正本、公安机关车辆管理机构出具的注销车辆号牌证明。

③ 符合免税条件但已征税的设有固定装置的非运输车辆，提供完税证明正本。

8. 税务机关承诺时限

提供资料完整、填写内容准确、各项手续齐全，符合受理条件的当场受理，自受理之日起 2 个工作日内转下一环节；本涉税事项自受理之日起 20 个工作日内办结。

（二）新车上牌

新车上牌的流程如图 7-1-1 所示。

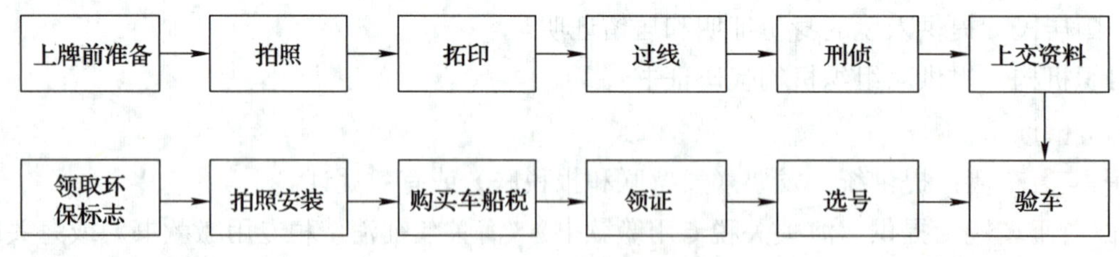

图 7-1-1　新车上牌流程

1. 上牌前准备工作

个人自主办理新车上牌，首先需要准备身份证（外地户籍还需要暂住证或居住证）、车辆合格证、购车发票、交强险保单等材料。北上广深等限号城市的用户还需要提供购车资格证（增量指标）。准备好上述资料后首先需要到购置税征稽所去办理购置税纳税（4S 店一般也提供了购置税代缴服务，相比更加便捷），纳税完后就可以获得一本车辆购置税完税证明。

2. 拍照

准备工作做完之后就是去车管所正式办理上牌，到达车管所后填写完机动车登记申请表后，工作人员会先对车辆进行拍照，也就是未来行驶证上的车辆照片。拍照时，拍照的师傅会用根据车架号后四位设置好号码牌，放到车子挡风玻璃右下角，然后给车拍照。拍照前需要把贴在挡风玻璃上的“CCC”贴纸以及“汽车燃料消耗量标识”贴纸去除。

3. 拓印

车辆的发动机号和车架号随后需要拓号，用于标识车辆。

4. 车检

现在绝大部分家用乘用车都在免检范围内，如果车辆不在免检范围内则需要进行动力、灯光、尾气、刹车方面的检测。

新车上牌流程

5. 刑侦

在刑侦检验室填写刑侦验车资料采集表，然后把拓印号以及采集表上交给柜台的业务员录入资料，获得公安局刑侦验车通知书。

完成车辆拓印拿到拓印好的发动机号及车架号后，便可到刑侦检验室填写刑侦验车资料采集表。填写好上述采集表后，把拓印号及采集表上交给柜台的业务员录入资料，获得公安局刑侦验车通知书。

6. 上交资料

到车管所的资料采集窗口，填写机动车登记申请表后，把资料交到采集窗口的业务员手上，他会帮忙整理好资料并要求客户到指定窗口缴纳一定的服务费。

7. 验车

为了确认采集表和车辆信息一致，工作人员还会再次打开发动机罩，比对发动机号和车架号。

8. 选号

所有资料录入完毕后就可以选号了。选号分为“10 选 1”“网上”等方式，如果是“10 选 1”当天就可以拿到车牌；如果“网上”选号，则需要等待数日来领取，或者选择快递直接邮寄到家，自己动手安装车辆号牌，在这期间就需要办理临时号牌上路。

采用网上选号及自编自选号码则要等 15 个工作日才能拿到铁制车牌。在拿到铁制车牌之前，车管所会给一个纸质打印的临时牌照。

读一读

汽车临时牌照是指汽车由于一些手续的办理，还未正式落户前由公安车管部门发放的临时车辆行驶证明。临时号牌的使用带有时限性和区域性。符合下列条件之一者，可向当地车管所申领临时号牌。

① 从车辆购买地驶回使用地时，需在购买地车管所申领临时号牌。

② 车辆转籍，已缴正式号牌时，需在当地车管所申领临时号牌，以便驶回本地。

③ 在本地区未申领正式号牌的新车，需驶往外地改装时，需在本地申领临时号牌，改装完毕，在当地申领临时号牌驶回原地区。

④ 尚未固定车籍需要临时试用的。

9．获得行驶证、机动车登记证书

完成选号后，工作人员会给客户打印机动车领牌凭证，并要求客户去缴费，缴费后等待一段时间后便可以获得行驶证、机动车登记证书。

10．购买车船税

取得行驶证及机动车登记证书后，复印一份并到车管所相应的地方缴纳本年的车船税。

11．牌照安装

拿着行驶证和机动车登记证书到验车区找到安装工人，并到牌照仓库领取反光号牌并安装。安装号牌的服务是免费的，建议各位在上牌前自行网购符合新交规的号牌托架。

图 7-1-2　汽车环保标志

12．领取环保标志

在新车上完牌后，车主还要去领取环保标志，如图 7-1-2 所示。汽车环保标志是国家发放的机动车排放标准的分级标志，有黄色和绿色两大类。环保标志是按照车型和排放标准进行审核后发放的，其目的是为了进行节能减排检查和汽车定期环保检查的需要。完成上牌手续后，客户可得到机动车登记证、合格标志和年票标志。

三、任务实施——手抄报制作

两人一组，针对车辆购置税及新车上牌相关知识制作一张手抄报，具体要求如下。

① 手抄报纸张要求为 A3 白纸。

② 主旨鲜明，内容符合要求。

③ 图文并茂，板块清晰。

④ 包含课本上没有的拓展知识。

任务二　消费信贷

知识目标

掌握汽车新的的操作要求及流程。

技能目标

1. 能够正确描述汽车信贷的相关定义及要求。
2. 能够正确描述汽车信贷的办理流程。

一、引导案例——汽车信贷

20 世纪 90 年代末，国内的一些银行开启了汽车信贷业务，新世纪初，经过初步尝试汽车信贷后，国内许多银行预感汽车信贷的获利机遇，纷纷开出了汽车信贷业务。在2002年，汽车信贷业务得到了前所未有的大发展，迎来了汽车信贷的春天。

这个发展高峰持续了两年多。期间，各家银行大显身手，重点营销汽车信贷业务，如开展车贷优惠月、优惠季活动等。有的银行索性对购车贷款客户全部实行利率下浮政策。在车贷业务营销上打起了“价格战”。

“价格战”正酣，银行间又打响了“时间战”。电台、电视，报刊，杂志时时报道各家银行办理车贷业务时间，这边刚报道某银行办理车贷需五天时间，那边又称另一家银行只需三天。接着，又有某银行夸口一天就可搞定。抢夺时间使车贷业务走入了怪圈。似乎时间越快，车贷业务就多；时间越短，利润就越高。

汽车信贷这块在当时十分诱人的“蛋糕”，不仅遇到银行间的瓜分，且遭到保险公司的加入。随着购车人群的高峰迭起，保险公司亦涌入车贷市场，它们推出购车贷款的保证保险业务，在为银行车贷提供担保的同时，也为自己开辟了获利新径。

汽车信贷领域的另一位主角就是汽车经销商。他们借助银行、保险公司车贷业务的蓬勃兴起，推波助澜，大大地获取了客户购车的高额利润。

两年多的时间里，银行汽车信贷业务得到超常规的发展，据某家银行统计，仅2003年车贷余额就增加30亿左右，平均每月增加2亿至3亿，最多的月增加达到6亿多。有关金融监管机构统计，2003年底，上海各家银行发放汽车贷款已达80多亿。

时至今日，汽车信贷已经走进了千家万户的生活。那么，汽车信贷有哪些规定？如何办理汽车信贷？接下来就让我们一起来了解下汽车信贷的相关知识。

二、相关知识

汽车贷款是指贷款人向申请购买汽车的借款人发放的贷款，也叫汽车按揭。进行汽车贷款时，需注意以下几点。

- 贷款对象：借款人必须是贷款行所在地常住户口居民、具有完全民事行为能力。
- 贷款条件：借款人具有稳定的职业和偿还贷款本息的能力，信用良好；能够提供可认可资产作为抵、质押，或有足够代偿能力的第三人作为偿还贷款本息并承担连带责任的保证人。
- 贷款额度：贷款金额最高一般不超过所购汽车售价的80%。
- 贷款期限：汽车消费贷款期限一般为1～3年，最长不超过5年。
- 贷款利率：由中国人民银行统一规定。
- 还贷方式：主要有一次性还本付息法和分期归还法。
- 汽车金融或担保公司：必须是有足够代偿能力的第三人作为偿还贷款本息并承担连带责任的保证人。

（一）担保方式

① 由保险公司提供履约保证的保险方式办理汽车贷款。

② 由专业担保公司提供连带责任的保证方式办理汽车贷款。

③ 由购车人提供房地产抵押的担保办理汽车贷款。

④ 由购车人提供本外币定期存单、国债、人民币理财产品质押办理汽车贷款。

⑤ 由借款人提供其他银行认可的担保方式（如汽车经销商保证）办理汽车贷款。

（二）申请条件

① 购车者必须年满 18 周岁，并且是具有完全民事行为能力的中国公民。

② 购车者必须有一份较稳定的职业和比较稳定的经济收入或拥有易于变现的资产，这样才能按期偿还贷款本息。易于变现的资产一般指有价证券和金银制品等。

③ 在申请贷款期间，购车者在经办银行储蓄专柜的帐户内存入低于银行规定的购车首期款。

④ 向银行提供银行认可的担保。如果购车者的个人户口不在本地的，还应提供连带责任保证，银行不接受购车者以贷款所购车辆设定的抵押。

⑤ 购车者愿意接受银行提出的认为必要的其他条件。

（三）提供资料

① 个人借款申请书。

② 本人及配偶有效身份证明。

③ 本人及配偶职业、职务及收入证明。

④ 结婚证（未婚需提供未婚证明，未达到法定结婚年龄的除外）及户口薄。

⑤ 身份证、户口簿或其他有效居留证件原件，并提供其复印件。

⑥ 与经销商签订的购车协议、合同或者购车意向书。

⑦ 已存入或已付首期款证明。

⑧ 担保所需的证明文件或材料。

⑨ 合作机构要求提供的其他文件资料。

（四）办理流程

贷款购车的一般流程如表 7-2-1 所示。

表 7-2-1　贷款购车的办理流程

步骤	流程	主办	内容
1	客户接待	销售部，经销商	负责来电、来店客户接待、信贷业务简单介绍
2	客户咨询	信贷业务部	业务操作标准、细则判定首付及期限、消费购车费用、提供资料
3	客户决定购买	销售部	确定车型、车价、车色及配备

续表

步骤	流程	主办	内容
4	征信	档案管理部	对客户所提供资料，档案员传真至银行进行资信审核及公安征信
5	签定销售协议	信贷业务部	经客户确认车型，车价，费用，签定销售协议
6	办理按揭手续，签定借款合同	信贷业务部	填写贷款资格审查表，签订银行借款担保合同，公证申请书
7	代办保险	信贷业务部	签订车险投保单，交由内勤人员请保险公司出具保单
8	交首付款及费用	财务部	根据销售协议收取首付款及相关费用
9	通知上牌	售后服务部	根据客户要求代办上牌，凭发票、合格证原件、客户身份证原件上牌
10	终审	信贷审核部	审核客户资料，审核合同签字，审核合同内容，审核通过后签字
11	所有资料报银行	信贷审核部	经审查确认后所有资料送银行放款
12	手续齐全，客户提车	销售部，信贷业务部	信贷部确认手续并签字，销售部协助客户办理提车手续等
13	办理抵押登记	信贷管理部	根据机动车登记证书原件和借款抵押合同到车管所办理抵押登记
14	客户资料归档	信贷档案部	整理客户资料和发票等
15	通知客户来领取公证书，存折等	信贷业务部	通知客户来领取公证书、存折（卡）等
16	还款日提醒及回访	信贷业务部	客户首期还款日前5～10天通知其按时还款，上门回访

（五）办理渠道

贷款买车的办理渠道有银行贷款、信用卡分期贷款、汽车金融公司贷款和小额贷款公司贷款等。

1．银行贷款

银行贷款利率适中，且可选车种类多。不过实际在办贷款过程中比较花费时间和精力。银行为控制风险，通常审核时间较长，且需要申请者提交的资料很多。如果想要申请又不怕麻烦，银行贷款是不错的选择。

2．信用卡分期贷款

信用卡分期没有利息费，是通过信用卡分期买车的最大好处。同时，信用卡分期方便快捷，一个电话也可搞定。有时遇到银行和汽车经销公司合作的时候，还能享受一定的折扣。

需要注意的是，信用卡分期虽然没有利息费，却有手续费，分期时间越高手续费率越高，通常分期超过一年的手续费率就会与银行同期消费贷款利率持平或略高。

3. 汽车金融公司贷款

汽车金融公司贷款买车方便快捷且申请门槛不高，只要消费者具有一定的还款能力并且支付了贷款首付，就能够申请到贷款。需要注意的是，汽车金融公司贷款买车，贷款成本通常比较高，一般除了贷款利息费外，还有手续费等一系列的费用。

4. 小额贷款公司贷款

小贷公司贷款买车门槛不高，车型选择不受限制，但费率相对银行高一些。小额贷款公司贷款方式和还款方式较灵活，审批相对银行来说稍快。

三、任务实践——四大银行汽车信贷优劣势分析

利用课余时间和网络平台，对农业银行、建设银行、工商银行、中国银行四大银行的车贷业务进行查询，总结各自优劣势，并完成表 7-2-2。

表 7-2-2 四大银行汽车信贷优劣势分析

银行名称	优势	劣势	备注
农行银行			
建设银行			
工商银行			
中国银行			

任务三 汽车保险

知识目标

1. 理解汽车保险的内涵。
2. 掌握汽车保险承保流程。
3. 掌握汽车保险理赔流程。

技能目标

能够正确办理汽车保险承和理赔，并能够用所学帮助身边有车的亲戚朋友。

一、引导案例——交通事故保险公司赔付 1 000 万元

2016 年，某高速公路附近一辆实载 55 人的旅游大巴车，因撞到隔离带护栏发生油箱漏油起火。事故共造成 35 人遇难，19 人不同程度受伤。××保险公司主承保道路客运承运人责任险，份额 50%，每座 50 万元，初步估计损失逾 1 700 万元。

事故发生第二日，该保险公司向该交通事故支付了第一笔赔款 1 000 万元。至此，第一笔保险预付赔款在事故发生的一天之内赔付到位。当天下午，该保险公司副总经理杨×在驻地转交了支付证明。

一旦发生交通事故，汽车保险将起到巨大的作用。那么，机动车有哪些险种？车险的投保和理赔流程又是怎样的呢？接下来让我们一起来学习汽车保险的相关内容。

二、相关知识

机动车辆是指汽车、电车、电瓶车、摩托车、拖拉机、各种专用机械车、特种车等。机动车辆保险即“车险”，是以机动车辆本身及其第三者责任等为保险标志的一种运输工具保险。其保险客户主要是拥有各种机动交通工具的法人团体和个人；其保险标的主要是各种类型的汽车，但也包括电车、电瓶车等专用车辆及摩托车等。

（一）机动车险种

机动车辆保险一般包括交强险和商业险。其中，商业险包括基本险和附加险两部分。而基本险分为车辆损失险和第三者责任保险、全车盗抢险（盗抢险）、车上人员责任险（司机责任险和乘客责任险），附加险包括玻璃单独破碎险、划痕险、自燃损失险、涉水行驶险、无过失责任险、车载货物掉落责任险、车辆停驶损失险、新增设备损失险、不计免赔特约险等。

保险那么多！怎么选？

需要注意的是，玻璃单独破碎险、自燃损失险、新增加设备损失险是车身损失险的附加险，必须先投保车辆损失险后才能投保；车上责任险、无过错责任险、车载货物掉落责任险等是第三者责任险的附加险，必须先投保第三者责任险后才能投保。另外，每个险别不计免赔是可以独立投保的。

（二）车险投保流程

车险投保流程如图 7-3-1 所示。

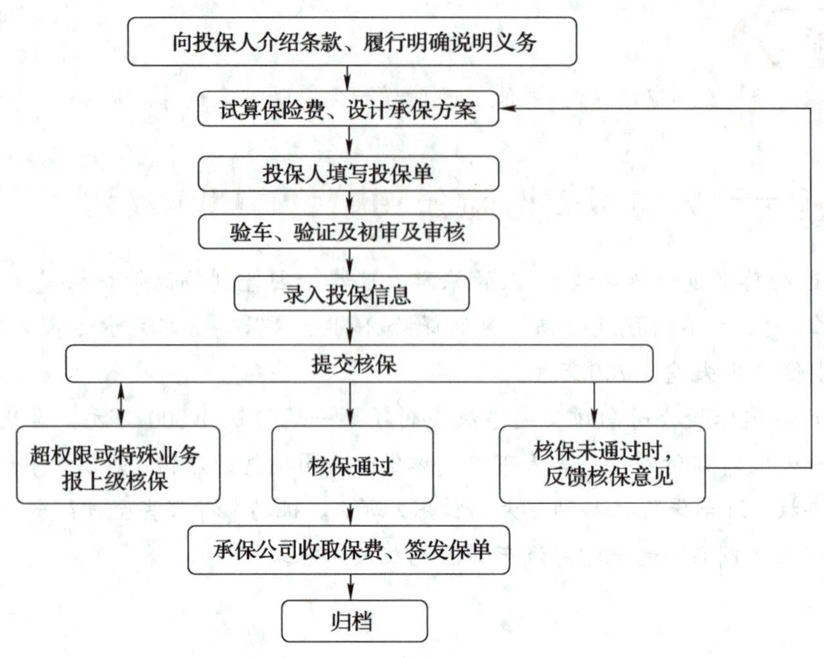

图 7-3-1　车险投保流程

1. 填写投保单

投保人购买保险，首先要提出投保申请，即填写投保单，交给保险人。投保单是投保人向保险人申请订立保险合同的依据，也是保险人签发保单的依据。投保单的基本内容有投保人的名称、厂牌型号、车辆种类、号牌号码、发动机号码及车架号、使用性质、吨位或座位、行驶证、初次登记年月、保险价值、车辆损失保险金额的确定方式、第三者责任险赔偿限额、附加险的保险金额或保险限额、车辆总数、保险期限、联系方式、特别约定、投保人签章。

2. 核保

核保是保险公司在业务经营过程中的一个重要环节。核保是指保险公司的专业技术人员对投保人的申请进行风险评估，决定是否接受这一风险，并在决定接受风险的情况下，决定承保的条件，包括使用的条款和附加条款、确定费率和免赔额等。

读一读

1998 年 5 月，王某将其私有富康牌汽车向某市多家保险公司投保了足额车辆损失险和第三者责任险，车辆损失保险金额为 13 万元，保险期为 1 年。同年 8 月，王某伙同几名保险公司内部工作人员，策划制造该车停车时被其他汽车撞毁、肇事车辆逃逸的伪造现场，分别从各保险公司骗取高额保险赔偿金 30 多万元，事后王某与其他几人私分该款。不久，此事败露，被公安机关立案侦破，以保险诈骗论处。

核保的主要内容如下。

① 投保人资格。对投保人资格进行审核的核心是认定投保人对保险标的拥有保险利益，汽车保险业务中主要是通过核对行驶证来完成的。

② 投保人或被保险人的基本情况。投保人或被保险人的基本情况主要是针对车队业务。通过了解企业的性质、是否设有安保部门、经营方式、运行主要线路等，分析投保人或被保险人对车辆管理的技术管理状况，保险公司可以及时发现其可能存在的经营风险，采取必要的措施降低和控制风险。

③ 投保人与被保险人的信誉。投保人与被保险人的信誉是核保工作的重点之一。投保人和被保险人的信誉调查和评估正在逐步成为汽车核保工作的重要内容。评估投保人与被保险人信誉的一个重要手段是对其以往损失和赔付情况进行了解，那些没有合理原因，却经常“跳槽”的被保险人往往存在道德风险。

④ 保险标的。对保险车辆应尽可能采用“验车承保”的方式，即对车辆进行实际的检验，包括了解车辆的使用和管理情况，复印行驶证、购置车辆的完税费凭证，拓印发动机与车架号码，对于一些高档车辆还应当建立车辆档案。

⑤ 保险金额。保险金额的确定涉及保险公司及被保险人的利益，往往是双方争议的焦点，因此保险金额的确定是汽车保险核保中的一个重要内容。在具体的核保工作中应当根据公司制定的汽车市场指导价格确定保险金额。若投保人要求按照低于这一价格投保时，应当尽量劝说并将理赔时可能出现的问题进行说明和解释；若投保人坚持己见，则应当向投保人说明后果并要求其对于自己的要求进行确认，同时在保险单的批注栏上明确。

⑥ 保险费。核保人员对于保险费的审核主要分为费率适用的审核和计算的审核。

⑦ 附加条款。主险和标准条款提供的是适应汽车风险共性的保障，但作为风险的个体是有其特性的。一个完善的保险方案不仅解决共性的问题，更重要的是解决个性问题，附加条款就适用于风险的个性问题。特殊性往往意味着高风险，所以，在对附加条款的适用问题上更应当注意对风险的特别评估和分析，谨慎接受和制定条件。

3. 接受业务

保险人按照规定的业务范围和承保的权限，在审核检验之后，有权做出承保或拒保的决定。

4. 缮制单证

缮制单证是在接受业务后填制保险单或保险凭证等手续的程序。保险单或保险凭证是载明保险合同双方当事人权利和义务的书面凭证，是被保险人向保险人索赔的主要依据。因此，保险单质量的好坏，往往直接影响汽车保险合同的顺利履行。填写保险单时要求有单证相符、保险合同要素明确、数字准确、复核签章、手续齐备。

（三）车险理赔流程

车险理赔的流程为出险→报案→查勘→定损→核价→核损→核赔→支付。

1. 报案

① 出险后，客户向保险公司理赔部门报案。一般保险公司要求在事发48小时内报案。

② 内勤接到报案后，要求客户将出险情况立即填写入《业务出险登记表》（电话、传真等报案由内勤代填）。

③ 内勤根据客户提供的保险凭证或保险单号立即查阅保单副本并抄单及复印保单、保单副本和附表，并查阅保费收费情况。然后由财务人员在保费收据（业务及统计联）复印件上确认签章（特约付款须附上协议书或约定）。

④ 确认保险标的在保险有效期限内或出险前特约交费，要求客户填写《出险立案查询表》，予以立案（如电话、传真等报案，由检验人员负责要求客户填写），并按报案顺序编写立案号。

⑤ 发放索赔单证。经立案后向被保险人发放有关索赔单证，并告知索赔手续和方法（电话、传真等报案，由检验人员负责）。

⑥ 通知检验人员，报告损失情况及出险地点。

以上工作在半个工作日内完成。

2. 查勘定损

① 检验人员在接保险公司内勤通知后 1 个工作日内完成现场查勘和检验工作（受损标的在外地的检验，可委托当地保险公司在 3 个工作日内完成）。

② 要求客户提供有关单证。

③ 指导客户填列有关索赔单证。

3. 签收审核索赔单证

① 营业部、各保险支公司内勤人员审核客户交来的赔案索赔单证，对手续不完备的向客户说明需补交的单证后退回客户，对单证齐全的赔案应在“出险报告（索赔）书”（一式二联）上签收后，将黄色联交还被保险人。

② 将索陪单证及备存的资料整理后，交产险部核赔科。

4. 理算复核

① 核赔科经办人接到内勤交来的资料后审核，单证手续齐全的在交接本上签收。

② 所有赔案必须在 3 个工作日内理算完毕，交核赔科负责人复核。

5. 审批

① 产险部权限内的赔案交主管理赔的经理审批。

② 超产险部权限的逐级上报。

6. 赔付结案

① 核赔科经办人将已完成审批手续的赔案编号，将赔款收据和计算书交财务划款。

② 财务对赔付确认后，除陪款收据和计算书红色联外，其余取回。

三、任务实施——拒赔案例分析

课后通过网络平台，搜索几个汽车保险拒赔案例，结合所学内容进行分析，并课堂分享。

学习效果综合测评

一、选择题

1. 以下汽车保险中，必须强制购买的是（　　）。

A. 三责险　　B. 车损险

C. 交强险　　D. 盗抢险

2. 新车上牌流程中，以下不属于验车前工作的是（　　）。

A. 购买车船税　　　　B. 拍照

C. 拓印　　　　D. 刑侦

3. 在以下汽车贷款形式中，通过（　　）的方式贷款买车，贷款利率适中，且可选车种类多。

A. 信用卡贷款　　　　B. 银行贷款

C. 汽车金融公司　　　　D. 小额贷款

二、简答题

1. 简述汽车保险理赔流程。
2. 简述汽车上牌流程。

三、案例分析题

1. 2014 年“五一”期间，刘先生开车到庐山旅游，半山腰上抛锚了。情急之下他和家人一起推车，但由于用力不均，车被推翻，造成了更大的损失，他去保险公司索赔被拒。

问题：

保险公司的做法是否合理？

2. 2016 年春节，杨小姐开车到江西旅游，路上被一辆捷达追尾，她想到新年要和气生财，便和对方司机商量 800 元私了。但当她把车开到保险公司定损时才发现，800 元根本不能把车修好，而多出部分保险公司拒赔。

问题：

保险公司的做法是否合理？

项目八　汽车产品质量保证

项目导入

随车汽车市场的快速发展，曾经作为奢饰品的汽车已经走进了千家万户，与之相对的人们对汽车认知程度不断提高，维权意识也越来越强。2015 年度，全国消费者协会投诉与咨询信息系统共录入受理汽车产品（含零部件）投诉 18 863 件，同比增长 31.18%，投诉解决率 71.08%。其中，产品质量、合同争议和售后服务问题等投诉占投诉总量的 70%以上。

为了加强对产品质量的监督管理，提高产品质量水平，明确产品质量责任，保护消费者的合法权益，维护社会经济秩序，我国对汽车产品认证、三包政策和召回政策都做了具体规定。本项目我们将学习汽车产品认证、汽车三包政策和召回政策。

最终目标

1. 了解中国汽车产品认证和评价的标准。
2. 了解汽车三包的定义和责任范畴。
3. 了解汽车召回的定义与程序。

促成目标

掌握汽车认证、三包、召回的核心知识，提高自己对汽车行业政策法规的认知。

任务一　汽车产品认证

知识目标

1. 熟悉中国的汽车认证制度。
2. 了解中国的汽车评价规程。

技能目标

能够正确描述中国的汽车认证制度和评价规程。

一、引导案例——日系车在美国碰撞测试中作弊？

很多人对日系车的印象可能是钣金薄、没有防撞梁、不安全，可是在美国权威的 IIHS 碰撞测试中，日系车型的表现普遍不错。

有 7 款参加主驾驶位置 25%偏置刚性碰撞测试中取得了 Good 成绩的 SUV，其中有 5 款是日系车。但是，IIHS 对这 7 款 SUV 车型做了一次突击考试，考题改为副驾驶侧的 25%偏置刚性碰撞成绩，结果就让“优等生”们纷纷落榜了，如图 8-1-1 所示。

	Driver-si驾驶员侧		Provisional pas副驾驶员侧ting	
2016 Hyundai Tucson 现代新途胜	G	好	G	好
2015 Buick Encore 别克 昂科拉	G		A	可接受
2015 Honda CR-V 本田CR-V	G		A	可接受
2015 Mazda CX-5 马自达CX-5	G		A	可接受
2014 Nissan Rogue 日产奇骏	G		M	及格边缘
2014 Subaru Forester 斯巴鲁森林人	G		M	及格边缘
2015 Toyota RAV4 丰田RAV4	G		P	差

G 好　A 可接受　M 及格边缘　P 差

图 8-1-1　汽车碰撞成绩

汽车碰撞试验

从车企的造车角度来说，在成本有限的前提下，只能先保证驾驶员的安全，所以副驾驶撞击出现评分降低，也是可以理解的。当然，副驾驶位的安全性也很重要，这是毋庸置疑的。

那么，我国的汽车产品的认证制度有哪些？又该如何评价一辆汽车的好坏呢？接下来让我们一起来学习汽车产品认证的相关知识。

二、相关知识

（一）中国汽车型式认证制度

在我国，汽车型式认证制度有国家发改委发布的《车辆生产企业及产品公告》（简称《公告》）、中国质量认证中心发布的《CCC 认证》（中国强制性认证）、国家环保总局发布的《国家环保目录》、北京（南京、广州等）环保局发布的《地方环保目录》4 种。

1. 国家发改委发布的《车辆生产企业及产品公告》认证

国家发改委发布的《车辆生产企业及产品公告》认证申报流程如图 8-1-2 所示。

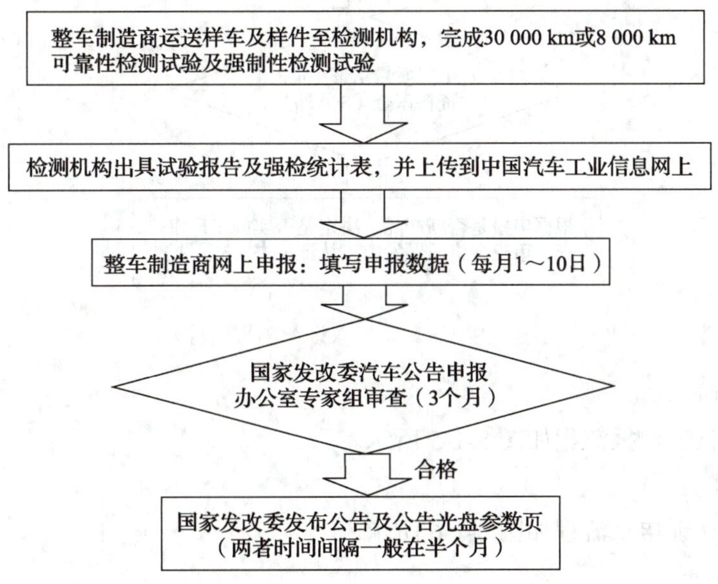

图 8-1-2　《车辆生产企业及产品公告》认证申报流程

2. 中国质量认证中心发布的《CCC 认证》

《CCC 认证》制度是从 2002 年 5 月 1 日开始实施的。汽车产品只有获得《CCC 认证》后，并加贴 CCC 认证标志方能生产和销售。CCC 认证标志如图 8-1-3 所示。

图 8-1-3　CCC 认证

《CCC 认证》中的“CCC”为中国强制性认证（China Compulsory Certification）的英文缩写。作为强制性产品认证，它是政府为保护广大消费者人身和动植物生命安全，保护环境，保护国家安全，依照法律法规实施的一种产品合格评定制度，要求产品必须符合国家标准和技术法规。《CCC 认证》申报流程如图 8-1-4 所示。

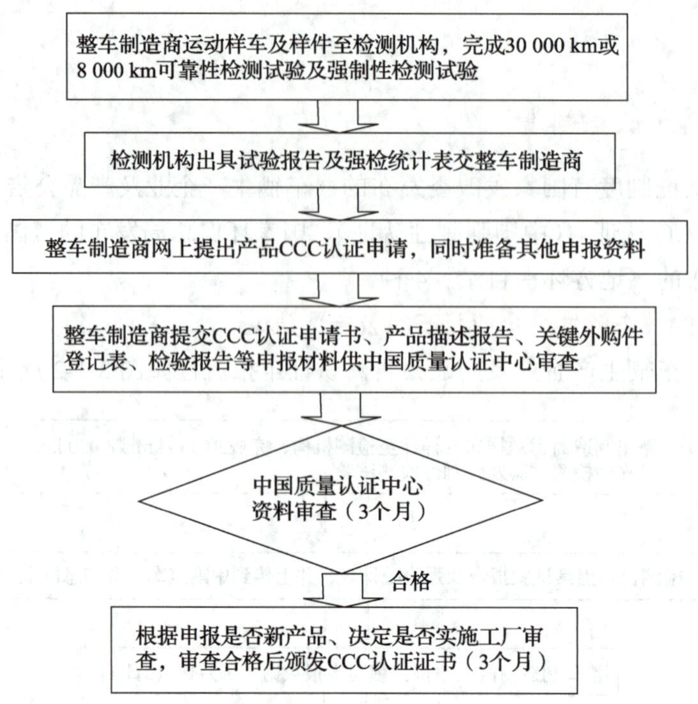

图 8-1-4　《CCC 认证》申报流程

3．《国家环保目录》认证

《国家环保目录》认证申报流程如图 8-1-5 所示。

4．《地方环保目录》认证

《地方环保目录》认证申报流程如图 8-1-6 所示。

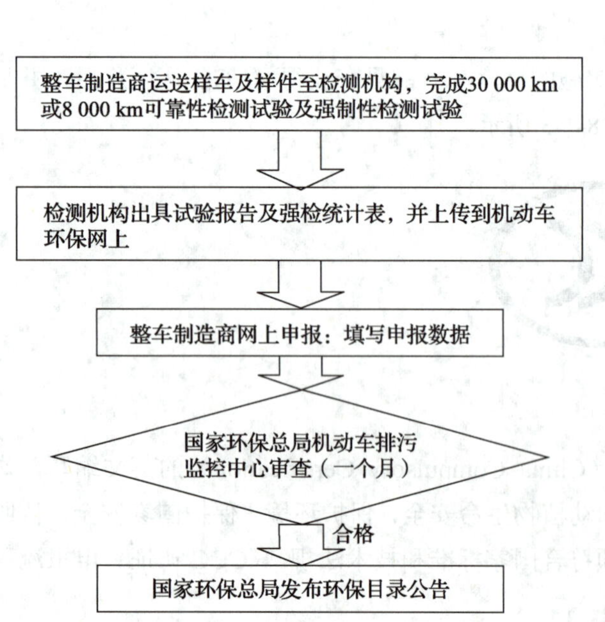

图 8-1-5　《国家环保目录》认证申报流程

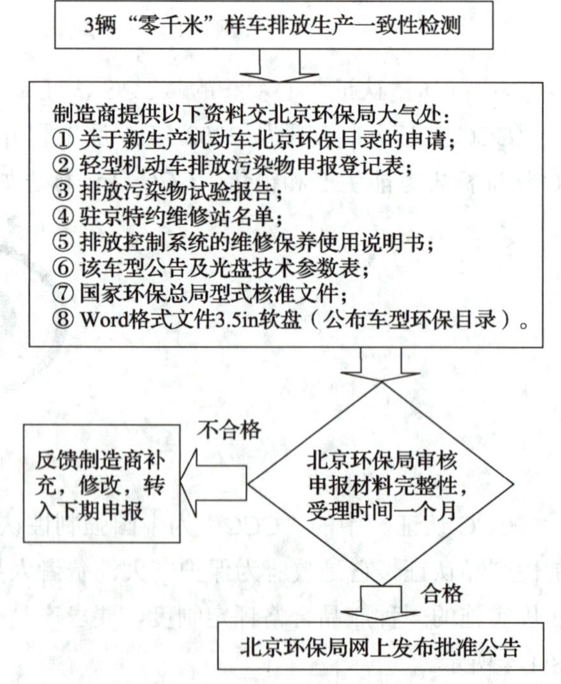

图 8-1-6　《北京环保目录》认证申报流程

（二）中国新车评价规程（C-NCAP）

中国新车评价规程（C-NCAP）是将在市场上购买的新车型按照比我国现有强制性标准更严格和更全面的要求进行碰撞安全性能测试，评价结果按星级划分并公开发布，旨在给予消费者系统、客观的车辆信息，促进企业按照更高的安全标准开发和生产，从而有效减少道路交通事故的伤害及损失。

C-NCAP 的正式试验项目包括碰撞试验和低速后碰撞颈部保护试验，其中碰撞试验包括正面 100%重叠刚性壁障碰撞试验、正面 40%重叠可变形壁障碰撞试验和可变形移动壁障侧面碰撞试验；附加试验项目包括燃料消耗试验。C-NCAP 的工作流程如图 8-1-7 所示。

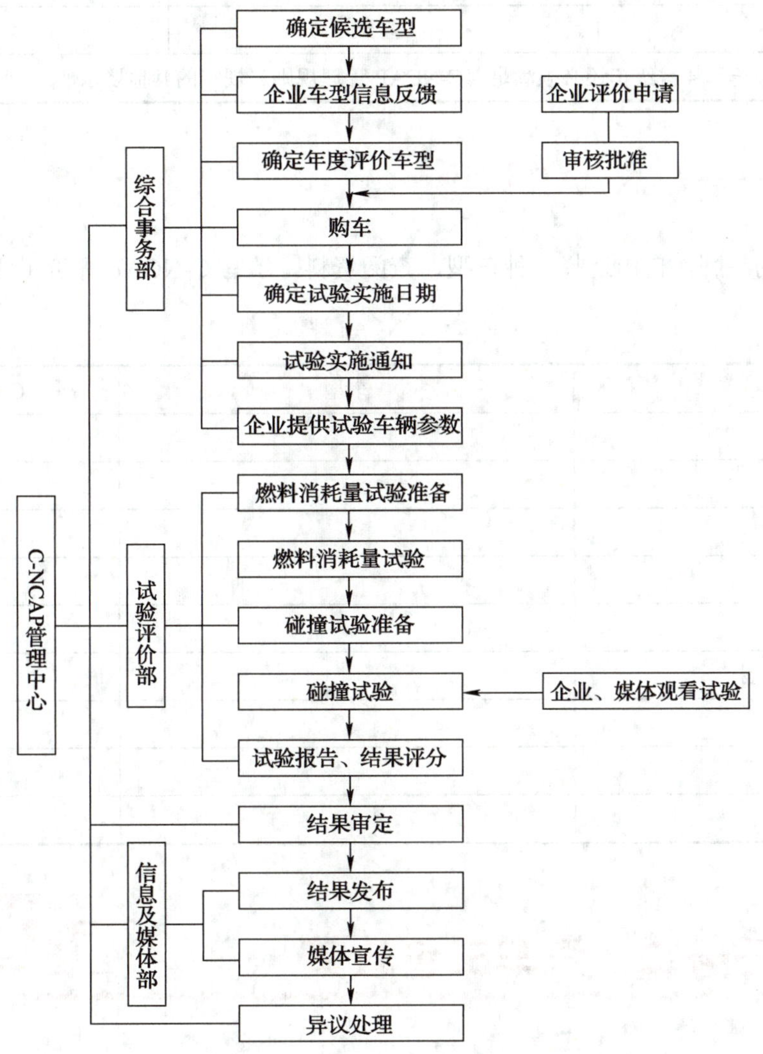

图 8-1-7　C-NCAP 的工作流程图

C-NCAP 中最高得分为 61 分。其中，碰撞试验的 3 项试验每项满分为 18 分，3 项试验总分满分为 54 分；低速后碰撞颈部保护试验满分为 4 分；对前排乘员侧安全带提醒装置、侧气帘（侧气囊）、电子稳定控制系统（ESC）分别有 1 分的加分。将以上 3 项碰撞试验和鞭打试验的得分及加分项得分之和记为总分，并按表 8-1-1 所示的标准确定评价星级。

表 8-1-1 C-NCAP 试验分数与星级对应表

总分	星级	星级符号
≥60 分	5+星级	★★★★★☆
≥54 分且<60 分	5 星级	★★★★★
≥48 分且<54 分	4 星级	★★★★
≥36 分且<48 分	3 星级	★★★
≥24 分且<36 分	2 星级	★★
<24 分	1 星级	★
备注：除总分外，5 星级车和 4 星级车还必须满足《C-NCAP 管理规则》规定的其他要求		

三、任务实施——C-NCAP 评价

针对表 8-1-2 中的品牌，自由选择一种车型，查阅资料，填写 C-NCAP 评价星级。

表 8-1-2 C-NCAP 评价星级

品牌	车型	C-NCAP 评价星级
福克斯		
伊兰特		
雅阁		
帕萨特		
奥迪		
菲亚特菲翔		
雪铁龙		
标志		
凯美瑞		

任务二 汽车三包政策

知识目标

掌握汽车三包的相关知识，明确三包的责任范畴与责任免除。

技能目标

1. 能够正确描述汽车三包的定义。
2. 能够正确描述相关责任人的义务。
3. 能够正确描述汽车三包的责任范畴与责任免除。

一、引导案例——一汽-大众车主的过度维权

2016 年 3 月 11 日晚，一条主题为“大众车主开车闯入 4S 店”的视频开始在网上流传，据视频显示，一位大众车主驾驶一辆白色速腾轿车撞击一家一汽-大众 4S 店销售展厅，暴力撞损了包括接待前台在内的展厅内多样物品，4S 店被严重破坏。

这其实是车主过度的维权事件，涉案车主白先生有过 3 次回店免费维修。

在购车后一个月，白先生开车回店表示后风挡玻璃贴膜有质量问题，同时车身漆面镀膜也存在一定问题，尽管运通博恩售后人员检验后并没有发现问题，但仍为白先生进行了后风挡玻璃贴膜和车身漆面镀膜的免费更换。

之后白先生又两次回店维修：一次是车尾灯有异物进入，另一次是左侧雨刷存在问题。因为这两次维修都在质保范围内，运通博恩都进行了免费更换。

多次的维权和沟通不畅，使得白先生失去了耐心并最终采取了过激的行为——开车撞 4S 店。要维权，就要先熟悉我们常说的“三包”。那么，汽车三包政策有哪些规定？接下来让我们一起来学习汽车三包政策的相关规定。

二、相关知识

（一）概述

三包是零售商业企业对所售商品实行“包修、包换、包退”的简称。它是商品进入消费领域后，卖方对买方所购物品负责而采取的在一定限期内的一种信用保证办法。

汽车三包规定是为了保护家用汽车产品消费者的合法权益，明确家用汽车产品修理、更换、退货责任，根据有关法律法规制定的。它适用于在中华人民共和国境内生产、销售的家用汽车产品。

三包责任由销售者依法承担。销售者依照规定承担三包责任后，属于生产者的责任或者属于其他经营者的责任的，销售者有权向生产者、其他经营者追偿。

家用汽车产品经营者之间可以订立合同约定三包责任的承担，但不得侵害消费者的合法权益，不得免除规定的三包责任和质量义务。

家用汽车产品消费者、经营者行使权利、履行义务或承担责任，应当遵循诚实信用原则，不得恶意欺诈。家用汽车产品经营者不得故意拖延或者无正当理由拒绝消费者提出的符合规定的三包责任要求。

（二）生产者义务

① 生产者应当严格执行出厂检验制度；未经检验合格的家用汽车产品，不得出厂销售。

② 生产者应当向国家质检总局备案生产者基本信息、车型信息、约定的销售和修理网点资料、产品使用说明书、三包凭证、维修保养手册、三包责任争议处理和退换车信息等家用汽车产品三包有关信息，并在信息发生变化时及时更新备案。

③ 家用汽车产品应当具有中文的产品合格证或相关证明以及产品使用说明书、三包凭证、维修保养手册等随车文件。此外，随车提供工具、备件等物品的，应附有随车物品清单。

（三）销售者义务

销售者应当建立并执行进货检查验收制度，验明家用汽车产品合格证等相关证明和其他标识。销售者销售家用汽车产品，应当符合下列要求。

① 向消费者交付合格的家用汽车产品以及发票。

② 按照随车物品清单等随车文件向消费者交付随车工具、备件等物品。

③ 当面查验家用汽车产品的外观、内饰等现场可查验的质量状况。

④ 明示并交付产品使用说明书、三包凭证、维修保养手册等随车文件。

⑤ 明示家用汽车产品三包条款、包修期和三包有效期。

⑥ 明示由生产者约定的修理者名称、地址和联系电话等修理网点资料，但不得限制消费者在上述修理网点中自主选择修理者。

⑦ 在三包凭证上填写有关销售信息。

⑧ 提醒消费者阅读安全注意事项、按产品使用说明书的要求进行使用和维护保养。

对于进口家用汽车产品，销售者还应当明示并交付海关出具的货物进口证明和出入境检验检疫机构出具的进口机动车辆检验证明等资料。

（四）修理者义务

① 修理者应当建立并执行修理记录存档制度。书面修理记录应当一式两份，一份存档，一份提供给消费者。修理记录应当便于消费者查阅或复制。

修理记录内容应当包括送修时间、行驶里程、送修问题、检查结果、修理项目、更换的零部件名称和编号、材料费、工时和工时费、拖运费、提供备用车的信息或者交通费用补偿金额、交车时间、修理者和消费者签名或盖章等。

② 修理者应当保持修理所需要的零部件的合理储备，确保修理工作的正常进行，避免因缺少零部件而延误修理时间。

③ 用于家用汽车产品修理的零部件应当是生产者提供或者认可的合格零部件，且其质量不低于家用汽车产品生产装配线上的产品。

④ 在家用汽车产品包修期和三包有效期内，家用汽车产品出现产品质量问题或严重安全性能故障而不能安全行驶或者无法行驶的，应当提供电话咨询修理服务；电话咨询服务无法解决的，应当开展现场修理服务，并承担合理的车辆拖运费。

（五）三包责任

① 家用汽车产品包修期限不低于 3 年或者行驶里程 60 000 公里，以先到者为准；家用汽车产品三包有效期限不低于 2 年或者行驶里程 50 000 公里，以先到者为准。家用汽车产品包修期和三包有效期自销售者开具购车发票之日起计算。

② 在家用汽车产品包修期内，家用汽车产品出现产品质量问题，消费者凭三包凭证由修理者免费修理（包括工时费和材料费）。

家用汽车产品自销售者开具购车发票之日起 60 日内或者行驶里程 3 000 公里之内（以先到者为准），

发动机、变速器的主要零件出现产品质量问题的，消费者可以选择免费更换发动机、变速器。发动机、变速器的主要零件的种类范围由生产者明示在三包凭证上，其种类范围应当符合国家相关标准或规定，具体要求由国家质检总局另行规定。

家用汽车产品的易损耗零部件在其质量保证期内出现产品质量问题的，消费者可以选择免费更换易损耗零部件。易损耗零部件的种类范围及其质量保证期由生产者明示在三包凭证上。生产者明示的易损耗零部件的种类范围应当符合国家相关标准或规定，具体要求由国家质检总局另行规定。

③ 在家用汽车产品包修期内，因产品质量问题每次修理时间（包括等待修理备用件时间）超过 5 日的，应当为消费者提供备用车，或者给予合理的交通费用补偿。

修理时间自消费者与修理者确定修理之时起，至完成修理之时止。一次修理占用时间不足 24 小时的，以 1 日计。

④ 在家用汽车产品三包有效期内，符合规定的更换、退货条件的，消费者凭三包凭证、购车发票等由销售者更换、退货。

家用汽车产品自销售者开具购车发票之日起 60 日内或者行驶里程 3 000 公里之内（以先到者为准），家用汽车产品出现转向系统失效、制动系统失效、车身开裂或燃油泄漏，消费者选择更换家用汽车产品或退货的，销售者应当负责免费更换或退货。

在家用汽车产品三包有效期内，发生下列情况之一，消费者选择更换或退货的，销售者应当负责更换或退货。

a．因严重安全性能故障累计进行了 2 次修理，严重安全性能故障仍未排除或者又出现新的严重安全性能故障的。

b．发动机、变速器累计更换 2 次后，或者发动机、变速器的同一主要零件因其质量问题，累计更换 2 次后，仍不能正常使用的，发动机、变速器与其主要零件更换次数不重复计算。

c．转向系统、制动系统、悬架系统、前/后桥、车身的同一主要零件因其质量问题，累计更换 2 次后，仍不能正常使用的。转向系统、制动系统、悬架系统、前/后桥、车身的主要零件由生产者明示在三包凭证上，其种类范围应当符合国家相关标准或规定，具体要求由国家质检总局另行规定。

⑤ 在家用汽车产品三包有效期内，因产品质量问题修理时间累计超过 35 日的，或者因同一产品质量问题累计修理超过 5 次的，消费者可以凭三包凭证、购车发票，由销售者负责更换。

⑥ 在家用汽车产品三包有效期内，符合更换条件的，销售者应当及时向消费者更换新的合格的同品牌同型号家用汽车产品；无同品牌同型号家用汽车产品更换的，销售者应当及时向消费者更换不低于原车配置的家用汽车产品。

⑦ 在家用汽车产品三包有效期内，符合更换条件，销售者无同品牌同型号家用汽车产品，也无不低于原车配置的家用汽车产品向消费者更换的，消费者可以选择退货，销售者应当负责为消费者退货。

⑧ 在家用汽车产品三包有效期内，符合更换条件的，销售者应当自消费者要求换货之日起 15 个工作日内向消费者出具更换家用汽车产品证明。

在家用汽车产品三包有效期内，符合退货条件的，销售者应当自消费者要求退货之日起 15 个工作日内向消费者出具退车证明，并负责为消费者按发票价格一次性退清货款。

家用汽车产品更换或退货的，应当按照有关法律法规规定办理车辆登记等相关手续。

⑨ 按照规定更换或者退货的，消费者应当支付因使用家用汽车产品所产生的合理使用补偿（应当免费更换、退货的除外）。

合理使用补偿费用的计算公式为

$$合理使用补偿费用=[车价款\times行驶里程/1\,000]\times n$$

式中：

n——使用补偿系数，由生产者根据家用汽车产品使用时间、使用状况等因素在0.5%至0.8%之间确定，并在三包凭证中明示。

家用汽车产品更换或者退货的，发生的税费按照国家有关规定执行。

⑩ 在家用汽车产品三包有效期内，消费者书面要求更换、退货的，销售者应当自收到消费者书面要求更换、退货之日起10个工作日内，作出书面答复。逾期未答复或者未按规定负责更换、退货的，视为故意拖延或者无正当理由拒绝。

⑪ 消费者遗失家用汽车产品三包凭证的，销售者、生产者应当在接到消费者申请后10个工作日内予以补办。消费者向销售者、生产者申请补办三包凭证后，可以依照规定继续享有相应权利。

按照规定更换家用汽车产品后，销售者、生产者应当向消费者提供新的三包凭证，家用汽车产品包修期和三包有效期自更换之日起重新计算。

在家用汽车产品包修期和三包有效期内发生家用汽车产品所有权转移的，三包凭证应当随车转移，三包责任不因汽车所有权转移而改变。

⑫ 经营者破产、合并、分立、变更的，其三包责任按照有关法律法规规定执行。

（六）三包责任免除

易损耗零部件超出生产者明示的质量保证期出现产品质量问题的，经营者可以不承担家用汽车产品三包责任。

在家用汽车产品包修期和三包有效期内，存在下列情形之一的，经营者对所涉及产品质量问题，可以不承担三包责任。

① 消费者所购家用汽车产品已被书面告知存在瑕疵的。

② 家用汽车产品用于出租或者其他营运目的的。

③ 使用说明书中明示不得改装、调整、拆卸，但消费者自行改装、调整、拆卸而造成损坏的。

④ 发生产品质量问题，消费者自行处置不当而造成损坏的。

⑤ 因消费者未按照使用说明书要求正确使用、维护、修理产品，而造成损坏的。

⑥ 因不可抗力造成损坏的。

在家用汽车产品包修期和三包有效期内，无有效发票和三包凭证的，经营者可以不承担三包责任。

（七）争议的处理

① 家用汽车产品三包责任发生争议的，消费者可以与经营者协商解决；可以依法向各级消费者权益保护组织等第三方社会中介机构请求调解解决；可以依法向质量技术监督部门等有关行政部门申诉进行处理。

家用汽车产品三包责任争议双方不愿通过协商、调解解决或者协商、调解无法达成一致的，可以根据协议申请仲裁，也可以依法向人民法院起诉。

② 经营者应当妥善处理消费者对家用汽车产品三包问题的咨询、查询和投诉。

经营者和消费者应积极配合质量技术监督部门等有关行政部门、有关机构等对家用汽车产品三包责任争议的处理。

③ 省级以上质量技术监督部门可以组织建立家用汽车产品三包责任争议处理技术咨询人员库，为争议处理提供技术咨询；经争议双方同意，可以选择技术咨询人员参与争议处理，技术咨询人员咨询费用由双方协商解决。

经营者和消费者应当配合质量技术监督部门家用汽车产品三包责任争议处理技术咨询人员库建设，推荐技术咨询人员，提供必要的技术咨询。

④ 质量技术监督部门处理家用汽车产品三包责任争议，按照产品质量申诉处理有关规定执行。

⑤ 处理家用汽车产品三包责任争议，需要对相关产品进行检验和鉴定的，按照产品质量仲裁检验和产品质量鉴定有关规定执行。

三、任务实施——案例分析

1. 王先生在高速公路发生严重车祸，发动机舱因为撞击力大而发生变形。之后，车辆被拖吊到附近的修理厂维修。请问：这部车维修好以后还能继续享受三包政策吗？

2. 李先生购车后，为了享受更好的视听效果，在外面加装了一个重低音喇叭。后来，车上电压因为负荷过重，导致车身控制模块电脑烧坏。李先生便想请求换车。请问：经销商能同意他的请求吗？

3. 刘女士的新车从 A 经销商处买了 45 天后，觉得变速箱质量有问题。于是，她到 B 经销商处请求检查。B 经销商检查后认为应该更换变速箱，并由 B 经销商帮她更换。

第 75 天时，刘女士又发现 ABS 故障，在 C 经销商更换了 ABS 总成。更换完毕后，她发现 ABS 警告灯还有问题。经过多次检修，刘女士想退掉这辆车。于是，她回到了 A 经销商处要求退车。请问：A 经销商是否应该接受消费者的退车请求？

任务三 汽车召回政策

知识目标

1. 理解汽车召回的定义。
2. 了解召回的流程和形式。
3. 掌握汽车召回与汽车三包的不同。

技能目标

能够将汽车召回的知识运用到生活中，作为未来的汽车消费者，具备一定的自我保护意识。

一、引导案例——一汽丰田召回

2014 年 3 月 10 日，广汽丰田汽车有限公司、天津一汽丰田汽车有限公司召回广汽丰田汉兰达 2013 年 12 月 25 日至 2014 年 2 月 11 日；天津一汽丰田锐志 2014 年 1 月 14 日至 2014 年 1 月 24 日生产的广汽丰田汉兰达和天津一汽丰田锐志，共计 10 155 辆（其中，广汽丰田汉兰达 9 398 辆，天津一汽丰田锐志 757 辆）。

召回原因是车辆装配的部分前、后排座椅侧空气囊总成的气体发生器本体与扩散器存在焊接问题，可能会导致前、后排座椅侧空气囊展开不充分，从而无法起到有效保护乘客的作用，存在安全隐患。

所以，广汽丰田汽车有限公司、天津一汽丰田汽车有限公司对召回范围内车辆的前、后排座椅侧空气囊总成的序列号进行检查，并对范围内的侧空气囊总成进行免费更换，以消除安全隐患。

那么，什么是汽车召回？汽车召回的程序是怎样的呢？它与汽车三包有什么区别？接下来让我们一起来学习汽车召回的相关知识。

二、相关知识

汽车产品召回是指按照法定的要求和程序，由缺陷汽车产品制造商进行的消除其产品缺陷的过程。汽车召回包括制造商以有效方式通知销售商、修理商、车主等有关方关于缺陷的具体情况及消除缺陷的方法等事项，并由制造商组织销售商、修理商等通过修理、更换、退货等具体措施消除其汽车产品缺陷。

2004 年 10 月 1 日，中国颁布施行了《缺陷汽车产品召回管理规定》。2013 年 1 月 1 日，《缺陷汽车产品召回管理规定》升级为《缺陷汽车产品召回管理条例》（简称《条例》）。《条例》第 16 条明确规定：生产者实施召回，应当按照国务院产品质量监督部门的规定制定召回计划，并报国务院产品质量监督部门备案。修改已备案的召回计划应当重新备案。生产者应当在确认其汽车产品存在缺陷后 5 个工作日内，以书面形式向主管部门报告。

带你了解什么是汽车召回

为进一步规范汽车生产者召回报告材料的备案工作，中国国家质检总局缺陷产品管理中心于 2014 年 5 月 28 日发布了《关于更新汽车产品生产者召回报告备案材料模板的通知》，自通知发布之日起施行新的召回备案材料模板，主要包括：召回计划备案申请单、召回计划、召回公告、召回新闻稿、召回通知书、召回维修作业方法、召回费用统计表、召回阶段性报告、召回总结报告等。

通常认为汽车产品缺陷具有以下 3 种情况。

① 设计存有缺陷，即在产品设计时具有先天性的差错、系统性的误差。

② 制造过程中产生的缺陷，即产品本身设计并没有问题，但制造者的疏忽大意造成了问题。

③ 告知存有缺陷。例如，没有警示标示或者没有详尽的使用说明而引发的差错。

（一）召回的程序

一般来说，一个厂家要对某批次产品进行召回，相关手续和步骤如下。

① 用户质疑汽车质量，当这样的问题达到一定量的积累后，质协或者厂家会送交有关部门检验。

② 有关部门进行鉴定，做出存在安全隐患的结论。

③ 与厂家协商。

④ 政府下发公告。

⑤ 企业公开宣布。

⑥ 召回。

召回的具体做法如下。

① 召回公告后，通过汽车整车查找出存在故障追溯件的批次及供应商信息。

② 在系统中根据故障追溯件的批次，可以查找到这些追溯件都使用在哪些汽车整车上。

③ 系统再根据这些汽车整车的销售记录，查找到汽车整车的具体用户。

④ 最终把存在故障追溯件的汽车整车逐一召回。

按照缺陷汽车产品召回法，最早是用户提出相关问题，质疑汽车质量，有关问题一是通过经销服务网络上报汽车生产单位，或者通过消协上报上级主管部门。所以，用户不要以为自己人微言轻，一个人的力量有限，但是，大家都注重自己的权益，都通过正当渠道反映问题，才会构成“某一批次产品”共有的问题，才会符合召回的条件，启动召回程序。但是，并不是某一辆车出现了一个问题就可以召回。

（二）汽车召回的形式

召回有两种基本形式，即主动召回和强制召回。

1. 主动召回

主动召回是指制造商发现缺陷产品后，主动向主管部门报告，召回该产品，或者主管部门发现缺陷产品后建议制造商召回。制造商接受建议，主管部门终止调查，进入主动召回程序。

2. 强制召回

强制召回是指主管部门要求制造商召回或法院通过判决要求制造商召回，也称为责令召回。强制召回一般适用于制造商故意隐瞒产品存在的缺陷或拒不履行召回义务的情形。在这两种情况下，强制召回是社会整体利益最大化的要求。

强制召回会对制造商的商业信誉造成严重的影响。传统召回程序中，如果政府相关主管部门的评估工作最终认定产品存在可以引发严重危害的缺陷，企业应立即着手制定召回计划，并实施召回，这个过程属于主动召回；如果企业隐瞒缺陷，拒不履行报告义务，在主管部门要求召回或法院通过判决要求召回的情况下仍拒绝召回，则由政府强制企业进入召回实施阶段，这个过程属于强制召回。

（三）召回与三包区别

从表面上看，汽车召回和三包都是为了解决汽车出现的一些质量问题，维护消费者的合法权益。但就问题的性质、法律依据、对象、范围和解决方式上是有区别的，具体如下。

① 性质不同。汽车召回的目的是为了消除缺陷汽车安全隐患给全社会带来的不安全因素，维护公众安全；汽车三包的目的是为了保护消费者的合法权益，在产品责任担保期内，当车辆出现质量问题时，由厂家负责为消费者免费解决，减少消费者的损失。

② 法律依据不同。汽车召回主要是是依据《缺陷汽车产品召回管理条例》，而汽车三包主要是依据《家用汽车产品修理、更换、退货责任规定》。

③ 对象不同。召回主要针对系统性、同一性与安全有关的缺陷，这个缺陷必须是在一批车辆上都存在，而且是与安全相关的。“三包规定”是解决由于随机因素导致的偶然性产品质量问题的法律责任。对于由生产、销售过程中各种随机因素导致产品出现的偶然性产品质量问题，一般不会造成大面积人身的伤害和财产损失。在三包期内，只要车辆出现质量问题，无论该问题是否与安全有关，只要不是因消费者使用不当造成的，销售商就应当承担修理、更换、退货的产品担保责任。

④ 范围不同。汽车召回包括家用和各种运营的道路车辆，而汽车三包主要是指家用车辆。

⑤ 解决方式不同。汽车召回的主要方式是汽车制造商发现缺陷后，首先向主管部门报告，并由制造商采取有效措施消除缺陷，实施召回。汽车三包的解决方式是由汽车经营者按照国家有关规定对有问题的汽车承担修理、更换、退货的产品担保责任。在具体方式上，往往先由行政机关认可的机构进行调解。

三、任务实施——汽车召回论文

利用课余时间，查阅汽车召回相关资料，并完成一篇关于汽车召回的论文，要求如下。

① 不得抄袭。

② 内容真实。

③ 字数不少于 1 000 字。

学习效果综合测评

一、选择题

1.（　　）是指制造商发现缺陷产品后，主动向主管部门报告，召回该产品，或者主管部门发现缺陷产品后建议制造商召回。

A．主动召回　　B．强制召回

C．以上都是　　D．以上都不是

2．以下不属于销售者义务的是（　　）。

A．向消费者交付合格的家用汽车产品及发票

B．明示并交付产品使用说明书、三包凭证、维修保养手册等随车文件

C．明示家用汽车产品三包条款、包修期和三包有效期

D．建立并执行修理记录存档制度，书面修理记录应当一式两份，一份存档，一份提供给消费者

3.（　　）在产品设计时具有先天性的差错、系统性的误差。

A．因告知存有缺陷　　B．因制造过程中产生的缺陷

C．因设计存有缺陷　　D．第三人推荐法

二、简答题

1．哪些情况属于汽车三包免责范畴？

2．汽车召回与汽车三包有什么不同？

三、案例分析题

2013 年 6 月下旬，胡女士通过分期付款的方式，在某 4S 店购买了一辆白色沃尔沃 V60，并于 6 月 28 日提车。7 月 30 号，在开车行驶过程中，车子突然熄火。她重新打开后，原本制冷的空调开始制热。“当时我哥正好坐在车上，他比较懂行”，在她哥哥的要求下，胡女士停车检查。打开车盖后，发现发动机上布满油污，位置也发生了明显的偏移，并且皮带也已脱落。

经过4S店检修，双方于8月9号达成协议，更换发动机和动力总成，并补偿胡女士现金损失1.1万元。由于该款发动机没有现货，需要全球调货，致使该协议中标注的提车时间无法实现。几番周折，胡女士改变了诉求，要求换车。9月14日，双方再次协商，对于胡女士的换车要求，4S店表示同意，并愿意支付3万多的车辆购置税损失。

不过几天后，胡女士被告知之前的换车及补偿购置税方案不行。9月28日，记者陪同胡女士到4S店了解事件经过，其售后服务经理接待了记者。对于胡女士所述的事件过程，售后经理表示认同。那为何最终的换车及补偿购置税方案不行？他解释称，此方案上报该店所属的集团后，集团认为胡女士购车时间不在“汽车三包”实施（2013年10月1日）之后，因此不能享受退换车的政策。

问题：

你如何看待胡女士的遭遇？

项目九　汽车营销策略

项目导入

自20世纪90年代以来，我国经济处于快速发展之中，作为身份和地位象征的汽车已开始大量进入家庭。1999年后，汽车4S店在中国各地像雨后春笋般出现。汽车4S店的竞争也越来越越激烈。为了能在竞争中谋得生存和发展，汽车4S店的销售策略研究显得尤为重要。

通过对4S店的考察分析发现，4S店除了加强售后服务增加利润之外，形成规模效益和稳定的客户群体也成了4S店可持续发展的主要途径。

在短时期内提升销售人员和服务人员的素质，使其成为高素质的职业经理人和职业化的员工，并不断完善服务体系，提出相应的产品策略、价格策略、渠道策略、促销策略是汽车4S店首要做好的工作。本项目我们将学习汽车产品策略、汽车价格策略、汽车渠道策略和汽车促销策略。

最终目标

1. 了解汽车产品策略的相关知识。
2. 了解汽车价格策略的相关知识。
3. 了解汽车渠道策略的相关知识。
4. 了解汽车促销策略的相关知识。

促成目标

掌握汽车产品、价格、渠道、促销策略，站在企业发展的高度，合理的开展销售策略。

任务一　汽车产品策略

知识目标

1. 理解产品策略的概念。
2. 了解产品策略组合的内容。
3. 熟悉产品策略经济生命周期各阶段特征。

技能目标

能够正确描述产品策略的内涵，及经济生命周期各阶段的特征，并应用所学分析具体案例。

一、引导案例——“爱迪塞尔”的失败

美国汽车制造商都是在10月份才推出下一年度将上市的新车，福特汽车公司提前1个月推出“爱迪塞尔”，目的在于抢先引起顾客的关注，免得顾客在10月份的众多新车中挑花了眼。

为了“爱迪塞尔”的问世，福特汽车公司进行了长达10年的准备和研究，付出了巨大的人力和物力。他们认为，“爱迪塞尔”年销量肯定会远超过20万辆。

经过一系列的精心策划，“爱迪塞尔”于1957年的9月4日正式面世。第一天，就收到了6 500份订单。这是比较令人满意的，但也出现一些不太妙的兆头。一位同时经销“爱迪塞尔”和“别克”的经销商声称：有一些顾客看了“爱迪塞尔”后却当场买了“别克”。

在以后的几天内，销量急剧下降。10月份的前10天仅售出2 751辆，平均每天不足300辆。而根据最低20万辆的年销售量估算，每天应售出600～700辆。在整个1958年，仅售出34 481辆，还不到原计划的五分之一。

“爱迪塞尔”失败的原因很多，其中一个重要的原因就是其产品策略上的重大失误。

福特的“爱迪塞尔”把目标顾客定在年轻的经理或白领职员，把车定位于一种蓬勃向上和充满活力的风格。而实践中证明“爱迪塞尔”的目标顾客范围过于狭窄，不利于市场的开拓。

另外，“爱迪塞尔”追求的是蓬勃向上和充满活力的风格，并以此来吸引顾客，这就要求车的设计灵巧、动感、轻松和舒适。但设计出来的“爱迪塞尔”车型庞大、设施豪华且动力奇大无比，与它所追求的设计风格相违背，因此背离了年轻人追求的品位导致了消费者的冷淡。

那么，什么是汽车产品策略？它有哪些特点？汽车产品又有哪些组合策略？在不同时期，汽车产品应采取什么策略？

二、相关知识

产品是能够满足消费者特定需求的有形和无形属性的统一体，包含实质层、实体层和延伸层3个必不可少的层次。

- **实质层：**即核心产品，是指产品所具有的功能和效用，是消费者购买产品的目的所在。
- **实体层：**即有形产品，是产品的基础，是消费者通过自己的眼、耳、鼻、舌、身等感觉器官可以接触到、感觉到的有形部分，包括产品的形态、形状、式样、商标、质量、包装、设计、风格、色调等。
- **延伸层：**即附加产品，是对产品意义的延伸，是指购买者在购买产品时所获得的全部附加服务和利益，包括提供贷款、免费送货、维修、保证、安装、技术指导、售后服务等。

（一）汽车产品营销的特点

众所周知，产品销售是产品开发系统中极为重要的一个环节，是实现产品价值的重要手段。随着国际市场竞争的日趋激烈，世界各大汽车公司为了保住或拓展各自的汽车市场，不仅在产品质量及性能上打攻坚战，更在汽车产品的销售服务上下苦功。纵观世界各大汽车公司的汽车销售情况，可见其营销手法愈来愈趋向雷同，一般都具有以下特点。

1．健全机构，广布网点

汽车企业制造的产品只有通过销售部门的活动才能到达用户的手里，实现其自身的使用价值。企业也只有经销售部门与汽车使用者的商品交易才能获得经济效益，为自身的生存和发展建立物质基础。因此，世界各大汽车公司都极为重视销售机构的建设，为推销其产品建立销售及售后服务网络。

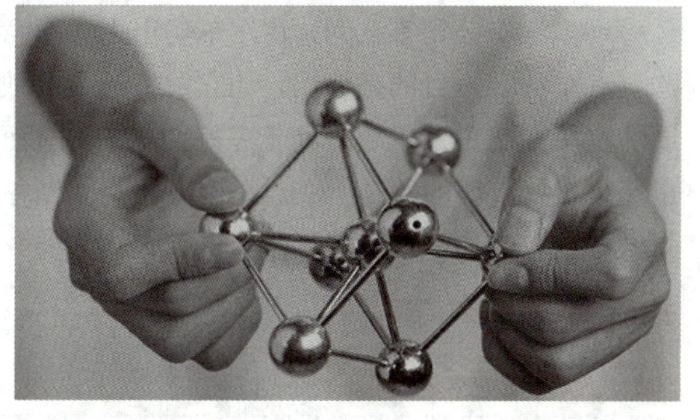

据资料显示，各大汽车公司设于世界各地的销售及售后服务网络的结构大体差不多，一般分为两个层次，即一级网和二级网。一级网即较高层次的网，它由设于各地的销售处（站）组成，这些处（站）又分为两种，即自销处（站）和特约销售处（站），前者的数目较少，后者的数目较多。二级网即低层次网，它由制造厂家直接委托或由一级网的销售处（站）选聘的代理商管理经营的服务网点。

例如，德国大众公司在全世界 150 多个国家和地区设有 1 万多个销售及售后技术服务网点，在本国的销售服务网点约 3 200 个，其中，一级网点 1 700 个，二级网点 1 500 个。

2．树立“质量第一，用户至上”的经营思想

建立全面而完整的销售体系固然很重要，但如果方法不对头，措施不得力，指导思想不正确，仍然不能把销售工作做好。经营指导思想是影响全局的大问题，只有树立正确的指导思想，才能制定正确的销售策略和方法。尤其是世界各大汽车公司都处在一个激烈竞争的市场环境当中，如果产品质量和工作质量差，它们就会失去用户、失去市场，这是严峻的经济规律所决定的。

在这个问题上，许多汽车企业都有很好的认识，并以此指导自己的产品销售业务。例如，美国通用汽车公司为了改善企业与用户的关系，把“全用户满意”这一问题视为与“质量第一”同等重要，并要求公司的每一个人以及与公司业务有关联的人员都必须加强公司与用户的关系而努力。

再如，通用公司的有关人员曾经在一次偶然的检查中发现，有几辆紧凑型雪佛兰轿车的安全带有裂纹。公司考虑到一旦发生交通事故，安全带将不能有效地保护乘员，因此，尽管只在几辆汽车上存在这种隐患，但该通用还是决定将同一批供货的 83 万辆轿车全部召回，重新检查，并更换有问题的安全带。尽管公司的损失相当大，但考虑到公司的长远利益和对用户彻底负责，并维护本企业的声誉，从而保住市场，公司认为这样做是完全值得的。

3. 重视市场调研，捕捉用户特点

美国福特公司认为，了解并掌握市场是企业经营成功的关键。福特公司在总裁下面设有一个市场研究部，负责整个企业的总体市场调研工作。在福特各子公司的销售部里，一般还设有市场调研处，它主要通过各种途径调查用户的需求和对福特汽车产品的意见，了解子公司所在地区的市场。为了听取各个不同阶层用户对汽车需求的意见，该公司定期召开用户咨询会，请他们对使用了 5 年的汽车发表看法，了解他们的需求倾向和特点。

4. 大量宣传，广造舆论

一种产品能否为消费者所接受，并得到广泛流传，除了好的产品质量和服务质量外，宣传也很重要。如果用户不了解某一种产品，那么他就不好下决心购买它。现代科学技术为汽车企业宣传产品和树立形象提供了便利条件。研究表明，世界各大汽车公司普遍通过新闻媒介做广告来宣传自己的产品。在这方面，他们都不惜投入巨额资金，在世界各地汽车市场进行广告宣传。

此外，他们还采用其他方式宣传产品，提高公司的知名度和树立良好的社会形象。例如，通过资助艺术团体巡回演出，赞助体育比赛和汽车、摩托车比赛等，扩大宣传阵地，提高宣传效果。

5. 向用户提供优良的技术服务

许多汽车公司都认为，将汽车卖出去并不意味着销售工作的结束，而只是占领某一市场的开始。顾客购买汽车的唯一目的是使用，让它发挥最大的效能。售后服务工作的目的在于，尽其所能，保证本公司制造的汽车在用户那里随时处于完好的状态，从而获得用户的满意。从长远的战略眼光来看，这是企业保住市场、开拓市场的关键所在。在这方面，世界各大汽车公司都以极大的热情，投入巨大的精力和物力，努力做好这些工作，并积累了丰富的经验。

读一读

早在 80 年代初期，福特公司就向用户提供一种“使用期免费修理”的服务项目，不仅使用户满意，而且也给公司带来了意想不到的经济利益。这些服务的主要内容是福特汽车用户来福特汽车维修站修车，只收取本次修理费和零配件费，以后该车再需维修，可在福特公司的服务网点上进行维修而不必再付钱（不论车龄长短和汽车行驶里程多少），包括免费提供汽车零配件。

但此项业务有 3 个条件：一是维修使用的零配件必须是清一色的福特产品；二是免费修理的汽车不能易主；三是免费修理不包括更换刮水器的刮水条、机油滤清器和其他例行保养更换的零部件。这些服务深受福特用户的欢迎，因为只要他们的汽车不转卖，就一直可以享受免费修理，这样做也给福特公司的产品带来了极大的好处。

再如，日本的丰田公司在全世界获得广大市场的重要因素就是由于其优良的售后服务工作。该公司在新车型投放市场的 3 个月内，便迅速了解了此种车的使用及质量情况。在此期间，售出的车如果发生故障，则全部免费修理。在修车期间，必要时可借给用户代用车，费用全部由丰田公司承担。丰田的这种优良的售后服务工作为其产品带来了巨大的销售市场。

6. 采用灵活的销售策略和方法

据有关资料显示，世界上许多汽车公司为了更多的吸引用户购买自己的产品，在维护自身利益的前提下，根据不同情况，采取不同的销售策略和方法，主要如下。

① 折扣、回扣推销法。这种推销法实际上是“薄利多销”的一种表现形式，其目的是刺激顾客的购买兴趣，而卖方也不会蚀本。为了留有打折扣的余地，厂商总是先把车价订得高一点，使打折扣后仍有利可图；同时也给顾客造成买车时占了便宜的印象。

另外，公司在推销产品时还可给顾客一些回扣。例如，克莱斯勒公司在 90 年就对当时购买了克莱斯勒牌汽车的顾客发一张“保证回扣销售卡”，即在一定的时间内，如果汽车降价，顾客可凭此卡到该公司领取差额，这样就可以消除顾客等着降价再买车的现象，从而提高了其产品的销量。

② 低息贷款和分期付款购车法。研究表明，有些顾客并不是不想买车，而是一时没有现金。针对这种情况，一些汽车公司就向他们提供低息贷款购车，以刺激顾客的消费欲望，这样既满足了顾客用车的需要，又将自己的产品，卖了出去。

③ 登门拜访和展厅推销法。到用户家里通过有礼节的访问，可以增加买卖双方的感情，还可以了解到一些实际情况，从而有的放矢地采取措施，促进销售。据统计到 80 年代中期，在日本约有 90%的新车都是通过上门推销卖出去的。从 80 年代中期以来，在日本的大城市，汽车推销商又开发出了用展厅推销汽车的新方法。展厅里的车型比较齐全，而且也能给用户最直接的冲击力，因而展厅推销法也是现在主流的销售方法。

④ 其他销售方法。在国外汽车的销售活动中，除了上述的几种销售方法之外，还有其他的一些销售方法，如开展租车业务，促进汽车消费；让顾客试开新车，不满意可换可退等。丰田公司的推销手法更为细致，他们定期走访用户，征求对丰田车的意见，甚至当丰田车用户有人婚配时，丰田公司就会寄去贺卡，使得丰田的客户有 95%以上愿意下次买车还买丰田车。

7. 采用先进技术，提高工作效率

随着电子计算机技术的广泛应用和普及，世界各大汽车公司销售及售后服务部门办公自动化的进程也很迅速，这大大地提高了销售及技术服务的工作效率，促进了汽车销售业务的开展。

（二）汽车产品组合

产品组合也称为产品搭配，是指一个企业提供给市场的全部产品线和产品项目的组合或搭配，即经营范围和结构。其中，产品线是指互相关连或相似的一组产品，即我国通常所谓的产品大类；产品项目是指市场营销产品策略线（大类）中各种不同品种、档次、质量和价格的特定产品。

例如，某商店经营鞋、帽、服装、针织品四大类产品（4 条产品线），每大类中又有若干具体品种（产品项目），所有这些产品大类和项目按一定比例搭配，就形成该店的产品组合。

产品组合决策一般是从产品组合的宽度、深度和相关性等方面作出决定的。

- 产品组合的宽度：指一个企业生产经营的产品大类的多少，即拥有的产品线多少，多则宽，少则窄。
- 产品组合的深度：指产品线中每种产品所提供的花色、口味、规格的多少。
- 产品组合的相关性：指各个产品线在最终使用、生产条件、分销渠道或其他方面的相关联的程度。

市场营销产品组合策略的3个方面对于营销决策有重要意义，具体如下。

① 增加产品组合宽度，可扩大经营范围，充分发挥企业各项资源的潜力，提高效益。

② 增加产品组合的深度，可适应不同顾客的需要，吸引更多的买主。

③ 增加产品组合的相关性，可决定企业在多大领域内加强竞争地位和获得声誉。

（三）汽车产品的经济生命周期及其策略

产品的经济生命周期可以理解为市场上产品的产生、发展和衰亡的过程在时间上的表现。产品的经济生命周期可分为4个阶段，即试销阶段、畅销阶段、饱和阶段和滞销阶段，处于不同阶段的产品的市场状况与企业采取的对策不同。

1. 试销阶段

试销阶段又称引入期（或导入期），是指产品从设计投产直到投入市场进入测试阶段。这一阶段的主要特点是生产不稳定，生产的批量较小；成本比较高，企业负担较大（通常没有利润，甚至会亏损）；人们对该产品尚未接受，销售增长缓慢；产品品种少；市场竞争少。

在试销阶段可以采用以下营销策略。

① 加强促销宣传。

② 利用现有产品辅助发展的办法，用名牌产品提携新产品。

③ 采取试用的办法。

④ 给经营产品的批发、零售或其他类型后续经销企业加大折扣，刺激中间商推销。

读一读

哈药六厂巨额广告投入

2000年，中国的保健品市场竞争达到白热化程度，各种名目繁多的保健药品充斥整个市场，大有中国的老百姓都缺钙、缺锌之势，都需要来补一补。这种推销“概念”的方式也确实产生了比较大的冲击波。一时间，脑白金、巨能钙、盖中盖、葡萄糖三精口服液等各个厂家为了扩大市场份额，击败自己的竞争对手，都使出浑身解数。

作为哈药主打产品之一的“盖中盖”口服溶液如何打响自己的品牌，在保健品市场中独占鳌头已经很迫切的摆在面前。他们最后得出结论，在产品的导入期采用异乎寻常的广告宣传策略，以最快的速度使产品达到高峰，打一场漂亮的市场闪电战。这一策略确实当时使得其他厂家无法招架，中国的老百姓也很快便知道“盖中盖”品牌。

2. 畅销阶段

畅销阶段又称成长期，是指新产品通过试销效果良好，购买者逐步接受该产品，产品在市场上站住脚并且打开了销路的阶段。这一阶段的主要特点是大批量生产经营，生产成本降低，企业利润迅速增加；销量上升较快，价格也有所提高；生产同类产品的竞争者开始介入。

在畅销阶段可采取以下营销策略。

① 扩充目标市场，积极开拓新的细分市场。

② 广告宣传的重点从建立产品知名度转向厂牌、商标的宣传，使人们对该产品产生好的印象，产生好感和偏爱。

③ 增加新的分销渠道或加强分销渠道。

3．饱和阶段

饱和阶段又称成熟期，是指产品进入大批量生产并稳定地进入市场销售，产品需求趋向饱和的阶段。这一阶段的主要特点是产品普及并日趋标准化；销售数量相对稳定；成本低，产量大；生产同类产品企业之间在产品质量、花色、品种、规格、包装、成本和服务等方面的竞争加剧。

在饱和阶段可以采用以下营销策略。

① 千方百计稳定目标市场，保持原有的消费者，同时使消费者“忠于”某个产品。

② 增加产品的系列，使产品多样化，增加花色、规格、档次。扩大目标市场，最少也要维持原市场占有率，改变广告宣传的重点和服务措施。

③ 在重点宣传企业信誉的同时，还要加强售后服务工作及做好产品的开发和研制工作。

4．滞销阶段

滞销阶段又称衰落或衰退期，是指产品走向淘汰阶段。这时，产品在市场上已经老化，不能适应市场需求，市场上已经有其他性能更好、价格更低廉的新产品，足以满足消费者的需求。这一阶段的主要特点是产品的销量和利润呈锐减状态，产品价格显着下降。

在这一阶段，对大多数企业来说，应当机立断，弃旧图新，及时实现产品的更新换代。有经验的营销人员总结了 3 个字——“撤、转、攻”。

（四）新产品开发市场营销产品策略

凡是消费者认为是新的、能从中获得新的满足的、可以接受的产品都属于新产品。它包括 4 类：全新产品、换代产品、改进产品和新牌子产品。新产品开发市场营销产品策略有一套科学的程序，一般可分为 6 个阶段。

① 形成构思。

② 评核和筛选构思。

③ 营业分析。

④ 产品实体开发。

⑤ 制定生产与营销计划。

⑥ 新产品进入市场。

三、任务实施——果汁饮料设计

4 人一组，任选一种水果，研发果汁饮料，进行产品设计，完成以下内容，并展示。

① 为该款饮料设计一个商标。
② 为该款饮料设计一款包装。
③ 为该款饮料制定一个合适的导入市场的产品策略。

任务二　汽车价格策略

知识目标

1. 掌握汽车价格的组成。
2. 掌握汽车价格的影响因素。
3. 了解汽车产品的定价目标和程序。
4. 了解汽车定价策略。

技能目标

能够运用所学知识，分析不同品牌汽车的定价策略。

一、引导案例——广本飞度低价策略

2004 年，在国内经济型轿车的市场上，像广州本田的飞度一样几乎是全球同步推出的车型还有上海大众的 POLO。但与飞度相比，POLO 的价格要高得多。

飞度 1.3 L 五速手动挡的全国统一销售价格为 9.98 万元，1.3 L 无级变速自动挡销售价格为 10.98 万元；而三厢 POLO 上市时的价格为 13.09～16.19 万元。飞度上市后，POLO 及时进行了价格调整，到 12 月中旬，在北京亚运村汽车交易市场上，三厢 POLO 基本型的最低报价是 11.11 万元。即使这样，其价格还是高于飞度。虽然飞度 9.98 万元的价格超过了部分消费者的心理预期，但在行家眼里，这是对其竞争对手致命的定价。

对于一般汽车企业来说，往往从利润最大化的角度考虑定价，想办法最大程度地获得第一桶金。这体现在新车上市时，这些企业总是把汽车的价格定得很高，等到市场环境发生变化时才考虑降价。

而飞度的做法则不同，它采取的是一步到位的低价策略。因此，飞度的性能和价格在短期内都难以被对手突破。这就使得长期徘徊观望的经济型轿车潜在消费者打消了顾虑，放弃了持币待购的心理，纷纷选择了飞度。

价格是企业市场营销组合的一个重要变数，也是最复杂、最敏感的一个市场因素。它通常是影响商品交易成败的关键因素。那么，汽车的价格由哪几部分构成？影响汽车价格的因素有哪些？又该如何给汽车定价？下面让我们一起来学习汽车价格策略。

二、相关知识

（一）汽车价格的构成

汽车价值决定汽车价格，汽车价格是汽车价值的货币表现。但在现实汽车市场营销中，由于受汽车市场供应等因素的影响，汽车价格表现得异常活泼，价格时常同价值的运动表现不一致：有时价格高于价值，有时价格低于价值。在价格形态上的汽车价值转化为汽车价格构成的6个要素：汽车生产成本、汽车流通费用、国家税金、汽车企业利润、汽车价格的类型和汽车购置费用。

- 汽车生产成本：是汽车价值的重要组成部分，也是制定汽车价格的重要依据。
- 汽车流通费用：是发生在汽车从汽车生产企业向最终消费者移动过程各个环节之中的，并与汽车移动的时间、距离相关，因此它是正确制定同种汽车差价的基础。
- 国家税金：是汽车价格的构成因素。国家通过法令规定汽车的税率，并进行征收。税率的高低直接影响汽车的价格。
- 汽车企业利润：是汽车生产者和汽车经销者为社会创造和占有的价值的表现形态，是汽车价格的构成因素，是企业扩大再生产的重要资金来源。
- 汽车价格的类型：从汽车市场营销角度来看，汽车价格组成的类型有出厂价格、销售价格和批发价格，其计算公式如下。

出厂价格＝生产成本＋生产企业的利税

销售价格＝生产企业的利税＋销售费用+销售企业的利税

批发价格＝生产成本＋生产企业的利税＋汽车批发流通费用＋批发企业的利税

- 汽车购置费用：是消费者拿到一辆车实际承担的费用。

（二）影响汽车价格的因素

汽车价格的高低，主要是由汽车中包含的价值量的大小决定的。但是，从市场营销角度来看，汽车的价格除了受价值量的影响之外，还要受以下8种因素的影响和制约。

1. 汽车成本

成本是影响汽车价格的实体因素。汽车成本包括汽车生产成本、汽车销售成本和汽车储运成本。汽车企业为了保证再生产的实现，既要收回汽车成本，也要形成一定的盈利。

2. 汽车消费者需求

汽车消费者的需求对汽车定价的影响，主要是通过汽车费者的需求能力、需求强度、需求层次反映出来的。汽车定价要考虑汽车价格是否适应汽车消费者的需求能力。如果消费者对某品牌汽车的需求比较迫切，则对价格不敏感，企业在定价时，可定得高一些；反之，则应低一些。不同需求层次对汽车定价也有影响，对于能满足较高层次的汽车，其价格可定得高一些；反之，则应低一些。

3. 汽车特征

汽车特征是指汽车自身构造所形成的特色，一般指汽车造型、质量、性能、服务、商标和装饰等，它能反映汽车对消费者的吸引力。具有良好特征的汽车会对消费者产生较强的吸引力。这种汽车往往供不应求，因而在定价上占有有利地位，其价格要比同类汽车高。

4. 竞争者行为

汽车定价是一种挑战性行为，任何一次汽车价格的制定与调整都会引起竞争者的关注，并导致竞争者采取相应的对策。在这种对抗中，竞争力量强的汽车企业有较大的定价自由，竞争力量弱的汽车企业定价的自主性就小。通常，它是追随市场领先者进行定价。

5．汽车市场结构

根据汽车市场的竞争程度，汽车市场结构可分为以下 4 种不同的汽车市场类型。

- **完全竞争市场：**又称自由竞争市场。在这种市场里，汽车价格只受供求关系影响，不受其他因素影响。这样的市场在现实生活中是不存在的。
- **完全垄断市场：**又称独占市场。这是指汽车市场完全被某个品牌或某几个品牌所垄断和控制，在现实生活中也属少见。
- **垄断竞争市场：**是指既有独占倾向又有竞争成分的汽车市场。这种汽车市场比较符合现实情况，其主要特点如下。

  ① 同类汽车在市场上有较多的生产者，市场竞争激烈；

  ② 新加入者进入汽车市场比较容易；

  ③ 不同企业生产的同类汽车存在着差异性，消费者对某种品牌汽车产生了偏好，垄断企业由于某种优势而产生了一定的垄断因素。
- **寡头垄断市场：**是指某类汽车的绝大部分由少数几家汽车企业垄断的市场，它是介于完全垄断和垄断竞争之间的一种汽车市场形式。在现实生活中，这种形式比较普遍。在这种汽车市场中，汽车的市场价格不是通过市场供求关系决定的，而是由几家大汽车企业通过协议或默契规定的。

6．货币价值

价格是价值的货币表现。汽车价格不仅取决于汽车自身价值量的大小，而且取决于货币价值量的大小。汽车价格是汽车与货币交换的比例关系。

7．政府干预

为了维护国家与消费者的利益，维护正常的汽车市场秩序，国家会制定有关法规，来约束汽车企业的定价行为。

8．社会经济状况

一个国家或地区经济发展水平及发展速度高，人们收入水平增长快，购买力强，价格敏感性弱，有利于汽车企业较自由地为汽车定价；反之，一个国家或地区经济发展水平及发展速度低，人们收入水平增长慢，购买力弱，价格敏感性强，企业就不能自由地为汽车定价。

（三）汽车定价目标

汽车企业在定价之前，必须要考虑一个与汽车企业总目标、汽车市场营销目标相一致的汽车定价目标，作为确定汽车价格策略和汽车定价方法的依据。

一般来讲，汽车企业可供选择的汽车定价目标有以下 6 大类。

1．利润导向的汽车定价目标

汽车企业一般都把利润作为重要的汽车定价目标，这样的目标主要有 3 种，即利润最大化目标、目标利润和适当利润目标。

1）利润最大化目标

以最大利润为汽车定价目标，指的是汽车企业期望获取最大限度的销售利润。通常已成功地打开销路的中小汽车企业最常用这种目标。追求最大利润并不等于追求最高汽车价格。最大利润既有长期和短期之分，又有汽车企业全部汽车产品和单个汽车产品之别。

2）目标利润

以预期的利润作为汽车定价目标，就是汽车企业把某项汽车产品或投资的预期利润水平，规定为汽车销售额或投资额的一定百分比，即汽车销售利润率或汽车投资利润率。

汽车定价是在汽车成本的基础上加上目标利润。根据实现目标利润的要求，汽车企业要估算汽车按什么价格销售，以及销售多少才能达到目标利润。一般来说，预期汽车销售利润率或汽车投资利润率要高于银行存款利率。

以目标利润作为汽车定价目标的汽车企业，应具备以下两个条件。

① 该汽车企业具有较强的实力，竞争力比较强，在汽车行业中处于领导地位。

② 采用以目标利润为定价目标的多为汽车新产品、汽车独家产品及低价高质量的汽车产品。

3）适当利润目标

有些汽车企业为了保全自己，减少市场风险，或者限于实力不足，以满足适当利润作为汽车定价目标。这种情况多见于处于市场追随者地位的中小汽车企业。

2．销量导向的汽车定价目标

销量导向的汽车定价目标是指汽车企业希望保持或扩大汽车市场占有率，或增加汽车销售量而确定的目标。

1）保持或扩大汽车市场占有率

汽车市场占有率是汽车企业经营状况和汽车产品在汽车市场上竞争能力的直接反映，对于汽车企业的生存和发展具有重要意义。因为，汽车市场占有率一般比最大利润容易测定，也更能体现汽车企业的努力方向。

许多资金雄厚的大汽车企业，喜欢以低价渗透的方式来保持一定的汽车市场占有率；一些中小企业为了在某一细分汽车市场获得一定优势，也十分注重扩大汽车市场占有率。

一般来讲，只有当汽车企业处于以下几种情况时，才适合采用销量导向的汽车定价目标。

① 该汽车的价格需求弹性较大，低价会促使汽车市场份额的扩大。

② 汽车成本随着销量增加呈现逐渐下降的趋势，而利润有逐渐上升的可能。

③ 低价能阻止现有和可能出现的竞争者。

④ 汽车企业有雄厚的实力能承受低价所造成的经济损失。

⑤ 采用进攻型经营策略的汽车企业。

2）增加汽车销售量

增加汽车销售量的汽车定价目标是指以增加或扩大现有汽车销售量为汽车定价目标。这种方法一般适用汽车的价格需求弹性较大、汽车企业开工不足、生产能力过剩，只要降低汽车价格，就能扩大销售，使单位固定成本降低，汽车企业总利润增加的情况。

我国鼓励和保护公平竞争，保护汽车经营者和汽车消费者的合法权益，制止不正当竞争行为，制定了《反不正当竞争法》。该法规定，在汽车定价时，不得以低于变动成本的价格销售汽车来排挤竞争对手。

读一读

固定成本是指在既定生产经营规模范围内，不随产品种类及数量的变化而变动的成本费用，如租金、管理人员工资、固定资产折旧等支出；变动成本是指随产品种类及数量的变化而相应变动的成本，如原材料、生产工人的工资等支出。

3. 以竞争为导向的汽车定价目标

以竞争为导向的汽车定价目标是指汽车企业主要着眼于竞争激烈的汽车市场上以应付或避免竞争为导向的汽车定价目标。在汽车市场竞争中，大多数竞争对手对汽车价格都很敏感，在汽车定价以前，一般要广泛收集市场信息，把自己生产的汽车的性能、质量和成本与竞争者的汽车进行比较，然后制定本企业的汽车价格。

汽车企业在遇到同行价格竞争时，常常会被迫采取相应对策。例如，竞相削价，压倒对方；及时调价，价位对等；提高价格，树立威望。然而，在现代市场竞争中，价格战容易使双方两败俱伤，风险较大。所以，很多企业往往会开展非价格竞争。例如，在汽车质量、促销、分销和服务等方面下苦功夫，以巩固和扩大自己的汽车市场份额。

4. 汽车质量导向目标

汽车质量导向目标是指汽车企业要在市场上树立汽车质量领先地位的目标，而在汽车价格上作出反应。优质优价是一般的市场供求准则，研究和开发优质汽车必然要支付较高的成本，自然要求以高的汽车价格得到回报。

采取这一目标的汽车企业必须具备以下条件：一是高性能、高质量的汽车，二是提供优质的服务。

5. 汽车企业生存导向目标

当汽车企业遇到生产能力过剩或激烈的市场竞争要改变消费者的需求时，它要把维持生存作为自己的主要目标。对于这类汽车企业来讲，只要他们的汽车价格能够弥补变动成本和一部分固定成本，即汽车单价大于汽车企业变动成本，他们就能够维持住汽车企业。

6. 汽车销售渠道导向目标

对于那些需经中间商销售汽车的汽车企业来说，保持汽车销售渠道畅通无阻，是保证汽车企业获得良好经营效果的重要条件之一。

为了使得销售渠道畅通，汽车企业必须研究汽车价格对中间商的影响，充分考虑中间商的利益，保证对中间商有合理的利润，促使中间商有充分的积极性去销售汽车。

在现代汽车市场经济中，中间商是现代汽车企业营销活动的延伸，对宣传汽车、提高汽车企业知名度有十分重要的作用。汽车企业在激烈的汽车市场竞争中，有时为了保住完整的汽车销售渠道，促进汽车销售，不得不让利于中间商。

读一读

1974 年的石油危机发生后，国际汽车市场受到严重冲击，因而汽车市场竞争异常激烈，日本的MAZDA公司为了推销汽车，规定每推销一辆汽车给中间商500美元的回扣奖励。这一政策的结果，使该公司保住了完整的汽车销售渠道，保证了在 1976 年向市场投放的新型节油车型的销售获得了成功，使该公司获益匪浅。

（四）汽车定价程序

汽车企业在汽车新产品投放市场，或者在市场环境发生变化时需要制定或调整汽车价格，以利于汽车企业营销目标的实现。由于汽车价格涉及到汽车企业、竞争者、汽车消费者 3 者之间的利益，因而为汽车定价既重要又困难。掌握汽车定价的一般程序，对于制定合理的汽车价格是十分重要的。汽车定价程序的一般流程如图 9-2-1 所示。

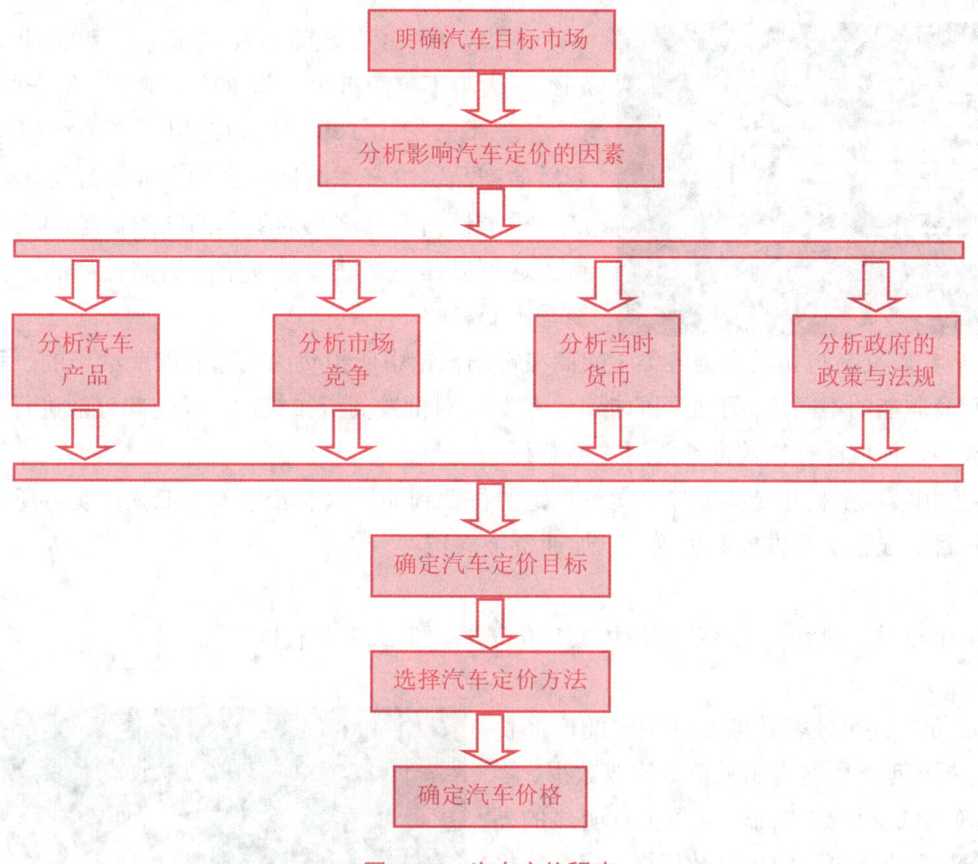

图 9-2-1　汽车定价程序

（五）定价策略的选择

价格竞争是一种十分重要的营销手段。企业应根据不同的产品和市场情况，采取各种灵活多变的定价策略和技巧，以期更好地实现目标。汽车企业经常采用的定价策略如下。

1. 新产品定价策略

新产品定价的正确与否，关系着新产品的命运。常用的新产品定价主要是“撇脂”和“渗透”两种相互对立的策略。

1）“撇脂”定价

“撇脂”定价是新产品刚进入市场阶段，企业采取高价投放的策略，将新产品的利益尽快取出，以便在短期内获取尽可能多的收益。这种定价策略有利于利用消费者求新的心理，企业还有降价的余地。

2）渗透定价

渗透定价是将价格定得低于预期价格，使新产品迅速占领市场并有利于对付竞争者的一种定价策略。它是针对消费者的选价心理，在新产品上市之初，价格稍低一些，到新产品打开销路以后，再结合质量的提高和造型的改进，逐步将价格提到一定的水平。较低的定价可以吸引顾客，使产品易于打开销路。同时，由于价低，也可能会使竞争者感到收益不大而退出竞争，从而使自己的企业迅速占领和扩大市场。这种定价策略，首先强调扎根市场，故称渗透定价。

2．折扣定价策略

折扣定价策略是以争取顾客扩大销售为目的，直接减少一定比例价格或让出一部分利益的定价策略。折扣定价策略主要有以下几种。

① 数量折扣。数量折扣是根据消费者购买数量多少分别给予大小不等的折扣。购买数量越多，给予的折扣越大。

② 季节折扣。季节折扣适用于产销之间存在明显时间矛盾的产品。生产季节性产品的企业和经济组织，对常年生产、季节性消费的产品的生产的旺季，给购买者予以折扣优待。这可以在生产旺季鼓励中间商储存商品，使生产在消费淡季不受影响。

③ 交易折扣。交易折扣是根据各类中间商在市场营销中所担负的流通职能所给予的一种折扣。制造商可根据中间商职能的不同，给予不同的折扣。例如，对批发商折扣较大，以使其可能进行转批业务；对零售商折扣较小，但应能补偿其推销费用并可盈利。

④ 现金折扣。现金折扣是买方按照卖方规定的付款到期日以前若干天内汇款，卖方所给予的一定比例的折扣，其目的在鼓励买方提前付款，以加速资金周转。

3．心理定价策略

心理定价策略是企业针对顾客心理所用的定价策略，形式主要有以下几种。

1）非整数定价

非整数定价是针对顾客求廉心理制定的产品价格。心理学分析证明，顾客有感觉单数比双数少、零数比整数准确、低一位数比高一位数更有明显的差异。据此，企业定价就可以定出奇数价格、尾数价格和低位价格。例如，某款车订价 9.99 万元而不定 10 万元，这可以给人以价低、准确、便宜的感觉。

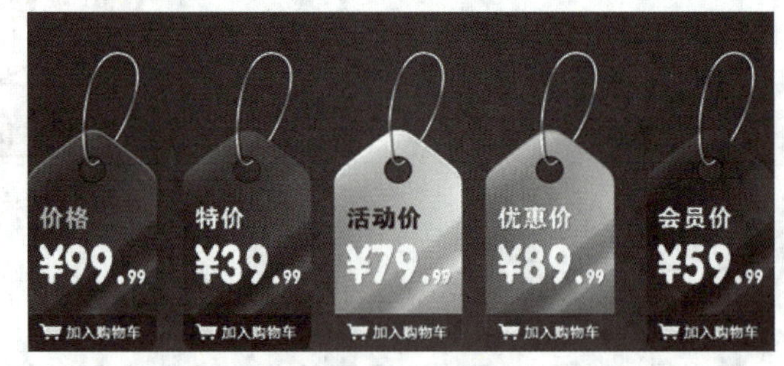

2）整数定价

这是适应顾客“一分钱一分货”的心理，借助企业和产品声望而制定的较高的价格。一个品牌的商品成了名牌，消费者对它产生了信任感，售价可稍高。例如，两家商店出售同样的商品，一家声望高，虽定价稍高，但顾客也愿意购买，因为他们认为高级店、高价货代表质量好、服务好。

3）招徕定价

这是指为吸引消费者光顾而对少量产品制定的特别低的价格。企业将几种商品的价格标低，有时甚至低于成本，借低价来吸引顾客。消费者在求廉心理支配下必然光顾该店，当顾客被吸引到企业购买廉价品时，企业还可继续运用连带推销、增加销售服务等手段，促使顾客购买其他产品。一些企业还根据季节和某些节日，举行大减价，就是属于招徕定价的具体做法。实施招徕定价的企业必须是规模较大、品种繁多，

而且削价品必须是广大消费者常用的、价值不大的产品。这样，才可使企业取得一定效益。

4．产品组合定价策略

如果企业所要制定价格的产品，是与其他产品存在着不同程度关联的大类产品中的一种，那么，在定价上就必须通盘考虑，这就属于产品组合定价策略。这种定价是指兼顾产品大类中各个相关产品之间的价格，争取大类产品所获总利润最高的一种定价策略。对于互补商品，适当提高畅销品价格，降低滞销品价格，以扩大后者的销路，使二者的销售相得益彰，增加企业总盈利；还可以降低购买频率低、需求价格弹性高的商品价格，同时提高购买频率高而需求价格弹性低的商品价格，以使得各种商品的销售量同时增加。

5．地区价格策略

地区价格策略是针对产品销地市场与产地市场存在空间差异而制定的价格策略。产品产销地区的不同，必然导致运费、装卸费的差异，基于不同的目的，企业应考虑是否安排地区差价。这可以有以下选择。

① 产地价格。这是按制造商将产品运到产地的运输工具时全部成本费用定价的一种策略。这种定价是产品在产地按出厂价格或批发价格交货，但卖方负责将货物运到产地的某种运输工具上，并承担其中的风险和费用。交货后的风险和费用由买方负担。这对买卖双方来说，都比较合理。

② 津贴运费价格。在产地价格基础上，为减轻远处顾客的负担，为其津贴一部分或全部运费的定价称为津贴运费价格。此种定价是对前述定价不足的弥补，在为了急于与远处顾客做生意或加强市场渗透时，企业常用此种定价。

③ 目的地交货价格。这是在产地价格基础上加到达卖方指定的目的地的一切风险和费用制定的价格。此种价格中卖方承担的各项费用，实际上买方在价格中支付给了卖方。所以，这种价格在形式上与产地价格相反，而实质上区别不大。

④ 统一交货价格。这是卖方对售与不同地区的产品，均负责运送并统一按出厂价加到各地的平均运费制定的价格。这实际上是含运费的全国统一价格。这种订价的最大特点在于，它可以刺激远处的顾客购买，也便于企业广告的统一报价。

6．分区交货价格

分区交货价格是对购买相同产品而处于不同价格区的买主实行有区别定价。企业先将广大的市场划分为若干区域，然后按出厂价加产地至每个区域的平均运费分别制定各个价格区的产品价格。在一个价格区域，产品定价相同。

三、任务实施——案例寻找

利用课余时间，通过实地参观、网络查找等途径，针对以下定价策略，寻找相应的实践案例。

① 渗透定价。

② 数量折扣。

③ 季节折扣。

④ 非整数定价。

⑤ 产地价格。

任务三　汽车渠道策略

知识目标

1. 理解汽车分销渠道的定义。
2. 熟悉常见的汽车分销渠道。

技能目标

能够正确描述汽车分销渠道的相关知识。

一、引导案例——奇瑞汽车销售有限公司的汽车分销模式

奇瑞认为，单一的汽车营销模式很难满足中国汽车市场的现实需求，如果强硬推行，一是会脱离市场；二是会增加销售成本，最终给用户增加不必要的购车负担。因此寻找一条“中间道路”，推出一种既结合国际先进营销理念，又贴近中国汽车市场现实需求的新模式势在必行。

于是，奇瑞想到了限区域独家特许连锁经营模式。所谓限区域独家特许连锁经营模式，就是在进行市场调研的基础上，结合短期、中期、长期的发展规划，在一个城市一定的区域内发展一家经销商，这家经销商首先要兴建一个具有整车销售、备件供应、维修服务和信息技术咨询4S功能的大型汽车专卖店，即旗舰店。

与此同时，在这一区域其他地方，由旗舰店投资兴建若干个具有汽车展销和快修功能的社区店。而且，当社区店周围的消费能力达到一定需求时，社区店可升格为旗舰店。

在增加经销商的同时，奇瑞将通过3个方面的努力使经销商的投资获得最大的回报：一是推出限区域独家特许连锁经营模式，降低经销商的投资风险；二是向经销商快速提供新产品，通过丰富产品系列使经销商的投资能尽快收回；三是推出比竞争对手更具吸引力的营销政策。

到2003年底，奇瑞汽车旗舰店和社区店的数量将由现在的200多家扩展至300多家，成为目前国内覆盖范围最广、服务半径最小的汽车营销网络之一。

除了旗舰店模式，汽车销售渠道还有哪些模式？接下来让我们一起来学习汽车渠道策略。

二、相关知识

销售渠道也称为分配渠道或分销渠道，是指产品从生产者向用户转移过程中所经过的一切取得所有权（或协助所有权转移）的商业组织和个人，即产品由生产者到用户的流通过程中所经过的各个环节连接起来形成的通道。分销渠道的起点是生产者，终点是用户，中间环节包括各种批发商、零售商、商业服务机构（如经纪人、交易市场）等。

在市场经济条件下，绝大多数产品并不是由生产者直接销售给最终消费者或用户的，而是要经过或多或少的中间环节。这些中间环节在西方国家称为中间商，我国更习惯于称其为经销单位或流通企业。中间商的存在是商品经济发展和社会分工的必然结果，他们是企业分销渠道的重要组成部分。

（一）汽车销售渠道的作用

汽车产品销售渠道的功能和作用主要有售卖功能、投放功能、实现储运功能、市场预测功能、结算与资金融通功能、服务功能、风险承担功能和自我管理功能。此外，分销渠道还有促销、信息反馈为汽车生产企业咨询服务等功能。

（二）销售渠道的模式

销售渠道按其有无中间环节和中间环节的多少，即按渠道长度的不同，可分为直接渠道和间接渠道，如图 9-3-1 所示。

直接渠道：生产者→用户（第一型）

间接渠道：
- 生产者→零售商→用户（第二型）
- 生产者→批发商→零售商→用户（第三型）
- 生产者→代理商→批发商→零售商→用户（第四型）

图 9-3-1 销售渠道模式

1. 直接渠道

直接渠道即生产企业直接把产品卖给用户，没有中间环节，也称为零层渠道。直接渠道的具体形式有推销员上门推销、设立自销机构、通过订货会或展销会与用户直接签约供货等形式。

2. 间接渠道

间接渠道是存在中间环节的渠道，也是更为广泛的渠道类型。中间环节越多，则渠道越长；反之，则越短。

渠道类型除了可以按渠道长度划分外，还可以按宽度划分。同一层次中间商的多少就是渠道宽度的问题，中间商越多，渠道就越宽；反之，则越窄。因此，独家分销是最窄的渠道。

企业所采用的分销渠道的长短、宽度都是相对的，没有绝对的、固定的模式，企业应依据具体情况决策好渠道的长度和宽度。

（三）常用的汽车销售渠道模式

随着时代的发展，又出现了许多新的模式，参考国内外许多厂家的做法，可以分为以下几种。

1. “金字塔”模式

“金字塔”模式如图 9-3-2 所示。曾经在相当长的时期内主宰我国的汽车销售渠道，至今仍然有部分商品采用此种模式。此种渠道层级可谓传统销售渠道中的经典模式。然而这样的销售网络却存在着不足。

在价格体系不透明、市场缺少规则的情况下，销售网络中普遍存在着“灰色地带”，使许多经销商实现了所谓的超常规发展。

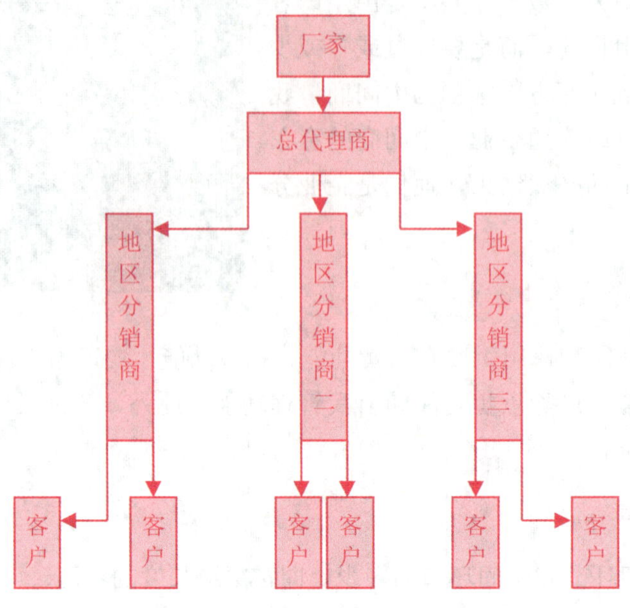

图 9-3-2 “金字塔”模式

多层次的销售网络不仅瓜分厂渠道利润，而且经销商不规范的操作手段，如竞相杀价、跨区销售等常常造成严重的网络冲突。

更重要的是，经销商掌握的巨大市场资源，几乎成了厂家的心头之患——销售网络漂移，可控性差，渠道过长，信息反馈过慢，无法有效贯彻品牌经营理念，层层加价，用户得不到良好的服务。其弊端已经被事实证明，对这种模式的改革势在必行。由此，企业的销售网络进入了一个多元化发展的新阶段。

2．扁平化分销模式

扁平化分销模式首先出现在美国。美国汽车销售体制的改革是从减少销售层次开始的。它取消了各级代理商，改由地区办事处负责协调区域销售事务，贯彻品牌的经营理念，如图 9-3-3 所示。由厂家直接向专卖店供货，从而减少了中间环节，降低了营销成本。目前，我国许多汽车品牌采用此种模式。

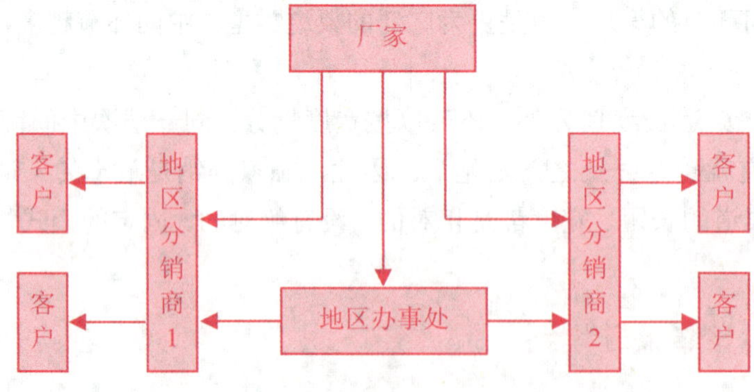

图 9-3-3 扁平化分销模式

销售工作千头万绪，从销售网络开发到经销商开发、从铺货到促销，内容繁多，但归结起来，销售工作要解决两个问题：一是如何把产品铺到消费者的面前，让消费者见得到；二是如何把产品铺进消费者的心中，让消费者愿意买。不同时代，企业解决这两个问题的方法是不同的。

即便是在20世纪90年代后期，企业还多是在销售通路的顶端，通过市场炒作和大户政策来展开销售工作。当市场转为相对饱和的状态，对企业的要求由“经营”变为“精营”、由“广耕”变为“深耕”，特别是汽车销售这种多采用“一对一”的销售方法时，如果企业仍然把产品交给经销商，由经销商一级一级地分销下去，会因为网络不健全、通路不畅、终端市场铺开率不高、渗透深度不足等原因，无法将产品分销到厂家所希望的目标市场上。结果是厂家产品的广告在电视上天天与消费者见面，而消费者在零售店头却难觅产品踪影。厂商无法保证消费者在零售店里见得到、买得到、乐得买。

3．直销模式

这里的直销模式并不是完全意义上的直销，但它打破了渠道的束缚，将所有销售管理部门都作为销售终端。其优点在于直接面对消费者，有利于品牌经营理念的贯彻，信息反馈及时迅速。直销模式如图9-3-4所示。

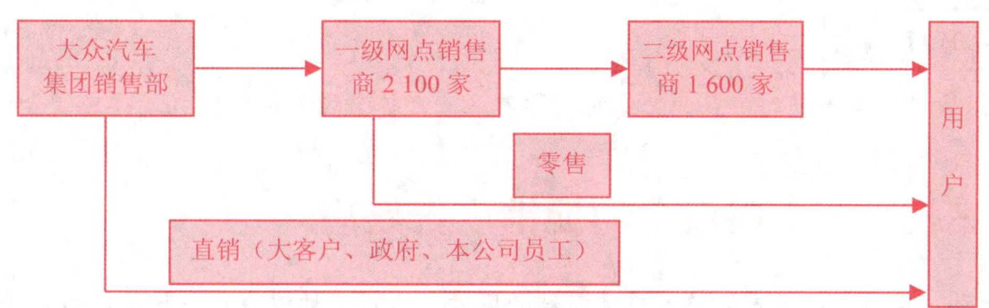

图9-3-4　直销模式

我国的一些汽车厂家在尝试这类体系，并且有一部分运作较为良好，取得了不俗的业绩，但存在销售网络混乱的问题，所以需要特别注意对各级销售商的价格协调。

4．旗舰店模式

旗舰店一般是某商家或某品牌在某地区繁华地段、规模最大、同类产品最全、装修最豪华的店面，通常只经营一类比较成系列的产品或某一品牌的产品。旗舰店模式如图9-3-5所示。

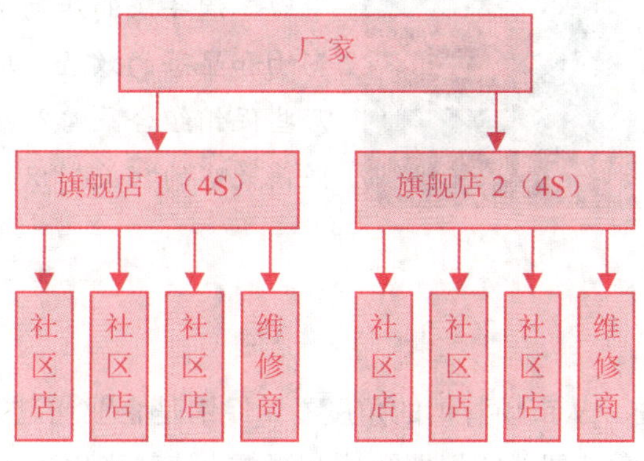

图9-3-5　旗舰店模式

三、任务实施——汽车渠道策略分析

在课余时间，任选一个汽车品牌，针对其汽车渠道策略进行分析，并绘制渠道模式流程图。

任务四　汽车促销策略

知识目标

1. 理解促销的含义与作用。
2. 熟悉各种促销方式的特点。
3. 掌握促销组合策略的概念和选择。

技能目标

能够根据各种促销手段的特点和企业的实际情况，选择合适的促销形式或促销组合形式。

一、引导案例——丰田汽车的促销广告效应

1990 年初，某地区汽车市场陷入严重滞销的困境。各厂家均以减产、降价、裁员等手段应付这一不景汽车特约销售服务站营销策略。

当局面改观时，丰田就展开大规模的促销广告宣传攻势。从 10 月 1 日到 10 月 15 日，除星期六、星期日外，当地七大报纸共 20 批的广告版面，以“TOYOTA 谢谢您二周年庆”为名和“多，更多；好，更好!”的主题，每天推出不同宣传内容的广告版面。

这一密集型的促销广告宣传策略，不仅宣传了丰田二周年庆的活动盛况，更使丰田获得了广泛的影响和显著的效益。那么，促销有哪些种类？又有哪些促销组合策略？接下来让我们一起来学习汽车促销策略的相关知识。

二、相关知识

促销是促进产品销售的简称。从市场营销的角度看，促销是企业通过人员和非人员的方式，沟通企业与消费者之间的信息，引发、刺激消费者的消费欲望和兴趣，使其产生购买行为的活动。促销有以下内涵。

① 促销的核心是沟通信息。没有信息的沟通，企业就不会把汽车产品和购买途径等信息传递给目标客户，也就谈不上购买行为的发生。因此促销的一切活动都以信息传递为起点，完成销售，最后又以信息反馈为终点。

② 促销的目的是引发、刺激消费者产生购买行为。在消费者可支配收入既定的条件下，消费者是否产生购买行为主要取决于消费者的购买欲望，而消费者购买欲望又与外界的刺激、诱导密不可分。促销就是利用这一特点，激发用户的购买兴趣，强化购买欲望，甚至创造需求来实现最终目的。

（一）促销的作用

① 提供汽车产品和销售信息。通过促销宣传，可以将汽车企业的产品信息传递给消费者。明确告诉消费者有什么样的汽车产品，产品有什么特点，到什么地方购买，购买的条件是什么等，从而引起顾客的注意，激发并强化购买欲望，为实现和扩大销售作好舆论准备。

② 突出汽车产品的卖点，提高竞争能力。在激烈的市场竞争中，同类汽车产品中，有些商品差别细微，而通过促销活动能够宣传突出企业产品特点的信息，从而激发了潜在的需求，提高了企业和产品的竞争力。

③ 强化企业的形象，巩固市场地位。恰当的促销活动可以树立良好的企业形象和商品形象，能使顾客对企业及其产品产生好感，从而培养和提高用户的忠诚度，形成稳定的用户群，不断地巩固和扩大市场占有率。

④ 刺激需求，影响用户的购买倾向，开拓市场。这种作用尤其对新产品推向市场，效果更为明显。企业通过促销活动诱导需求，有利于新产品打入市场和建立声誉。促销也有利于培育潜在需要，为企业持久地挖掘潜在市场提供了可能性。

（二）促销的种类

促销有人员促销和非人员促销两类。人员促销亦称直接促销或人员推销，是企业运用推销人员向消费者推销商品或劳务的一种促销活动。它主要适用于消费者数量少、比较集中的情况下进行促销。非人员促销又称间接促销或非人员推销，是企业通过一定的媒体传递产品或劳务等有关信息，以促使消费者产生购买欲望、发生购买行为的一系列促销活动，包括广告、公关和营业推广等。它适合于消费者数量多、比较分散的情况下进行促销。通常，企业在促销活动中将人员促销和非人员促销结合运用。

1. 人员推销

对汽车销售企业而言，主要是由推销人员与客户直接面谈沟通信息，其主要方式有在汽车展厅内的人员推销，展示会上或驾乘活动的人员推销，带车上门的人员推销。人员推销方式具有直接、准确、推销过程灵活、易于与客户建立长期友好合作关系以及双向沟通的特点。但这种推销方式成本较高，对推销人员的素质要求也较高。人员推销的基本形式有上门推销、展厅推销和会议推销等。

1）上门推销

上门推销是指由汽车推销人员携带汽车产品的说明书、广告传单和订单，甚至带车走访顾客，推销产品。这种形式是一种积极主动的、名符其实的“正宗”推销形式。

2）展厅推销

展厅推销又称为门市推销，是指汽车企业在适当地点设置固定的门市、专卖店等，由营业员接待进人门市的顾客，推销产品。门市的营业员是广义的推销员。展厅推销与上门推销正好相反，它是等客上门式的推销方式。因为汽车商品是贵重、大件商品，因此，这种方式是汽车推销中的必备的方式，汽车销售企业无一例外都在选用。

3）会议推销

会议推销是指销售人员利用各种会议向与会人员宣传和介绍产品，开展推销活动。比如，在订货会、交易会、展览会上推销产品。这种推销形式接触面广，推销集中，可以同时向多个推销对象推销产品，因而成交额较大，推销效果较好。近年来，国内各大城市竞相推出的汽车博览会就属这种推销方式。汽车博览会现在已不仅是推销汽车的常用形式，而且已成为各大城市提高城市知名度、带动消费和吸引商机的极好形式。

2．广告

广告是通过报纸、杂志、广播、电视、广告牌等广告传播媒体形式向目标顾客传递信息。采用广告宣传可以使广大客户对企业的产品、商标、服务等加强认识，并产生好感。统计表明，在各主要汽车生产国，汽车业是做广告最多、费用最高的行业之一。

震撼人心的汽车广告

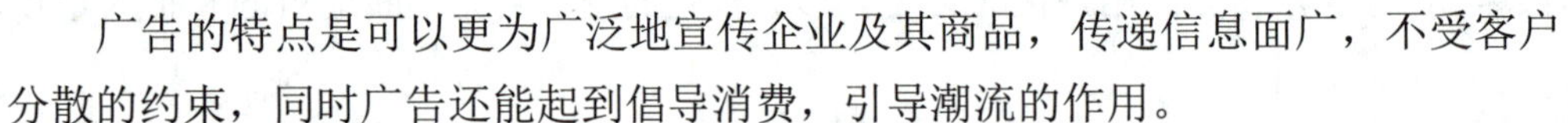

广告的特点是可以更为广泛地宣传企业及其商品，传递信息面广，不受客户分散的约束，同时广告还能起到倡导消费，引导潮流的作用。

3．营业推广

营业推广又称为销售促进，是指企业运用各种短期诱因鼓励消费者和中间商购买、经销或代理企业产品或服务的促销活动。其特点是可有效地吸引顾客，刺激顾客购买欲望，从而更好地促进销售。营业推广的方式有有奖销售、赠送消费卡和代价券、提供优质服务、分期付款、以租代销、价格折扣、价格保证、以旧换新、使用奖励等。

当然，在汽车促销活动中，营业推广的形式非常多样，在当今的中国汽车市场上，营业推广形式的创新正在成为汽车销售市场上一颗亮点。

4．公共关系

“公共关系”一词来自英文“Public Relations”，简称公关或 PR，也称公众关系。它是指企业在从事市场营销活动中正确建立企业与社会公众的关系，以便树立企业良好形象，从而促进产品销售的一种活动。公共关系是一种创造“人和”的艺术，它不以短期促销效果为目标，通过公共关系使公众对企业及其产品产生好感，并树立良好企业形象，并以此来激发消费者的需求。它是一种长期的活动，而着眼于未来。

（三）促销组合策略

由于促销的方式各种各样，且各有优点和缺点。因而在促销过程中，企业常常将多种促销方式进行组合。所谓促销组合就是企业根据产品的特点和营销目标，综合各种影响因素，对各种促销方式的选择、编配和运用。促销组合是促销策略的前提，在促销组合的基础上，才能制定相应的促销策略。因此，促销策略也称为促销组合策略。促销组合策略的影响因素主要有以下几个方面。

1．产品种类和市场类型

在商用车市场上，重型汽车因使用上的相对集中，市场也比较集中，因而人员推销对促进重型汽车的销售，效果较好；而轻型汽车、微型汽车由于市场分散，所以广告对促进这类汽车销售的效果就更好。在乘用车市场上，小型客车的用户相对集中，便于人员推销。总之，市场比较集中的汽车产品，人员推销的效果较好，营业推广和广告次之。反之，市场需求越分散，广告的效果较好，营业推广和人员推销则次之，如表 9-4-1 所示。

表 9-4-1　不同市场类型的促销方式选择

市场类型＼促销选择	首选	次选	再次选
市场集中	人员推销	营业推广	广告
市场分散	广告	营业推广	人员推销

2．促销目标

在汽车企业的产品营销可以分为营销初期、中期和后期。不同阶段有不同的促销目标。营销初期，企业促销目标往往是以增加产品的知名度、开辟市场为目标；营销中期，产品进入市场成长阶段，往往是以扩大销售，提高市场占有率为目标；营销后期，往往是以维持市场和转移市场为目标。因此，促销组合和促销策略的制定，要符合企业的促销目标，根据不同的促销目标，采用不同的促销组合和促销策略，如表 9-4-2 所示。

表 9-4-2　不同促销目标的促销方式选择

市场类型＼促销选择	首选	次选	再次选
营销初期	人员推销	营业推广	广告
营销中期	广告	营业推广	人员推销

3．产品生命周期的阶段

当产品处于导入期时，需要进行广泛的宣传，以提高知名度，因而广告的效果最佳，营业推广也有相当作用。当产品处于成长期时，广告和公共关系仍需加强，营业推广则可相对减少。产品进入成熟期时，应增加营业推广，削弱广告，因为此时大多数用户已经了解这一产品，在此阶段应大力进行人员推销，以便与竞争对手争夺客户。产品进入衰退期时，某些营业推广措施仍可适当保持，广告则可以停止，如表 9-4-3 所示。

表 9-4-3　产品寿命周期各个阶段的促销方式选择

产品生命周期＼促销选择	首选	次选	再次选
导入期	广告	营业推广	人员推销
成长期	广告、公共关系	人员推销	营业推广
成熟期	营业推广	人员推销	广告
衰退期	营业推广	人员推销	公共关系

4．促销预算

任何企业用于促销的费用总是有限的，有限的费用自然会影响营销组合的选择。因此，企业在选择促销组合时，首先，要根据企业的财力及其他情况进行促销预算；其次，要对各种促销方式进行比较，以尽可能低的费用取得尽可能好的促销效果；最后，还要考虑到促销费用的分摊。不同促销预算下的促销方式选择如表 9-4-4 所示。

表 9-4-4 不同促销预算下的促销方式选择

促销预算 \ 促销选择	首选	次选	再次选
费用充足	广告	营业推广	人员推销
费用吃紧	人员推销	营业推广	广告

三、任务实施——广告语设计

任选一款车型，针对车辆特征及市场定位，为其设计一则广告语，类型不限，但要求突出产品特征，具有吸引力。

学习效果综合测评

一、选择题

1．在产品生命周期中，需要进行广泛的宣传，以提高知名度的是（　　）。

A．导入期　　B．成长期

C．成熟期　　D．衰退期

2．产品组合的（　　）是指一个企业生产经营的产品大类的多少，即拥有的产品线多少。

A．长度　　B．宽度

C．深度　　D．相关性

3．以下不属于营业推广的是（　　）。

A．有奖销售　　B．赠送消费卡、代价券

C．提供优质服务　　D．报纸

二、简答题

1．在产品成长期，可采取哪些市场营销产品策略？

2．简述促销的作用。

3．人员推广主要有哪些形式？

三、案例分析题

国内某化妆品有限责任公司于20世纪80年代初开发出适合东方女性需求特点的具有独特功效的系列化妆品，并在多个国家获得了专利保护。营销部经理初步分析了亚洲各国和地区的情况，首选日本作为主攻市场。

为迅速掌握日本市场的情况，公司派人员直赴日本，主要运用调查法搜集一手资料。调查显示，日本市场需求潜量大，购买力强，且没有同类产品竞争者。这使得公司人员兴奋不已。

在调查基础上又按年龄层次将日本女性化妆品市场划分为15～18岁、18～25岁、25～35岁及35岁以上4个子市场，并选择了其中最大的一个子市场进行重点开发。营销经理对前期工作感到相当满意，为确保成功，他正在思考再进行一次市场试验。另外，公司经理还等着与他讨论应采取体积定价策略。

问题：

作为新产品，你认为该公司应采取何种定价策略？为什么？

项目十　汽车电子商务

项目导入

目前，人们对电子商务的概念理解不同，因此电子商务的实施模式也千变万化。对我国汽车行业来说，面对着国内外的巨大竞争力和国外汽车厂商电子商务的成功运用，实施电子商务模式已经成为各大汽车集团的共识。

在现有的供应模式、销售模式的基础上，怎样来实施电子商务，实现怎样一个管理模式，如何来面对和化解网上营销的风险以及汽车行业电子商务如何发展，这些问题都需要好好的思考和解决。本项目我们将一起来学习汽车电子商务的基本知识和模式分析，以及我国汽车电子商务的现状分析。

最终目标

1. 了解汽车电子商务的优劣势内容。
2. 了解使用汽车电子商务人群的特点。
3. 熟悉汽车电子商务所存在的问题及解决方案。

促成目标

通过本项目的学习，对于汽车电子商务有一定的了解，能够通过利用汽车电子商务购买人群的特点，在以后从事工作当中，可以重点投入到购买比较多的人群。

任务一　汽车电子商务的基本知识

知识目标

1. 熟悉电子商务的定义及其发展。
2. 熟悉汽车电子商务的优劣势。

技能目标

能够分析公司在汽车电子商务模块方面的优劣势。

一、引导案例——吉利汽车入住淘宝商城

吉利上淘宝商城卖汽车，并且一分钟就卖出了 300 辆，应该算继 2010 年 3 月吉利汽车 18 亿美金收购沃尔沃后，第二次爆出大新闻。

2010 年 12 月 6 日，吉利汽车正式进驻淘宝商城开启旗舰店，成为淘宝商城上首家汽车销售企业。此次开设旗舰店的品牌为新吉利旗下三大品牌之一全球鹰，初期吉利将采取网络 4S 店销售与线下 4S 店体验及售后服务相结合的方式进行网上销售。

网购已经成为主流的生活方式，作为大众消费品的汽车也进入了网购时代。那么，汽车行业在电子商务领域有哪些优劣势呢？接下来让我们一起来学习汽车电子商务的基本知识。

二、相关知识

电子商务至今尚未有一个统一的定义，汽车业的电子商务可以是汽车业通过网络来拓展要素市场和和消费市场、采购投入品以及销售汽车或服务的一种全新交易模式。最权威的当属国际商会在 1997 年世界电子商务会议上给出的。

电子商务是指对整个贸易活动实现电子化，即交易各方以电子交易方式而不是通过当面交换或直接面谈方式进行的任何形式的商业交易，是一种现代商业方法，这种方法通过改善产品和服务质量、提高服务传递速度，满足政府组织、厂商和客户降低成本的需求。它不仅追求网站点击率，也追求网站交易率、汽车业整体竞争力和经济效益。

通过电子商务，交易双方可以随时进行销售信息的传递和反馈，并且进行双向互动，极大地缩短交易时间。同时，还可以通过网络广告宣传、介绍产品。通过网络营销，顾客可以根据自己的特点和个性要求在全球范围内不受地域，时间限制进行充分比较与选择，还可以直接让顾客参与产品的设计开发等环节，

使顾客享受到良好的个性化服务。

我国的信息产业自从上个世纪90年代以来，在政府的大力支持下也取得了相当大的发展。据2004年4月第八届中国国际电子商务大会公布的消息，中国电子商务的交易总额在2004年达到4 400亿元人民币。

（一）汽车行业应用电子商务的优势分析

1．汽车工业在国民经济中的地位有利于电子商务的应用

随着汽车工业自身的发展，汽车工业在世界各国的经济发展中所处的地位越来越突出，逐渐成为各主要汽车生产国的支柱产业。正是由于它在各国经济中的地位，决定了汽车企业一般都具有相当的规模和实力，是资本和技术密集型企业，这就为汽车行业应用电子商务提供了经济和技术基础。

2．汽车工业行业特点适合电子商务的应用

汽车的零部件较多，也就决定了它的供应商较多、产业链较长，是一个大规模的协同产业，它需要有整车厂商、各级供应商、经销商的协同作业，需要广地域的全球采购。要实现广地域的全球采购只有利用信息技术连接供应链上的各个企业、各项业务，形成订单流程，缩短订单处理的时间，使销售、制造与供应商集成一体化，实现快速反应，及时采购、生产和装配，只有这样才能提高效率、降低成本、增强竞争能力。

3．汽车工业产品特点适合电子商务的应用

汽车工业的许多零部件都是规范化的产品，有严格的技术标准，是标准件，即只要关心它们的规格，而不必担心它们的质量，使得电子商务的风险减少了很多。

（二）汽车行业应用电子商务的劣势分析

1．消费者的消费观念和能力不利于电子商务的应用

我国消费者的消费观念还比较传统，消费能力还有限。对于消费者而言，汽车还是高档商品，消费者会花上千元去尝试网上购物，但他们不可能仅凭感性认识就做出购车决定，他们只可能通过网络这个窗口，了解汽车行情、市场变化情况及时尚车型、款式及价格等，最后还必须亲自到现场看车、验车、试车、讨价还价、办理相应购车手续。

2．网络交易的安全问题制约电子商务的发展

目前，我国网络交易的安全没有得到切实的保障，各种网络诈骗也层出不穷。并且，很多网络支付方式也有每日限额，并不能支付庞大的购车费用，有待进一步完善。

总之，基于供应链的电子商务模式是在整个社会信息化建设和网络经济发展水平非常成熟情况下的一种理想模式，以我国现有经济、技术水平不可能马上实现这一理想模式，只有在它的指导下制订各项规划，逐步提高我国信息化和汽车行业管理水平，开展各种方式的有益探索，我国汽车行业的电子商务才能有美好的未来。

三、任务实施——对网购的想法

同学们通过自己平时网上购物的经验，谈一谈自己的想法。例如，网上购物的优势或者劣势，又或者

提高网上购物的方法。

任务二　汽车电子商务的模式分析

知识目标

1. 理解汽车电子商务各模式的含义。
2. 掌握汽车电子商务的3种主要模式。

技能目标

能够正确判断电子商务的模式。

一、引导案例——smart搭乘淘宝网快车

以13.5万的价格，就能买到原价17.6万的奔驰smart硬顶style系列，这样极具诱惑力的价格，让消费者体验到了团购的力量。

9月9日上午10点，淘宝聚划算上的奔驰团购如期开团，在众多网友的关注下，出售件数直线攀升，24秒售出第一辆，3分钟售出39辆，37分钟99辆，1个小时116辆，2个小时143辆，3个小时28分的时候，最后一辆奔驰车被买家拍走。显然，淘宝聚划算强大的销售力也出乎奔驰的意料。原本计划持续21天的团购活动，竟然3个多小时就销售一空。

对于此次合作，奔驰（中国）方面表示，“淘宝网有广泛的知名度和庞大的年轻时尚的客户群体，而奔驰smart是都市潮流的引领者、创意生活的代言，smart希望通过搭乘淘宝网购的快车，以最In的方式走入车迷生活。奔驰与淘宝共同开创别具一格的汽车销售方式。”

这次团购活动给汽车等高端品牌的线上营销模式提供了很好的思路和范例。那么，汽车行业电子商务有哪几种模式？接下来让我们一起来学习汽车行业电子商务模式的分析。

smart搭乘淘宝网快车

二、相关知识

对汽车企业而言，真正的电子商务是利用以Internet为核心的信息技术，进行商务活动和企业资源管理。它的核心是高效率地管理企业的所有信息，帮助企业创建一条畅通于供应商、企业内部、经销商、客户之间的信息流，并通过高效率的管理、增值和应用，把供应商、企业、经销商、客户连接在一起，形成

企业供应链。

供应链是指围绕核心企业，通过对信息流、物流、资金流的控制，从采购原材料，制成中间产品及最终产品，最后由销售网络将产品送到消费者手中，将供应商、制造商、分销商、零售商及最终用户连成一个整体的基于功能的网链结构模式。

汽车行业电子商务的应用一般可分为5个层次：一是企业上网宣传；二是企业网上市场调研；三是企业与分销渠道网络联系模式；四是企业网上直接销售模式；五是供应链网上营销集成模式。国外汽车电子商务已经从第一、二层次逐步发展到第四、五层。我国汽车行业的电子商务应用也已逐步展开，但现状不容乐观，基本处于第一、二层。

基于上述电子商务的5个层次，我们不能把电子商务片面理解为电子商店或建立网站，这种有电子无商务的前两个层次不能算作真正意义的电子商务。下面主要分析汽车电子商务的后3种不同层次和阶段的模式。

（一）B2B 模式

B2B 即为 B to B，其全称为 Business to Business，是指企业对企业的电子商务形式。汽车行业 B to B 的电子商务中心模式主要用于改善汽车生产商和零部件供应商的关系，通过集成供应链的上游企业，达到降低采购成本和提高效率的目的。

（二）B2C 模式

B2C 即为 B to C，其全称为 Business to Customer，是指企业对消费者的电子商务形式。企业对消费者的模式基本上等同于电子零售商业，由于受消费者观念、能力及汽车本身产品特征等的影响，这一模式不是现在汽车电子商务的主流。但它营销方式的特殊性，使得它在汽车销售方面仍有一定的优势。例如，它能扩大产品的销售范围，加强和终端客户的联系，满足消费者个性化消费的需求。

（三）供应链集成模式

电子商务的任何一笔交易，都包含着信息流、资金流和物流。其中，信息流既包括商品信息的提供、技术支持、售后服务，也包括各种商业活动凭证，还包括交易方的支付能力、商业信誉等；资金流主要是指资金的转移过程；物流是商品的实体流动。在电子商务系统里，信息流和资金流的处理可以通过网络本身解决，但物流只有通过传统的物理方式才能解决。

在汽车行业实现电子商务，就是要高效率地管理企业的所有信息，创建一条畅通于供应商、企事业内部、经销商、客户之间的信息流，把他们紧密地连接在一起，形成供应链。只有这样，才是实现了真正意义上的电子商务——供应链集成模式电子商务。

汽车制造商与上游供应商通过电子商务平台组成一个高效的上游零部件产品供应链。其中，上游供应商包括原材料供应商、零件供应商和部件供应商。汽车零部件的供应十分复杂，分为好几层。通常，可以将大型集成系统、座椅、车轮和制动器等列为第一层，向第一层提供部件的公司则为第二层。此外，也可以有第三层供应商。

例如，福特通过它的电子商务采购平台，同各层供应商建立密切的联系。这样，当福特公司通知第一层供应商需要多少红色、蓝色和紫色座椅时，属于第二层的皮革供应商也能在网上随时看到福特对各种颜色座椅的需求变化，并开始准备存货，而不必等待座椅制造商告诉它需要什么皮革。从而使汽车部件供需关系改善，大量节省交易费用，降低成本，减少库存。

在这一模式中，汽车的销售模式削弱了传统销售渠道的中间环节，汽车生产厂商从传统多级销售体系的身后走出来，直接面对消费者。通过与消费者的联系，掌握顾客信息，提供符合消费者需要的汽车和相关服务，形成批量定制。汽车生产商将直接接受消费者网上订货，然后组装汽车，打上自己的品牌，通过完善的第三方物流配送系统直接送到消费者手中，让消费者真正享受到足不出产就可以得到想要的一切。

此外，汽车行业业务范围全面，接触的部门较多，有工商、税务、保险、银行、海关等，这些部门与企业之间的业务联系也是通过网络来完成的。

总之，基于供应链的电子商务模式是在整个社会信息化建设和网络经济发展水平非常成熟情况下的一种理想模式，以我国现有经济、技术水平不可能马上实现这一理想模式，只有在它的指导下制订各项规划，逐步提高我国信息化和汽车行业管理水平，开展各种方式的有益探索，我国汽车行业的电子商务才能有美好的未来。

三、任务实施——日常的网购模式

在平时的生活中，同学们或多或少的都会网上购物，那么，这是属于哪种模式呢？

任务三　我国汽车电子商务现状分析

知识目标

1. 熟悉汽车网购人群分析的特点。
2. 熟悉网上汽车营销存在的主要问题及解决方案。

技能目标

能够简要分析我国汽车电子商务的现状。

一、引导案例——汽车电子商务加速淘汰4S店

7月21日，小马购车创始人CEO说：“按照目前的发展速度，明年年初我们就能实现月销1万辆的目标。明年7月，小马购车的目标是实现销量20万台。”

这是一场发展迅猛的交易端争夺战。除了小马购车，天天汽车也以千城特卖会的方式，在成都用两天时间卖出了346辆汽车。而最早进入汽车电子商务的阿里巴巴，则通过联手蚂蚁小贷，为在线交易的消费者提供12个月、18个月和24个月的分期贷款方案，以抢夺潜在的买车用户。

汽车电商的快速成长，令传统汽车经销商的日子越来越难过。那么，我国汽车电子商务的现状是怎样的？汽车网络营销存在哪些问题？又该如何解决呢？接下来让我们一起来学习我国汽车电子商务的现状。

二、相关知识

（一）我国汽车电子商务现状

① 全球汽车销量增速缓慢，中国依旧坚挺。2016 年第一季度全国汽车网上销量保持稳定增长，增幅高于去年同期 2.1 个百分点。在全球汽车销量增速放缓的情况下，中国市场一枝独秀，众多车企将中国作为第一大市场。

② 在手机上买车或成趋势。2016 年第一季度的汽车网购用户移动端占比与上个季度相比有了大幅提升，占比增至 43%，汽车网购用户逐步向移动端倾斜。其中，25～44 岁的消费者更加喜欢使用手机。可以想象，未来使用手机购车将和现在使用手机买衣服一样普遍，通过手机就可以买到自己满意的车型。

③ 移动端用户品牌关注度低，PC 端用户品牌关注度高。移动端用户贫富差距较大，品牌忠诚度较低，更容易喜新厌旧尝试不同品牌。相比移动端用户，PC 端用户品牌忠诚度较高，他们一旦选定某个汽车品牌，轻易不会改变关注的对象。

④ 中档车需求增加。网购主流消费区间在 8～12 万元，18～25 万元的车需求增加明显，8 万元以下的用户网购需求正在逐步减少。

⑤ 国产车受欢迎程度增加。2016 年第一季度，汽车网购用户对国产品牌关注度持续上升，国产车呈现出逆袭趋势；而对德系车、日系车的喜好度远低于国产车。

⑥ 四、五线城市将成为汽车抢占的重要区域。2016 年第一季度与上个季度相比，四、五线城市的汽车网购用户占比有较大幅度的上涨，汽车用户已逐步向四、五线下沉，这对于汽车行业各品牌的市场选择提出了新的方向。

（二）汽车网络营销存在的问题

从日常生活中可以观察到，身边的亲朋好友从开始有购车的想法直到完成购车，通常需要 3～6 个月的时间。在这段时间内，他们会经历“认识”“了解”“喜欢”“购买”和“分享”等 5 个阶段，期间还会有确定价格区间、选定匹配车型、明确品牌和具体车款、了解本地市场行情、关注车友论坛、参加团购活动及最终下单等动作。

而在整个购车过程中，消费者对网络的依赖度其实是非常高的，消费者需求这类信息大部分都要通过网络媒体来获取。因此，若想在未来的汽车营销战中成为赢家，汽车经销商就必须积极利用网络媒体，抢占汽车网络营销的阵地。

1. 企业网站的营销问题

企业网站是开展网络营销的根据地，可以说是网络营销的“母体”。而纵观国内诸多汽车经销商的网站，从应用的角度来看，比较完善的网站并不多，即使是一些大型经销商的网站，也不同程度存在着查找信息不方便、服务信息不全面等问题。有些经销商的网站虽然看起来很美，内容也很丰富，但并不能真正提供用户所需要的信息，也不能最大限度地发挥网络营销的作用。目前，国内汽车经销商网站建设与推广方面主要存在以下问题。

① 网站建设水平参差不齐。从整体上来说，眼下国内汽车经销商网站的质量参差不齐，从包含的信息量、内容更新到交流互动，各网站差别很大。较好的汽车经销商网站在利用互联网进行信息发布的基础上，开始尝试网上交易、调研互动等活动，让官网成为企业网络营销的重要工具。而较差的网站设置的页面内容简陋，用户难以从中获取有用的信息，不能为企业所利用。

② 设计规划不合理。目前，国内大多数汽车经销商的网站仅仅是搭起个架子，给人的总体印象是内容大同小异，首页也都是类似的模式，很难突出自己的特色，对信息资料的分类、整合、加工及延伸力度不够。与国外汽车经销商网站相比，我国汽车经销商网站在车型介绍上只是信息的简单堆砌，而没有从用户的角度考虑如何突出产品的特点，缺乏说服力。

而较好的汽车经销商的网站，应该不管是对于新车还是二手车，都会根据年份、车型、设计、价格及发动机等不同条件设置不同的搜索框，消费者可以依据自己的喜好随意设置，充分体现了对于用户个性化需求的满足。

当然，通过网站还可以了解到与购车息息相关的特价车型、优惠活动介绍以及相关车型的媒体评价视频。在车贷方面，网站还会为用户提供许多贴心的服务，如详细的按揭贷款流程、不同贷款方案的选择以及实际生活中的贷款案例视频等。可以说，美国汽车经销商的网站设计细致、内容周全、信息实用，能很好地吸引浏览的消费者，而且能很好地引导消费者产生购买欲望。

③ 网站推广力度不够。网站推广是网络营销取得成效的基础，但是国内大部分汽车经销商并没有认识到网站推广的重要性，造成网站的知名度不高。意识到这一问题的汽车经销商，通常也只是向服务商购买几个搜索引擎的竞价排名服务，这种推广方式过于单一，虽然获得了一定的网站访问量，但是访问量很难得到进一步的提升，而且已经拥有的访问量也没有多少能为企业带来切实的收益。

2. 其他网络营销手段的问题

① 国内汽车经销商开通企业微博的不少，但大都只是介绍企业信息、具体车型和促销优惠等商业味比较浓重的信息，这与消费者比较关心的内容，如汽车保养知识、安全驾驶常识、爆胎等紧急情况处理、节油驾驶技巧等信息是相背离的。这就造成了企业微博的访问量低、无人问津的局面。真正能够积极上传实用信息，并且与客户及时沟通的经销商，可以说是凤毛麟角。

② 手机作为互联网终端平台，是汽车经销商开展电子商务的一种重要方式。国内手机营销多停留在品牌塑造和信息沟通层面。国内的汽车经销商目前只是通过手机线上活动搜集目标消费者的信息，然后将新车上市、降价优惠等活动信息通过手机短信群发的营销模式告知目标客户，但许多客户收到这类短信的第一反应就是垃圾短信，不可信，随即删除，因此手机营销的信息接受率较低。

③ 微信营销是一种点对点的营销方式。许多汽车经销商也纷纷注册自己的微信公众账号，并在自己的官方网站、企业宣传海报甚至是员工名片上宣传微信公众账号，希望通过微信建立一对多的互动营销平台。

但是，微信营销重在内容，很多汽车经销商只是传播自身品牌、汽车车型和优惠促销活动等信息，时间长了反而会令用户反感，取消关注。其实，汽车经销商要多借汽车养护这样有实际指导意义的话题与用户进行互动，带动企业口碑的拓展。

（三）发展我国汽车网络营销的对策思考

1. 改变汽车消费者的网络购物观念

汽车营销的发展首先需要汽车消费者认识到汽车网络营销的特点。“节省时间”“操作方便”是用户进行网络消费最主要的原因，也是网络购物区别于实体交易环境最重要的方面。因此，汽车企业需努力让消费者认识到网络营销带来的方便和快捷，使消费者的网上购物变成轻松愉快的旅程。

要实现这一目标，就需要汽车企业同全社会一起加强对汽车网络营销的舆论宣传，提高广大消费者对汽车网络营销的正确认知，消除顾客对网络营销的陌生感和不信任感，增强顾客对网络营销的信赖。积极引导广大消费者改变传统的眼见为实的购买方式与购物习惯，使消费者真正从心理上接受汽车业实施网络营销这一新的销售方式。

2. 加强汽车网络销售人员的培养

汽车网络营销能否取得成功，在很大程度上离不开汽车企业所拥有的既懂汽车技术又懂网络营销管理的高素质人才。因此，汽车企业应有组织、有计划、有针对性地进行人才招聘，并通过在职培训、远程教育等形式培养和提高员工的业务能力和服务效率。

3. 强调汽车企业网络营销个性化服务

为了赢得消费者对企业的青睐，企业必须把每一个消费者看成是一个独立的个体，进行个性化服务。所谓个性化服务，也称为定制服务，就是按照顾客（特别是一般消费者）的要求提供特定服务。

网络营销的个性化服务可以充分发挥互联网在动态交互方面的优势，尽量满足不同消费者的不同需求，改变信息服务“我提供什么，用户接受什么”的传统方式，变成“用户需要什么，我提供什么”的个性化方式。

网络中的人工服务就是个性化服务。企业可以通过技术手段或借助其他软件，与消费者通过视频进行“面对面”的沟通交流，以便企业把握消费者的心理。企业也可实行电子邮件定制服务，方便客户及时了解企业和产品的信息。服务的个性化可以帮助企业不断地创新，迎来更大的发展。

4. 深入完善物流配送系统

深入完善物流配送系统可由国家或地方政府牵头，企业积极参与，力求建立一批现代化大型物流企业集团，逐步完善和建立集物流、商流、信息流于一体的社会物流体系，从而实现物流配送系统的专业化、系统化、网络化、信息化、现代化、规模化及社会化，为国内汽车企业的网络营销的发展提供强有力的社会支撑。

5. 汽车的网络营销与传统营销相结合

网络营销与传统营销并不矛盾，二者结合起来可以形成更多新的优势。将汽车公司的网站情况在传统媒体上（如报纸、杂志、广告牌）发布，引导用户访问公司网站，帮助公司扩展网络业务。为了成功地实现公司的网络营销战略，可提供有形的证明让用户对公司产生信任，如公司总部及分公司照片、公司重要人物简介、关于公司信誉的事实资料等。

6. 建立健全网络营销法规，加强网络交易安全性

良好的法制环境可以保障汽车网络营销的正常进行，所以必须加强对网络营销的立法与监督，规范企业的网络营销行为。在网络商场的市场准入制度、网络交易的合同认证、执行和赔偿、反欺骗、知识产权

保护、税收征管、广告管制交易监督，以及网络有害信息过滤等方面制定规则，为网络营销的健康、有序、快速发展提供一个公平规范的法律环境。

网上交易的安全性对汽车网络营销尤为重要，因此需加强网络技术研究和学术研究，改善网络基础设施，提高网络整体水平。当前重点是加快电子货币的研究，尽快实现网上安全支付，不断开发适合我国国情的网络营销新方式与新策略。

7. 注意整合营销

整合营销的最大优势在于以同一种声音说话，即运用多样化的传播手段向消费者传播同一种诉求。中国的汽车企业不仅要做到在不同的网络营销形式上的声音和步调一致，而且要做到线上传播与线下传播相结合。只有这样，才能更好地实现与消费者的双向沟通，迅速树立产品品牌在消费者心目中的位置，建立品牌与消费者长期密切的关系，从而更有效地达到产品网络营销的目的。

三、任务实施——网购存在的问题

请同学们结合自身的网购经验，讨论目前网购存在的问题。

学习效果综合测评

一、选择题

1. 企业与消费者之间的电子商务称为（　　）。

A. B2B　　B. C2C　　C. B2C　　D. B2G

2. B2B 为采购活动提供了（　　）的竞争平台。

A. 公开、公平、高速　　B. 公正、公开、高效

C. 公平、共享、有效　　D. 公开、公平、高效

3. 网上购物的一般流程是进入网上商城→查找选购商品→查看→修改购物车→（　　）→订单生成→订单跟踪。

A. 询问提货　　B. 确认密码

C. 购物车结算　　D. 支付货款

4. 电子商务中的网上交易，以（　　）为最后一个环节。

A. 物流　　B. 信息流

C. 商流　　D. 资金流

5. 电子商务的标准英文缩写是（　　）。

A. EB　　B. EDI　　C. EC　　D. DC

二、简答题

1. 汽车电子商务有哪些特点？

2. 根据所学知识，谈谈汽车行业物流的发展趋势。

参考文献

［1］李津津．汽车营销技术（第3版）［M］．北京：中国铁道出版社，2015．

［2］孙华宪．汽车营销技术（第2版）［M］．西安：西安电子科技大学出版社，2013．

［3］许迎春．汽车营销技术［M］．成都：西南交通大学出版社，2014．

［4］宋润生．汽车营销基础与实务［M］．广州：华南理工大学出版社，2006．

［5］降连葆，王欲进．汽车市场营销与后市场服务［M］．重庆：重庆大学出版社，2012．